"十二五"职业教育国家规划教材
经全国职业教育教材审定委员会审定

高等职业教育"十四五"规划教材

农资市场营销

第4版

薛全义　主编

中国农业大学出版社
·北京·

内容简介

本书是“十二五”职业教育国家规划教材，是在前3版的基础上，根据我国农资市场发展变化情况和多年来的教学实践，在对原有农资市场营销基础、农资市场营销渠道、农资市场营销艺术、农资市场自我营销4个方面内容修订的基础上，附录了最新修订的《中华人民共和国种子法》《农药管理条例》《肥料登记管理办法》等农资相关法律法规。通过本教材的学习，学生不仅要掌握营销工作业务基本知识，具备从事营销一线工作的能力，同时还能及时了解国家农资相关法律法规，知法懂法，做一个遵纪守法、诚实守信、注重科学、讲求实效的农资人，能够真正为“三农”服务。本书具有较强的应用性、综合性、广泛性、创新性，可以作为在校学生用教材，也可以作为农资企业的培训教材和农业院校教师的参考书，还特别适用于农资企业营销人员的工作指导书。

图书在版编目(CIP)数据

农资市场营销/薛全义主编. —4版. —北京：中国农业大学出版社，2021.1(2024.5重印)
ISBN 978-7-5655-2523-0

Ⅰ.①农… Ⅱ.①薛… Ⅲ.①农业生产资料—市场营销学—职业教育—教材 Ⅳ.①F724.74

中国版本图书馆CIP数据核字(2021)第026551号

书　名　农资市场营销　第4版
作　者　薛全义　主编

策划编辑　康昊婷　　　责任编辑　康昊婷　刘彦龙
封面设计　郑　川
出版发行　中国农业大学出版社
社　址　北京市海淀区圆明园西路2号　　　邮政编码　100193
电　话　发行部 010-62733489,1190
　　　　编辑部 010-62732617,2618　　　出 版 部　010-62733440
网　址　http://www.caupress.cn　　　E-mail　cbsszs@cau.edu.cn
经　销　新华书店
印　刷　北京鑫丰华彩印有限公司
版　次　2021年1月第4版　　2024年5月第3次印刷
规　格　787 mm×1092 mm　16开本　16.25印张　380千字
定　价　48.00元

编审人员

主　编　薛全义（辽宁农业职业技术学院）

副主编　王素敏（黑龙江农业职业技术学院）
郑艳美（唐山职业技术学院）
李一源（云南农业职业技术学院）
郝学政（河南省农业厅）
李　志（河南省周口市植物保护植物检疫站）

参　编　刘淑贞（河南农业职业学院）
翟立普（辽宁农业职业技术学院）
侯慧峰（辽宁农业职业技术学院）
王永发（辽东学院农学院）
张亚龙（黑龙江农业职业技术学院）

主　审　郭　正（中国农业大学）

顾　问　孙叔宝（中国农药工业协会）
宗伏霖（农业农村部农药检定所）
杜凤沛（中国农业大学）

前 言

问题一:大学生毕业后面临的第一个问题是什么?

答案:就业。

问题二:用人单位都需要什么样的人才?

答案:综合素质高、认同企业文化、具有责任感和强烈的进取心并忠诚于企业的优秀人才。

而现实却陷入了大学生毕业后就业难及用人单位招工难的双重矛盾。

为什么?

通过对近百家农资企业调查发现,中国各农业院校培养的学生普遍是专业技术强而综合能力弱,特别是营销能力非常薄弱,满足不了企业的需要,而学校培养的学生只有少数人才留下做研究或进入企业管理层,大多数人要进入企业从事与市场营销相关的岗位工作。

如何培养具有专业技术知识及市场营销能力的综合性人才已经成为各高等农业院校的首要课题。

1.为什么 70%的企业不愿意录用刚刚毕业的大学生?

2.大学生如何树立自己的价值观?

3.大学生如何在毕业之后迅速与单位融合到一起?

4.大学生如何给自己定位?

5.大学生在学校期间应该接受什么样的教育?

正是在这种背景下,为了满足各农资企业对市场营销人才的需求,在中国农药工业协会、农业农村部农药检定所、全国农技推广中心、中国农业大学等单位的相关专家和领导的关心和指导下,根据"十二五"职业教育国家规划教材的要求,编者组织人员在原有《农资市场营销》第 1 版、第 2 版、第 3 版的基础上,根据市场发展及社会需要,重新对教材进行了修订和改版,主要解决了以下问题。

1.学生毕业之后专业理论性太强而营销实践不足的弊端;

2. 学校理论教育与企业实践相脱节的矛盾；

3. 加快学校教育小天地向社会大世界过渡进程的问题；

4. 内容老旧与时代结合不紧密的问题；

……

全书内容共分 4 个单元 11 章。

单元一为农资市场营销基础，包括农资的概念和农资市场的特点，我国农资行业发展的概况，几种主要农资生产及销售的状况，一些相关学科理论在农资市场营销中的应用。通过本部分内容的学习，学生可从宏观上了解和认识农资行业，掌握农资营销的基本理论。

单元二为农资市场营销渠道，主要介绍农资营销的常见渠道，内容包括农资生产商、农资批发商、农资零售商。通过这部分内容的学习，学生可掌握建设农资营销渠道的内容和方法。

单元三为农资市场营销艺术，主要介绍作为一名营销员应该掌握的营销知识和艺术。通过这部分内容的学习，学生可掌握农资营销和管理的过程和技巧，如何对农资进行促销，以及几种主要农资的营销策略。

单元四为农资市场自我营销，主要介绍企业对大学生的要求和大学生自主就业的现状及应具备的基本素质。通过这部分内容的学习，学生可知晓自己应该努力的方向。

4 个单元内容既循序渐进、逐步提高，又各自独立。附录部分主要帮助学生学习国家主要农资行业的法律法规，能够学农爱农、知法懂法。

本教材以习近平新时代中国特色社会主义思想为指导，落实立德树人根本任务。体现党的二十大报告中推进职普融通、产教融合、科教融汇，优化职业教育类型定位的精神。力求突出内容上的实用性、知识上的综合性、应用上的广泛性和体例上的创新性等特点。

编者编著的前 3 版的《农资市场营销》属于适用于高校的国内最早的教材。尽管对原有教材进行了多次修订，也得到了相关企业和行业专家的指导，但限于编者水平，加之时间仓促，本版难免存在不妥之处，敬请读者提出宝贵意见，以便再版时加以修正。愿我们共同为我国的农业发展做出贡献。

编　者

2024 年 5 月

目 录

单元一 农资市场营销基础

单元二 农资市场营销渠道

单元四　农资市场自我营销

单元一　农资市场营销基础

学习内容

本单元包括农资及农资相关市场、我国主要农资行业发展状况、农资市场营销相关理论三章，主要学习农资的基本知识、农资及相关市场的基本知识、我国农资行业生产发展及营销状况（存在的主要问题及解决对策）、市场营销理论、行为科学理论、传播学理论。

学习目的

通过本单元学习，让学生熟悉农资及农资市场的含义、特点，从宏观上了解我国农资生产、发展及营销情况，掌握农资市场营销理论，能够为以后的营销工作打下坚实的专业基础；巩固学生的专业知识，培养学生的营销意识。

第一章

农资及农资相关市场

【学习导航】

理论知识 了解农资及农资市场的概念和种类，农资市场的基本知识与农资市场的关系。掌握农资市场的特征及影响农资市场需求变化的主要因素。

技能要求 认识常用农资及其主要作用，熟练掌握农资市场的影响因素并加以预测，学会运用农资相关市场的知识，为农资市场收集信息。

案例赏析

张士毕业于一所工科院校拖拉机制造专业，由于没有更好的工作一直待业在家，父母都很着急。他有一个高中同学吴某从事农药销售，业绩比较突出，在公司很有权威。后来，在同学的帮助下，张士也到了该农药公司从事农药的销售工作。这天吴某安排他去一个客户家做服务工作，他很珍惜这份工作，就兴高采烈地去了。他们公司有一个产品是促进水稻分蘖的。一个农民进来看见有厂家的服务人员在场，就问他水稻正常应该多少分蘖，用了他们的产品后能够增加多少分蘖，为什么能增加分蘖？张士当时就懵了，自己对专业知识也不懂啊，他一时无语，恨不得找个地缝钻进去。农民自然也没买他家的产品。商店老板有点不满，立即打电话给他的上级经理说，你安排的人太不行了，把人领走吧，影响我们的生意。

点评：张士的行为不仅让自己丢掉了工作，同时还给公司抹了黑，影响了公司在客户和农民中的形象。究其原因就在于张士学的是工科专业，对农资行业是个门外汉，对专业知识一点不懂。可见要想从事农资行业，做好农资行业这份工作，首先要深刻认识了解农资，常言道"知己知彼，百战不殆"。那么认识和了解农资需要掌握哪些知识呢？

知识链接

一、农资的概念及特征

提问思考

下列物质中哪些属于农资？为什么？

马铃薯、蒜苗、葡萄籽、甘蔗苗、白菜籽、玉米种子、尿素、二铵、叶面肥、矮壮素、多效唑、氯氰菊酯、阿维菌素、地膜、渔料、兽药、农用拖拉机、播种机、旋耕机、铧式犁。

(一)农资的概念及种类

1. 农资的概念

农资是农业生产资料的简称，是农户或农业企业从事农、林、牧、渔各业生产所必需的物质资料的总称，是农业生产发展的物质基础，是实现农业现代化、加快农业发展、提高农业生产力不可缺少的物质条件。在我国现阶段农业生产所需的生产资料，除自然资源及农业本身自给部分外，绝大部分是通过商品交换由工业、农机、物资和商业等部门供应的。

2. 农资的种类

农资主要包括种子、化肥、农药、农膜、农用能源、农机具、饲料、兽药等，它是农资市场营销的对象。市场化程度较高、市场交易量较大、与生产者关系较为密切的常用农业生产资料有以下几种。

(1)种子 《中华人民共和国种子法》所称种子，是指农作物和林木的种植材料或者繁殖材料，包括籽粒、果实和根、茎、苗、芽、叶、花等。

常见的有:大田作物种子，如小麦、玉米、高粱、水稻、大豆、甘薯等;油料作物种子，如棉花、油菜、向日葵、芝麻、花生、大豆等;根茎类作物种子，如马铃薯、甘薯、莲藕、山药、木薯、山芋等;蔬菜作物种子，如白菜、西红柿、芸豆、黄瓜、萝卜、辣椒等;果树苗木，如葡萄苗、桃苗、苹果苗等;园林花卉苗木等。

(2)农药 《农药管理条例》所称农药，是指用于预防、控制危害农业、林业的病、虫、草、鼠和其他有害生物以及有目的地调节植物、昆虫生长的化学合成或者来源于生物、其他天然物质的一种物质或者几种物质的混合物及其制剂。

农药包括用于不同目的、场所的下列各类:

①预防、控制危害农业、林业的病、虫(包括昆虫、蜱、螨)、草、鼠、软体动物和其他有害生物。

②预防、控制仓储以及加工场所的病、虫、鼠和其他有害生物。

③调节植物、昆虫生长。

④农业、林业产品防腐或者保鲜。

⑤预防、控制蚊、蝇、蜚蠊、鼠和其他有害生物。

⑥预防、控制危害河流堤坝、铁路、机场、建筑物和其他场所的有害生物。

常见的农药有：

杀虫剂　包括有机磷类，如毒死蜱、三唑磷、辛硫磷、水胺硫磷；氨基甲酸酯类，如异丙威、灭多威；拟除虫菊酯类，如氯氰菊酯、高效氯氰菊酯、氰戊菊酯、高效氯氟氰菊酯、醚菊酯；沙蚕毒素类，如杀虫双、杀虫单、杀螟单；苯甲酰脲类（几丁质合成抑制剂），如除虫脲、灭幼脲、氟铃脲、噻嗪酮、灭蝇胺；新烟碱类，如吡虫啉、啶虫脒、噻嗪酮、吡蚜酮；抗生素类，如阿维菌素、甲维盐；植物源杀虫剂，如烟碱、鱼藤酮、印楝素、苦参碱、苦皮藤；微生物源杀虫剂，如苏云金杆菌、白僵菌、绿僵菌、核型多角体病毒、颗粒体病毒。

杀菌剂　包括保护性杀菌剂，如铜制剂类，波尔多液，氧氯化铜（王铜）；无机硫类，如硫黄、石硫合剂；有机硫类，如代森锰锌、福美双、克菌丹、灭菌丹；有机胂类，如甲基胂酸铵；取代苯类，如百菌清、五氯硝基苯、敌磺钠、五氯酚；二甲酰亚胺类，如乙烯菌核利、腐霉利、异菌脲；其他的保护性杀菌剂，如戊菌隆等。

内吸性杀菌剂　包括三唑类，如丙环唑、苯醚甲环唑、三唑酮、戊唑醇、己唑醇、粉唑醇等；苯并咪唑类，如多菌灵、苯菌灵、甲基硫菌灵（甲基托布津）等；咪唑类，如咪鲜胺、抑霉唑、氟菌唑、氰霜唑等；苯基酰胺类，如甲霜灵、精甲霜灵、噻呋酰胺（满穗）等；甲氧基丙烯酸酯类，如嘧菌酯、醚菌酯、肟菌酯等；其他内吸性杀菌剂，如烯酰吗啉、稻瘟净等。

除草剂　包括芳氧基苯氧基丙烯酸酯类，如精恶唑禾草灵（骠马）、精喹禾灵、精稳杀得、高效氟吡甲禾灵、氰氟草酯等；环己烯酮类，如烯禾定、烯草酮等；磺酰脲类，如噻吩磺隆、苯磺隆、甲基二磺隆、卞嘧磺隆、吡嘧磺隆、烟嘧磺隆、砜嘧磺隆等；三唑并嘧啶类，如双氟磺草胺、唑嘧磺草胺等；二苯醚类，如乙氧氟草醚、乙羧氟草醚、氟磺胺胺草醚、乳氟禾草灵等；苯氧乙酸类，如2甲4氯等；芳基羧酸类，如氯氟吡氧乙酸、二氯喹啉酸、草除灵等；取代脲类，如异丙隆、利谷隆等；三氮苯类，如莠去津、西玛津、莠灭净等；酰胺类，如异丙甲草胺、异丙草胺、乙草胺、丁草胺等；有机磷类，如草甘膦、草铵膦等；其他除草剂，如二甲戊乐灵、恶草酮等。

植物生长调节剂　包括生长素类，代表性的有萘乙酸、防落素、增产灵、复硝钾、复硝钾-钠（爱多收）和复硝铵（多效丰产灵）等；赤霉素类；细胞分裂素类，如激动素、玉米素、苄基嘌呤等；乙烯类；脱落酸类；芸苔素内酯、丙酰芸苔素内酯。

植物生长抑制物质　代表品种有矮壮素、比久（B9）、缩节胺、多效唑等。

卫生杀虫剂　包括杀鼠剂、灭蚊剂等。

(3)肥料　《肥料登记管理办法》所称的肥料，是指用于提供、保持或改善植物营养和土壤物理、化学性能以及生物活性，能提高农产品产量，或改善农产品品质，或增强植物抗逆性的有机、无机、微生物及其混合物料。

常见肥料如下：

有机肥　如农家肥，粪尿肥，家畜粪尿、禽粪；堆沤肥，作物秸秆、城市废弃物。

无机肥　大量元素肥料，包括氮肥，如尿素；磷肥，如过磷酸钙；钾肥，如氯化钾、硫酸钾；中量元素肥料，如钙肥、镁肥、硫肥。

微量元素　包括铁肥、硼肥、锰肥、钼肥、锌肥、铜肥等。

复合肥料　包括磷酸铵、硝酸磷肥、磷酸二氢钾、硝酸钾、复合肥等。

复合肥有氮、磷、钾三元复合肥，如撒可富；二元复合肥，如磷酸二氢铵。单一元素化肥有尿素、磷肥、钾肥等。

（二）农资的特征

1. 品种多、规格多

从 2007 年 1 月 1 日开始，国家全面禁止甲胺磷等 5 种高毒农药的使用，共撤销了 878 个高毒农药产品登记证，目前仅国家审定品种就有上千个，国家登记农药品种上万个，肥料品种上千个，而且规格多样。

2. 占地大、不易陈列和码放

农资产品除肥料占地体积较大外，其他产品多以袋装或瓶装、箱装为整体包装，占地大，陈列和码放相对困难。玻璃瓶装易碎，塑料瓶、铝箔袋装易出现渗漏，粉剂袋装易出现裂口。农资产品由企业生产后均以销售的形式分流到各县市，由县市再分流到各个乡镇及农村等销售网点。

3. 技术含量高

农业生产资料作为农业生产的原料，其生产技术含量和应用的技术含量都比较高。特别是除草剂、调节剂，如技术和使用不当，在作物上易出现药害，给农业生产造成危害和减产。

4. 季节性、地域性强

由于我国南北区域跨度大，气温反差大，土壤土质不同，种植作物不同，不同地区自然条件差别较大，而农业生产又有比较明显的季节性，所以农资产品也受到季节和地域的限制。

5. 售后服务困难、会越来越精细化

农资使用者多为农民，农村地域面积大，分布范围广，个体使用量小，农资产品使用者素质参差不齐，技术服务困难。

由于农业生产的快速发展，国家加大了对农业的扶持力度，特别是国家政策允许农户对农村土地的流转，土地将会逐步集中在一部分人手里，服务会越来越精细化。

6. 产地不一、农资生产将会进一步整合

随着农业生产的发展，以及国家对农业政策的调整，农资的市场化程度越来越快，农资的生产会越来越引起国家的关注，农资生产整合势在必行，农资定点生产企业会越来越多，生产的农资种类也会增多。但大部分农资生产小厂将会关停并转，农资种类开始整合，无公害、无残留农资产品将会越来越多，生产厂家将会得到统一的管理。

二、农资市场

2009 年 5 月，一家种子店的老板宫某正在忙着卖种子，一个农村老汉径直朝他走了过来，并吵嚷着要求宫老板赔偿损失。原来，早在 4 月，这位老汉从宫老板的种子店买了早熟青玉米种子，种在自己院里，想早点上市，卖个好价钱，可刚 1 个多月玉米就抽穗了，株高仅 50 厘米，老汉认为是种子质量问题要求赔偿。宫老板到了老汉家里一看，果然如此，院里的其他作物长势良好，唯独玉米矮小早熟。宫老板甚是迷惑不解，同样的种子别人家种在地里长势良好，不可能是种子问题。于是宫老板找到了农业院校的专家咨询，专家们经过调查研究后得出结论，玉米种子确实没有问题，出现矮小早熟的现象是因为院里有墙遮挡，加上种的时间太早，导致玉米见光时间短，而玉米是高温短日照作物，光照缩短会导致其生育期缩短，提前开花结果，如果种在大田里，在 5 月以后种植就不会出现这样的问题了。事后，宫老板很是感慨：搞农资经营不懂科学技术不行啊！

农资市场有其自身的规律和特点，只有充分掌握这些规律和特点，才能在农资市场营销中游刃有余。

提问思考

你碰到过这样的事例吗？从该事例中总结出哪些经验？

（一）农资市场的概念和特点

1. 农资市场的概念和种类

农资市场是指按照农业生产资料产品性质划分的专业市场，是商品市场的重要组成部分。农资市场是农资商品交换的场所。农资市场的职能就是要使各种农资商品顺畅地流通，最大限度地满足农业生产的需要和供给。

农业生产资料种类繁多，按照产品的自然形态可划分为若干类市场，如化肥市场、种子市场、农药市场、农机市场、农膜市场、饲料市场、兽药市场等。目前，乡镇、村级零售商比较分散，县市农资市场一般集中在农业局附近，省级和地级农资市场也比较集中。

实践调查

当地农资市场主要以经营哪些产品为主？

2. 农资市场特点

(1)来源及其结构比较复杂　既有国内资源,也有国外资源;既有全国范围内的资源,也有地方范围适用的资源。

(2)需求的地域性、时效性比较强　生物的生长发育要与地区环境相适应,组织农业生产资料时要因地制宜。根据平原、山区、农区、牧区及人口耕地的多少、无霜期长短等不同地域、气候特点组织各种不同农资商品供应,不能搞一刀切,还要注意经济发达的地区,由于企业多,劳动力转移多,对农机具需求往往更为迫切。

农业生产具有明显的季节性,农资产品供应也具有明显的季节性。农资商品供应必须坚持掌握季节,及时供应,不违农时。在组织供应上宜早不宜迟,如对农机具及其配件的供应,必须赶在播收之前,对种子供应必须赶在播种之前。

多数农资产品的生命周期短,更新快,新产品多,尤其在科技不断进步的情况下,新产品将不断代替旧产品,因此要及时发挥每种产品的优势。

(3)技术性比较强　农资产品本身具有较强的技术性,不同的产品在使用、保管和维修上具有不同的技术要求。据此特点,农资商品必须坚持供应与传授技术相结合的原则。

(4)经营具有连续性和配套性　经营上的连续性和配套性是由农资的消费特性决定的,如供应种子,就可以配套相应的化肥、农药、农机等,同时要保证常年供应。

(5)双重性　从购买目的上看,农资市场具有工业品市场属性,因为农业劳动者购买农资的目的是为了再生产。从购买行为上看,农资市场具有消费品市场属性,因为农业劳动者的购买行为具有非专业、分散、重复的特点。

(6)易受外界影响　农资市场易受人为和自然影响。农资作为特殊的商品历来被政府严格管制,长期以来由国家专营,随着改革开放的深入才逐步放开。私营、股份制、承包制已成为市场主流。但与其他商品相比,农资受国家政策法规的影响仍然较大。由于农业生产受天气制约很大,用于农业生产的农资也必然受自然影响很大。

(7)储运要求高　农资中的化肥、农药、农机具等品种,或体积大或易燃易爆或有毒,这决定了农资的储存和运输条件较高。

(8)服务要求高　目前,农业劳动者文化素质普遍较低,而农资是农业技术的载体,其使用技术要求高,这种矛盾要求农资销售一定要做好技术服务。

(二)影响农资市场需求变化的因素

1. 农业生产发展的速度以及积累水平

一般来说,农业生产发展速度越快,农业生产集约化程度越高,对农业生产资料的需求越大。

2. 农业生产结构(农、林、牧、副、渔各业的生产结构和农作物的种植结构)

生产结构不同,使用的生产资料结构也会有很大差异。例如,经营种植业与经营渔业所需的生产资料不同。因此，对农资的需求也就不同。

3. 农业生产组织规模大小

一般来说，生产规模大，较大型的生产工具、设备和大包装的生产资料需求也大。

4. 自然条件及其变化

各地区的自然条件不同，使得需要的生产资料也不同。自然条件，尤其气候条件同样影响农资产品的需求。气候条件对农资市场的影响是间接的。气候的变化直接影响作物生长、病虫害的发生发展、作物对水肥的需求，这样间接地影响了对农资产品的需求量，对来年市场需求很难加以定量估计。农民不可能在无水可浇灌的干旱天气中施肥，因而对肥料的需求降为最低；在雨季不会想到去使用杀虫剂，而在连续阴、雨天气条件下，大量的蚜虫的发生明显，杀虫剂的需求则会增加。在高湿条件下，病害的发生比较严重，杀菌剂的需求会增加。不同的地域有着不同的气候条件，比如，南方由于常年高温，甜菜夜蛾（青虫）几乎常年发生，而在北方冬季均无虫害。

5. 农业科技普及程度不同及国家政策的影响

农业科学技术的普及，会使农民不断改进耕作制度，改变对生产资料的消费习惯，从而引起对生产资料需求的变化。如小麦田除草剂，按农民的使用习惯一般是在春节后开始大田喷施，随着科技知识不断地提升，小麦出土以后，温度在10℃以上，农民则开始施药，且杀草效果很好。

6. 农业生产资料在生产过程中周转速度的快慢

生产过程中消耗的生产资料是一次性消耗，还是逐渐消耗，直接影响生产资料需求量。不同的农业生产资料在生产过程中周转速度不同，使其消耗量也不同。

7. 生产者拥有的生产资料种类及技术状况

生产者拥有不同的生产资料，对生产资料需求也有影响。

8. 农产品价格

农民对来年农产品市场价格的预期和信心，影响着本年度的投资力度。

学以致用

2006年，中共中央一号文件要求全面取消农业税，并实行良种补贴，这一政策对农资市场产生哪些影响？

（三）农资市场预测

在进行农业生产资料市场预测时，必须找出影响市场的主要因素，才能使预测具有科学性和准确性。

1. 国家对农业生产方针政策的影响

随着产业政策的调整,国家加大了对“三农”的扶持力度,实行了良种及农机具、土地补贴,提高了农民种田的积极性。一般重视农业生产,特别是种植业生产,将导致对化肥、农药等生产资料需求量加大。

2. 自然条件的影响

例如,农药是救灾商品,如果病虫害发生偏重,此类商品需求量自然递增。

3. 农业生产收成的丰歉

农业收成的丰歉直接影响农民的收入,而农业收成除与自然条件有很大关系外,病虫草害的发生程度以及农资产品的防治效果,将连锁反应到农民对农业生产资料的需求上。

4. 农业信贷和农业生产资料的影响

农业信贷的多少及农业生产资料价格和质量等,都不同程度地影响着农民对农业生产资料的需求与购买。

学以致用

根据当年的生产、气候、市场等情况,分析预测下一年主要农资需求情况。

三、农资相关市场

农资市场作为农业领域的重要组成部分,它的发展与相关行业息息相关,甚至是互为依赖,互相支撑的。相关农业市场的发展对农资市场起着举足轻重的作用,了解这些农业市场对从事农资营销工作必将起到重要的指导作用。

(一)农业技术市场

蔡老师是国内一大型种子公司的育种专家,2004 年辞职办了一个玉米育种研究所,专业从事玉米新品种选育工作。当他正苦于前期经费不足时,另外一家民营种子公司的经理找到他谈合作事宜。双方商定,由种子公司出资资助其研究,育出新品种以后优先折价提供给该种子公司经营。两年以后,蔡老师如期选出了新品种,在按合同交付部分新品种之后,新育出的其他品种又作价卖给了其他的种子公司。

提问思考

这个事例说明了什么？体现了农业技术市场的哪些类型和特点？

农业技术市场是在农村经济体制改革不断深入、农村工业化迅速发展以及社会主义市场经济体制逐步建立的情况下产生出来的。随着农业市场化的程度逐步提高，农业技术成果作为一种商品进入市场也必将越来越受到重视。

1. 农业技术市场的概念

农业技术市场是指在一定区域范围内，拥有各种技术商品（或技术服务行为）的供给方和具有货币支付能力的需求方进行相关农业技术商品交易的场所，即农业技术贸易的场所。从广义上讲，农业技术市场是将农业技术传递并应用渗透到农业生产中的过程和形式。它反映了农业技术商品供给者与需求者之间的关系，是连接农业科技与农业经济的桥梁。农业技术市场是伴随着技术贸易的产生而发展起来的。早期的技术交流活动是无偿转让，但随着科技和商品经济的发展，一些具有创新才能的科技人员把自己的成果以商品形式有偿转让或出售，技术发明或创新取得了无形商品的资格而成为技术商品。专利制度的产生与发展为技术发明、创新成果的商品化赋予了合法性。因此，技术成果的商品化是技术市场交易的前提。

2. 农业技术市场的类型

(1)按市场体系建设的完善程度划分

①常设农业技术市场。这种农业技术市场常年综合经营，有固定的经营场所、设施、机构、规则、人员等硬件与软件。农业技术市场技物结合、地域性和营销的季节性等特点，必然要求该市场发展应以“常设市场”建设为主体。

②零散农业技术市场（集会市场），如交易会、博览会、农村集市、农业展销会、政府举办的科技大集等。虽然“集会市场”曾在发展我国农业技术市场的过程中发挥了重要作用，但从其发展过程来看，由于其中政府行为过多，而且费时、费资、费力，成交越来越少，往往只是从形式上取得一时的轰动效应，大部分科技成果并未真正进入生产实践，仅停留在技术市场中维持其知识形态，因此也很难吸引农民。

(2)按市场交易的技术形态划分

①有形技术市场（实物市场），即以实物载体的有形技术交易为主，如农民在商店购买良种、化肥、农药、机具等。

②无形技术市场，如各种栽培、饲养技术等，由于难以商品化，只能通过不同的交易形式，如与有形技术组合配套、技术承包、技术入股、联产分成等方式进入市场。而对一些服务性、公益性的技术成果尚不能进入市场。

(3)按技术在农业生产过程中的作用特点划分

①管理技术（软技术），指在农业生产中以资源的组织、配置和运用为主的各类管理技

术，如技术咨询、信息服务、经营决策等。

②生产技术（硬技术），包括农业机械在内的生产技术，它们都直接或间接地作用于农业生产对象。

(4)按市场的经营范围划分

①专业性农业技术市场，这些市场相对较为单一，以某种技术为主要经营内容，具有专一性，如种子市场、化肥市场、农药市场等。

②综合性农业技术市场，这些市场经营内容较多，范围较大，属于综合性市场，如农业生产资料市场。

3. 农业技术市场中技术交易的主要形式

(1)技术转让　指有实物载体的有形技术，如种子、化肥、农药等和部分无实物载体的无形技术，但以资料、图片、图纸、声像等技术知识产品表现出来，通过在市场上的交易而发生的技术所有权的转移。

(2)技术承包　指技术提供者通过自己运用技术，解决技术需要者要解决的农业生产过程中的相关问题。科技人员通常利用自己的一技之长，与直接生产者签订技术承包合同，承担大田生产或果、菜和猪、鸡、牧场中的农业生产技术问题的解决责任。这种技术承包，并没有发生技术所有权的转移，但技术的效用却往往发挥得非常显著。技术承包的形式多种多样，如单项生产环节的技术承包、专业技术岗位承包、联产提成技术承包、农业科技与物质部门联合承包、大面积集团承包等。在集团承包中，辽宁省出现了农业各厅局、科技单位和大专院校科技人员到市、县承包大面积综合开发项目，各市、县科技人员承包本地区大面积综合开发项目，省、市、县、乡四级科技人员联合承包三种形式，取得了显著的技术应用效果。

(3)技术入股　在农科教或农业生产、科研单位、推广机构等组成的联合开发集团的合股经营中，农业科研单位将技术作为投资要素，进行折价入股，等于把技术商品化，与其他各种生产要素等价交换。在较稳定的股份制集团企业中，单位和个人的技术产权，已转化为企业产权，可以买卖，不能退股。

(4)技术咨询　技术咨询是一种技术信息的转移，指技术单位接待来访者或在现场进行解答农业技术现实或潜在需求者关于技术的特点、运用方法等方面的问题，以便更好地实现技术的全面转移和效用发挥；或专职农业技术咨询机构，为生产单位或农户有偿提供技术知识、信息和情报等。目前，技术咨询是农业技术市场中的一个非常重要的内容。市场需求量极大，生产、销售、宣传等各个环节均需要技术咨询。

(5)技术服务　技术服务是指技术人员收取技术服务费，以劳务形式进入交易过程，如技术修理、果树修剪等，或代为考察资源、制定区划、承包科研课题等，也相当于交易技术使用权。

(6)技术培训　即农业技术人员通过举办各类农业技术培训班，传授技术知识和技术方法，培训农业技术人才，收取一定报酬。在市场经济条件下，这是技术使用权转让采取的又一种方式。

4. 农业技术市场的特点

(1)农业技术市场交易的局限性　农业技术本身商品化程度低,又不能全部进入市场的特点,决定了其交易的局限性。对于结合在农业生产资料上的有形技术成果,如种子、饲料、新农药、化肥等,比较容易商品化进入市场;对于以信息形式被传播和使用的无形技术成果,如各种栽培、饲养技术等,难以商品化,只能通过不同的交易形式,如与有形技术组合配套、技术承包、技术入股、联产分成等方式进入市场。而对于一些服务性、公益性的技术成果尚不能进入市场。

(2)农业技术市场是技物结合的市场　在农业技术市场交易的绝大部分技术成果是凝结在农业生产资料上有形技术与无形技术的组合。因为从市场的供方来讲,技术单位希望他们的无形技术能够得到市场的承认,实现其价值。而从市场的需求主体,即广大农民来说,则对无形技术的重视程度远不如对有形技术的重视程度,他们习惯于购买看得见、摸得着的有形技术。从农业技术市场的发展来看,农业技术市场经营方向将由单独的技术交易向技术交易加科技产品交易过渡。

(3)农业技术市场中的“买方”市场难以开拓　无论发展“三高”农业、创汇农业、生态农业,还是农产品的加工增值、储运保鲜等,都必须依靠科学技术。但目前农村大多数地区,特别是西部地区经济力量还很薄弱,支付能力不强,农业技术市场服务的主要对象,即买方主体是经营分散、购买力偏低、文化素质不高、信息闭塞的农户。由于农业科技成果的公益性、技术的保密性较差,加之工农产品的“剪刀差”较大,以及农业比较利益偏低等原因,使农业技术市场中的“买方”市场难以开拓,农业技术市场发育相对滞缓。

(4)农业技术市场的地域性和营销的季节性　不同地区之间的自然、生态、社会、经济以及习惯差异,导致对农业技术需求的巨大差异。因此,大部分农业技术商品的营销,均受到农时季节的制约。

5. 农业技术市场与农资市场的关系

农资市场是农业技术市场物质转化的载体,是农业技术市场的一部分。现代科技的发展,改变了传统农业和农业科技的经验性,科技成果的量化、规范化、集成化、物化以及产品化程度越来越高。例如,育种成果可通过种子产业转化进入市场,生物农药、兽药和生长调节剂等生物技术成果可以以生物制品制剂形式进入市场,平衡施肥技术可以物化为新型肥料进入市场,现代节水灌溉技术和工厂化高效农业技术可以表现于设施产品。即使经验性很强的栽培、饲养、灌溉、植保、疫病防治技术以及各类管理也可以通过农业专家系统量化集成和物化为软件光盘进入普通农民家。

农业技术市场是农资市场的信息和物质来源,进入农资市场的信息和物质大多来自农业技术市场,如用于营销的新品种、新技术很多可以通过农业技术市场获得。

(二)农业知识和信息市场

桓仁县青年农民李晓东 2004 年年初看到别人种药材贝母效益好,准备投 2 万元种 2 亩地。这时他从农业信息网上看到了关于2004年贝母价格预测，说2003年由于四川干旱，川贝大幅度减产，贝母价格走高，2004年价格将明显走低。于是，他就停止了投资贝母的打算。同时，他看到马铃薯市场好的信息，又查到本溪市马铃薯研究所要繁育种薯的信息，就签订了50亩的早大白马铃薯繁种合同，保底价0.3元/500克，并随市场价上浮。至马铃薯收获时，他又到市场查看得知，菜用马铃薯0.4元/500克，就找到马铃薯研究所要求提价，研究所无奈，只得同意他的要求。年底，扣除各项成本，李晓东净赚1.5万元。2004年年底贝母价格果然很低，如果是种贝母，李晓东至少赔2万元。

提问思考

李晓东获得好收成的根本原因是什么？你从这个故事中总结出下面的哪些内容？你一般通过什么途径获取农业信息？

在农业市场体系中，农业科技知识、信息、观念的市场传播与扩散对于农民行为的改变、科技的接纳具有特殊的作用。

1. 农业知识和信息市场的基本内容

(1)农业知识和信息市场基本要素　一是农业信息源，包括提供什么内容、多少量、什么质量的信息；二是农业信息传播渠道，要求快捷、保真、准确地传给农民；三是信息使用者——农民，他们的现时目标和知识水平及接受能力是关键因子。因此，在设计农业知识信息市场时，应充分考虑三者的关系，还要充分掌握农民的情况，应改变仅有供给而不问需求的传统官商做法。

(2)农业知识和信息的主要内容

①农业科技及生产信息。包括国内外农业科学技术发展状况；国外引进的各种农林畜牧品种，农业设备和技术；农业科研机构和农业院校应用性的科研成果；农民及农业企业的先进经验；邻近地区已推广的行之有效的技术措施；农情动态、作物生产动态、气候变化、自然灾害预测预报等；农业工作人员的成功经验和做法；农民的愿望及反馈的技术革新信息；有关农业科技和生产的其他信息。

②农业经济和市场信息。包括党和国家有关农业大政方针及条例法令的变化；各种形式的专业户、重点户、联合体发展商品生产的动向、经验和做法；农畜水产品的购销政策、价格政策；反映农用生产资料、生活资料的供求状况和集市贸易行情；主要农畜水产品生产成本的变化情况，以及降低成本、提高经济效益的有效措施；农副产品加工、储藏、运输、销售、粮食转化及农副产品综合利用的做法和经验；农业企业及农民对当前农村政策的反映及要求，以及发展农村商品经济的措施和建议；农副产品外贸行情的变化情况；消费者心理对农产品消费习惯的变化等。

2. 农业知识和信息来源

农业知识和情报信息来源渠道很多，如来自文献资料、报纸杂志、广播电视的知识信息；

来自国家各级政府、上级或同级主管部门、各级业务部门的知识信息；来自本地市场及国内外市场、经济咨询机构、预测机构及专利机构的知识信息；来自农村各类农业企业和农民群众的知识信息等。对农业人员来说，最大量的知识和信息是来自于各种文献资料、报纸杂志、各种官方文件、网络查询中。

(1)农业科技图书和期刊

①在农业科技情报中，农业科技图书品种最多、数量最大，如农业科技专著、农业生产技术图书、农业教科书、农业工具书，以及各种官方农业文件及其汇编和企业宣传材料，农业人员可以从中得到历史的、系统的、实用的、全面的知识。

②农业科技期刊，能及时报道最新的农业科学研究成果和农业新技术、新方法、新理论，它是记录人类从事农业生产和科学试验结果的一种形式，也是农业科技文献的主要类型。农业期刊一般有以下几种类型：农村工作通讯等综合性期刊；作物杂志等专业性期刊；中国农业科学、园艺学报、作物学报、作物品种资源等学术性期刊；专门登载有关最新研究成果的短文，预登将发表论文的摘要的农业科技通讯、农业科技简报等通讯性期刊；农业科技消息、农业科技动态等消息性期刊；刊登一些试验数据、技术规范、条例法令和统计资料等资料性期刊；以普及农业科技知识为主的农林科学试验、科学种田、新农业等科普性期刊，等等。

(2)内部有关农业科技资料　内部资料多由农业主管部门、科研单位、农业院校、农业企业及各级农业情报部门编印出版，含有大量宝贵的情报信息，一般在公开出版的刊物上不易找到，所以应特别注意收集。内部资料主要有以下几种类型。

①农业科学技术研究成果报告。这些报告是由农业主管部门组织审查鉴定后上报的，因此比较成熟可靠，具有较大的情报价值和应用价值。

②农业科技成果汇编或选编。这是由各级农业科技主管部门对本部门、本地区、本系统一年或数年来的科研成果经过审定、选择后出版，汇编中每一项成果都有说明或附图，起着提供线索的作用。

③农业科技会议资料。这是农业各专业技术会议、学术团体会议、年会、技术攻关会、研讨会、协作会和经验交流会等印发的资料。资料内容主要是与会者提交的论文、调查报告、试验研究报告、情况汇报等。这些资料虽不太成熟完善，但也不可忽视其中所含有的情报信息。会议资料是了解和掌握国内农业科技水平和动态的重要情报来源。

④国外农业科技水平动向描述。这是针对我国农业科技水平和差距，介绍和评论国外某个专业领域的研究或技术发展状况、动向的资料，如农牧情报研究。

⑤出国参观考察报告和外籍学者来华讲座等。

(3)其他一些农业科技资料

①农业技术标准资料。这是对农业物质技术的质量、规格、计量单位、操作规程、技术规范、检验方法等所制定的技术规定，有一定的法律约束力。

②农业技术档案资料，如科研规划、计划、技术方案、任务书、协议书、技术指标、审批文件、图表、试验原始记录等。

③农业产品和农用生产资料样品说明书。这些大多出现在农业成果展览馆、展销会、科技交易会、技术市场上。这些产品配以说明，具有较强的直观性，其技术可靠，文字简明扼

要，为重要的信息来源。例如各种作物新品种、新农药、新肥料说明书等。

④专利文献，包括专利申请书、说明书、文摘、分类、索引和刊物等。

⑤网络。

3. 农业知识和信息的收集方法

(1)阅读查询法　阅读有关资料、报纸、杂志、通讯、年鉴、文献或到图书馆、文献馆检索查询资料。

(2)观察采集法　选派专职人员到实地考察、研究采集第一手资料。

(3)投书询问法　向有关科研部门或信息贮存部门投书检索，或向有关专家请求询问得到信息。

(4)购买索取法　向信息服务中心、专利机构等，有偿购买索取有关信息。

(5)预测法　根据自己的经验和掌握的有关科技知识，提前预测将要发生的情况，如病虫防治等。

(6)视听法　通过广播、电视、录音、录像、电影、网络等获取信息。

(7)交换法　与有关单位互通有无或通过网络信息共享。

学以致用

收集作物育种的最新理论和主要玉米品种信息。

4. 农业知识和信息市场与农资市场的关系

(1)农业知识和信息市场可以为农资市场更好地运作提供指导　通过及时了解和掌握农业信息，还可以为农资营销决策指明方向。比如，通过了解我国取消农业税的政策，我们可以预测农业必将迎来快速发展的春天，农资的需求量也将迅速扩大。

(2)农业知识和信息市场可以帮助农资市场准确定位　通过对农业知识和信息收集方法的恰当运用，我们可以用最短的途径和最快的速度找到需要的农资市场，为个人或企业的营销目标准确定位。

(三)农产品市场

小李刚从一所农业大学毕业应聘到一家农药公司工作，负责开发辽宁南部市场。来到一个陌生的城市，人地两生，小李一脸茫然，不知从何处着手。这天，小李决定到街上买点水果解暑，顺便看看有没有新的信息。由于地形不熟，小李就向路边的一位老大爷打听卖水果的地方，老大爷很热心地告诉他本地有一个桃的批发市场，不仅品种齐全，而且价格便宜，质量好。小李坐车去了一看，果然是辽南最大的桃批发市场。聪明的小李转念一想，这里既然是桃产品市场，肯定也是桃树的种植基地，种植面积也肯定很大，桃树的用药量也应该大，不正好适合自己公司的产品吗？真是“踏破铁鞋无觅处，得来全不费工夫”，通过桃商的介绍，小李很快找到了经销商，打开了辽南市场。

提问思考

处处留心皆学问，从小李的成功中，你认为农产品市场与农资市场之间有什么关系？

农产品市场是我国社会主义统一市场的一个重要组成部分。从不同的角度进行分析，对农产品市场可以有多种多样的划分方法。但无论哪一种划分方法都是围绕着市场的基本要素进行的，比如，有的突出了交易场所的要素，有的突出了交易人及其相互关系的要素，有的则突出了交易物和交易活动的要素。

1. 农产品市场类型

(1)根据交易场所的性质划分市场

①产地市场，是分散在全国广大农村和集镇的、定期或不定期的小型市场。它接近生产者，市场辐射范围小，交易方式多半采用现货交易，商品价格一般较低，便于大宗农副产品的初次集运和初步加工、整理、分级。

②消费市场，是对某一农产品只消纳(费)而不转运或较少转运的市场。它主要分布在人口密集的城市和工矿区。

③聚散市场，具有消纳和转运两种功能。一方面，它是产地市场的消纳场所；另一方面，它又是最终消费市场的产品来源地。聚散市场与消费市场的区别主要是消纳量与转运量的比例，转运量明显多于消纳量的称为聚散市场，反之则称为消费市场。聚散市场兼有交通和加工之便利。

④转载市场，又称中转市场，指某一农产品的转运场所。转载市场与聚散市场的区别主要是，转载市场基本上只转运不消纳，而聚散市场兼有消纳和转运两种功能。

以交易场所划分的市场必须具备一定的条件才能形成，具备什么条件，就构成什么市场，条件变了，市场的类别就会发生变化。

(2)根据商品的性质划分市场　农产品是解决人们吃穿需要的生活必需品，农产品的品种很多，按它们的特性可以将农产品市场大致分为粮食市场、蔬菜市场、肉禽蛋市场、果品市场、水产品市场、棉麻市场、其他土特产品市场等。

2. 农产品市场营销的特点

从市场角度分析，农产品相对于非农产品，有如下几个特点。

(1)农产品一般体积大、水分多，多是有生命的物质或有机质，失去水分或死亡就会明显降低其使用价值。

(2)由于农产品具有生产的地区性、消费的全国性、收获的季节性、消费的周年性的特点，所以必须对农产品进行储存和运输。同时，由于农产品本身不耐储存和运输，所以要求有较好的储运条件，因此农产品储运费用较高。

(3)由于农产品的品质和形状有很大差异，使用价值也有很大差异，因此即使同一种农产品，也有较大的品质差价。甚至在很小的生产范围内，由于土质、水质、微观气候的差别，往往形成不同风格的地方性特产。

(4)大宗农副产品，如粮食、棉花、油料、豆类、肉牛等可以通过分级整理，在品质形状上达到一致，形成标准农产品，由于具有这一特点，很多农产品可以实行期货贸易。

(5)农产品从生产者到消费者手中，是由分散的小规模的生产者手中聚集到大市场，又由大市场分散到千家万户消费，流通环节多，储运损失率高。而且，由于对农产品鲜活要求高，导致经营过程中的生物性风险比较高，集中反映在农产品的市场营销费用高和风险大。

(6)农产品及其加工品一般是人们每日必不可少的必需品。在一定的市场结构和购买力下形成一个购买量，农产品供应少了显得紧张，多了则卖不出去。农产品的收入需求弹性和价格需求弹性都比较小，如粮食、蔬菜、蛋、奶、肉都有一个基本满足的需要量，基本满足后，市场消费量就不会有太大的变化。当然，农产品中各种产品的弹性也不一样，甚至会有很大的差别，如面粉与鸡蛋，大米与时令菜等的需求弹性明显不同。

3. 农产品市场与农资市场的关系

(1)农产品市场的发展可以带动农资市场　农产品作为农业生产的结果，其效益是农业生产者最终追求的目标。农产品收获量大，价格高，效益好，农业丰收，农业生产者从事农业的积极性就会加大，自然就会促进农业生产资料的消费，农资市场就会活跃。

(2)农产品市场是农资市场发展状态的一个重要的信息来源　由于农业生产具有强烈的地区性，农产品市场的分布也具有明显的地区性，通过一个地区的农产品市场状况可以反映出本地区的种植结构，也相应地反映出本地区的农资需求状况。

【课堂活动】

课堂活动一　识别常见农资

一、活动目的：认识不同农资的形态特征和作用，辨别农资真伪，实际了解当地主要农资和农资市场的类型。

二、活动内容：

1. 农资种类识别：当地主要经营哪些农资，各类农资有什么特点，怎样识别。

2. 真假农资识别：真假农资各有什么特点，外观上怎么区分，标签有什么要求。

三、具体做法：老师准备各种各样、各种包装规格的农资产品，给学生介绍不同农资的特征特性，真假农资的区别，学生每2～3人为一组，自愿组合，自行观察，最后老师进行考核。

课堂活动二　案例分析

一、活动目的：让学生学会收集分析案例并从中感悟知识的应用。

二、活动内容：

1. 老师讲解：结合本章内容，老师讲解并分析案例，教会学生讲解分析的方法。

2. 学生讲解：学生讲解自身或别人的经历并分析。

三、具体做法：全班分成几组，每组 3～5 人，以小组为单位进行讨论，或派出代表讲解并分析案例，各小组之间的表现记入平常成绩。

【技能训练】

一、训练项目：农资需求预测。

二、训练目的：培养学生根据农资市场需求变化的因素，分析预测农资市场需求的能力。

三、训练时间：利用课余时间。

四、训练内容：农资市场变化及农资需求数量和种类预测。

五、训练方法：学生每 2～3 人一组，也可以个人为单位，自行查阅资料，就当年的农业生产经营情况，分析预测未来一年或几年的农资市场变化趋势或者农资需求种类和数量的变化趋势。

六、作业：写一份预测分析报告。

【复习思考题】

1. 什么是农资？什么是农资市场？二者有什么区别和联系？
2. 农资市场有哪些特征？举例说明。
3. 怎样根据农资市场需求变化的影响因素进行预测分析？
4. 几种农资相关市场各有什么特点？你认为它们对农资市场有哪些作用？举例解释。
5. 想一想还有哪些与农资有关的市场，并说明其与农资市场的相关性。

【相关阅读】

1. 农业生产资料监督管理工作暂行规定
2. 农业农村部定点农资市场管理办法（试行）

【本章小结】

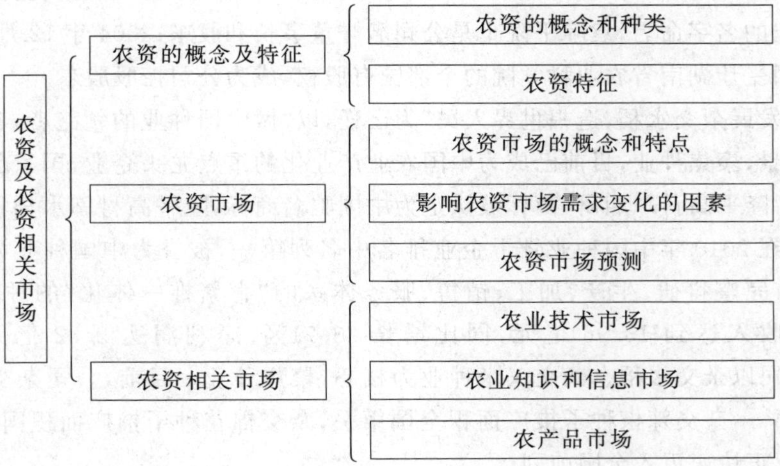

第二章
我国主要农资行业发展状况

【学习导航】

理论知识 了解种子、农药、肥料行业的特点，掌握农资行业发展过程中存在的主要问题，针对这些问题所采取的应对措施。

技能要求 能够了解国内外农资行业发展的基本状况和背景，学会从宏观上把握农资市场行情，并能够熟练运用所学知识分析预测未来农资行业的发展趋势。

案例赏析

隆平高科创立于1999年，由湖南省农业科学院发起，2000年在深圳证券交易所上市。公司成立之初，注册资本为10 500万元，后来变更为41 580万元。公司以世界杂交水稻之父袁隆平院士的名字命名，袁隆平院士是公司名誉董事长和股东；2004年12月，长沙新大新集团有限公司受让湖南省农业科学院的全部国有股权，成为公司控股股东。

公司以"发展杂交水稻，造福世界人民"为己任，以"做中国种业的领跑者，农业服务的旗帜"为企业愿景，聚焦种业，目前已成为中国农业产业化的重点龙头企业，国家创新型星火科技龙头企业，"隆平高科""湘研"商标被认定为中国驰名商标，隆平高科牌水稻种子被评为中国名牌产品，在2010年中国种业骨干企业排名中名列第一，被誉为中国种业第一品牌。公司是首批拥有完整科研、生产、加工、销售、服务体系的"育繁推一体化"的种业企业之一。2012年种业收入达到13.96亿元，同比增长23.71%，净利润达2.82亿元，同比增加21.92%。公司以杂交水稻、杂交玉米种业为核心，聚焦种业。目前，公司杂交水稻种子市场份额全球第一，杂交辣椒种子推广面积全国第一，杂交棉花种子推广面积国内第三，杂交玉米种子产业正快速迈入全国前列。

点评：隆平高科是一家以世界杂交水稻之父袁隆平院士的名字命名的上市种子企业。该企业从 1999 年成立到发展成为中国种业第一品牌只用了 10 多年的时间。之所以能取得今天的业绩，与袁隆平院士的声誉息息相关，更重要的是该公司拥有以袁隆平院士为首的杰出育种专家团队及核心育种技术，能够不断推出高产的超级稻品种。纵观中国的农资企业，拥有核心技术的寥寥无几，国内的农资产品同质化程度严重，农资企业在国际分工中处于低端。隆平高科的发展历程再一次印证，农资企业只有加大研发投入，拥有核心技术，才能在全球化发展格局下占据一席之地。

知识链接

一、我国种子行业状况

（一）我国种子行业现状

1. 产业加速整合，并购大潮汹涌

种子行业集中度低，政策鼓励种子企业兼并重组。我国是全球第二大种子市场，但由于历史沿革原因，行业内生产企业众多、集中度非常低。我国政府始终鼓励大型种子企业进行行业整合，从而推动国内种子行业健康发展。

2016 年年底，种子行业持有效生产经营许可证的企业数量为 4 316 家，较 2010 年的 8 700 家减少了 4 384 家。而与此相反，大型种子企业的数量和规模却逆势增长。净资产 1 亿元以上的企业数量达到 341 家，较 2012 年增加一倍多，其中净资产 10 亿元以上的企业由 2012 年的 7 家增加到 2016 年的 15 家。

种企并购浪潮汹涌，关注龙头外延发展。从孟山都、杜邦先锋、先正达、利马格兰等大型跨国种子企业的发展历程来看，兼并收购均在种业帝国的建立过程中起到了关键作用。

2017 年，国内种子龙头的并购脚步明显加快，包括隆平高科、登海种业、荃银高科等企业陆续开展外延项目。通过产业内资源整合，优质资源得以向优势企业集中，从而提升了大型种子企业的规模化优势。

2. 绿色通道加速品种审定，龙头新品推出能力大增

2014 年 5 月 30 日，原农业部品种审定委员会发布《国家级水稻玉米品种审定绿色通道试验指南（试行）》，允许有实力的“育繁推一体化”种子企业自行开展自有品种区域试验、生产试验。相较于以往品种的审定都由国家组织统一试验，通过绿色通道审批时间将从过去的 4 至 5 年缩短为 2 至 3 年，科研投入的商业化率有望大幅提高。

2016 年 8 月 15 日起，《主要农作物品种审定办法》（以下简称《新审定办法》）开始施行。品种试验涉及国家和省两级种子管理机构，此前的绿色通道试验只是在国家级品种试验中试行。《新审定办法》将“育繁推一体化”种子企业自主研发品种绿色通道试验由国家级拓展到省级，并且将作物由杂交水稻、杂交玉米拓展到水稻、小麦、玉米、棉花、大豆 5 种审定作物；同时，允许申请者对自有品种自行开展生产试验，对特殊用途品种自行开展区域试验和生产试验。此外，《新审定办法》对试验周期和试验审定工作环节两个方面进行了改革，最大限度地缩短试验审定时间，这使新品种推广时间可再提早 1 年。

2017 年新审定品种数量暴发，龙头企业巩固优势。绿色通道试验试行后，种子品种审定的速度明显加快。尤其是《新审定办法》的实施激发了种子企业的研发积极性，2017 年新审定种子品种数量出现暴发式增长，新审定玉米种子品种达到 176 个(其中通过绿色通道审定 121 个)、稻谷品种达到 186 个(其中通过绿色通道审定 97 个)。由于我国地大物博、气候多样，较难出现具有广适性的大品种，因此种子企业会推出针对不同地区的特定品种以满足市场需要。通过绿色通道审定，大型种子企业可以快速将研发成果进行市场转化，从而进一步巩固自身优势。

3. 转基因试点推广渐行渐近

转基因作物优势明显，全球种植面积庞大。转基因作物具有良好的抗性，能适应不同的环境和灾害，单产一般要高于传统作物。

同时，转基因作物在种植过程中需要耗费的人力和物力更少，生产成本更为便宜。因此，相较于传统作物，转基因作物的竞争优势十分明显。根据国际农业生物技术应用服务组织(ISAAA)的统计，2016 年全球转基因作物种植面积达到 1.85 亿公顷，较 1996 年的 170 万公顷增长 100 多倍。

饲用作物或成转基因试点品种。出于粮食安全及提升农业国际竞争力的考虑，我国政府十分重视转基因技术的研究工作。2007 年到 2017 年的 11 年的中央一号文件中就有 7 次提及转基因，2016 年更是首次提出“在确保安全的基础上慎重推广转基因”。不过，目前我国批准种植的转基因作物只有棉花和番木瓜。虽然转基因植酸酶玉米和 Bt 抗虫转基因水稻也已获批安全证书，但粮食作物均尚未获得商业化种植许可。这主要是因为目前转基因作物在中国民众中的接受程度还不高，国家本着“大胆研发，谨慎推广”的原则并未贸然批准，短期内直接推广食用转基因作物难度较大，更可能通过玉米、大豆等饲用作物推广实现过渡，让普通民众对转基因作物的安全性有了认识后，才会进行全面推广。

转基因黑种子横行，龙头企业储备充分只待开闸。当前，国内虽未允许转基因商业种植，但多地已出现转基因黑种子销售，对正常生产经营的种子企业造成较大冲击。由于违法成本低，违法者通过不正当竞争快速抢夺市场，而守法企业反而陷于被动。事实上，国内主要种子龙头企业普遍拥有转基因技术储备，其种子质量明显优于目前市场销售的黑种子。一旦转基因作物被允许商业种植，龙头企业料将重新夺回市场主导权。

提问思考

你能从这些数据中整理出我国种业存在的问题和取得的成绩吗？

（二）存在的主要问题

1. 生产计划失控，经营风险加大

农作物种子需要在特定的时空、利用特定的条件、采用特定的技术进行生产，生产的种子必须在特定的地域按照特定的程序投入使用。其生长周期长，市场需求弹性小，储藏时间和使用期限短，销售季节性强，成本高，所以种子生产和经营需要根据市场需求进行科学预测，并经过周密计划和有序流通才能产生巨大效益。近年来，由于种子市场的放开，形成了多头搞经营，计划失控，加上气候多变，种子的丰歉预测难度加大，使我国种子供应经常出现过多和过少的年份，市场风险和自然风险常常降临种子企业，造成巨大损失。

2. 销售网点过多，不当竞争激烈

总体而言，我国种子公司仍处于过度竞争（无序和无效竞争）和垄断竞争（不完全竞争）的市场环境之中。主要表现为：一是种子委托业务不规范。少数种子经营单位为了抢占市场，对被委托单位的经济和技术基础、诚信度、销售区域等条件不进行考察就委托，被委托的经营户以个体户为主，无任何资格限制，经营网点过多过滥，结果造成了管理上的失控，使种子市场经营秩序较为混乱。二是经营行为不规范。在种子稍微短缺的年份，人为制造紧张气氛，竞相抬价，而种子略有过多的年份，又互相压价，导致恶性竞争。三是种子生产和经营档案不完备。个别企业未经有关管理部门的批准同意擅自生产和经营种子，出现了种子质量不合格、包装不规范，甚至一些不法商人拆包后偷换种子掺杂使假，坑农害农，牟取暴利。

实践调查

你们家乡的种子经营店所售种子是否规范？有没有不合格情况？

另外，在品种审定方面，由于国家、省、地（市）三级均有品种审定权，使目前审定通过的品种过多，但突破性品种少，缺乏必要的多样性和专用性。在育种和经营策略上，育种单位偏重于高产品种的育繁和推广，忽视优质品种的选育与开发，更不重视种子生产技术的改良和创新，使生产种子成本较高，在市场上缺乏竞争力。受利益的驱使，一些公司不按试验和示范程序，超范围推广未经审定或审定不合格的品种，甚至有人不顾知识产权保护法，剽窃他人育种成果等。

3. 投入不足，缺乏科技创新能力

长期以来，我国种子的科研、生产、推广和销售是相互分离的，科研经费完全依靠国家投入，科研水平低，成果转化速度慢，很难形成一个良性循环。同时，由于行业分散，单个种子企业规模小，资金有限，大都不具备科技创新能力，虽然有少数企业自身也从事科研育种，但其农业科研条件、科研人员数量和科研成果推广都因资金不足而落后于其他产业，这使我国种业科技创新严重不足，在和世界种企的竞争中处于不利地位。科研育种是种子企业的生

命，没有新品种，企业也就失去了生存的根本。

(三)发展对策

1. 坚持依法治种

加入WTO后，我国种子市场对外开放的进程明显加快，但我国还未建立起符合国际惯例和准则的种子产业管理体制。《中华人民共和国种子法》的颁布和实施有力地促进了国内种子产业走向世界，也促使我们必须逐渐与国际惯例和准则接轨，消除各种技术壁垒，建立和形成包括创新激励、行业标准、法规体系、监管机制等在内的种子产业管理体制。通过消除人为壁垒和降低市场进入壁垒等方式，培育形成具有公平竞争条件的种子市场环境。目前许多种子管理法规与产业发展政策已经出台，但有待于进一步完善。在种子管理体制改革、种子产业重组、种子市场培育过程中，我们需要借鉴经济发达国家的研究成果和做法，逐步改善种子产业投资环境，营造一个有利于企业生存和发展的空间。

2. 加快培育龙头企业，提高种业国际竞争能力

通过实施“五大战略”，即育繁推(销)一体化战略、精品名牌战略、依法治种战略、集团化战略和国际化战略，切实推进我国种子产业化。要吸引工商企业资本向种子产业流动，促进工商企业与种子产业组织之间相互兼并，实现资产重组。各级政府必须放弃对国有种子公司的所有权，对国有种子公司进行彻底改制，加快重组与联合或实行股份制改造，促使种子公司建立现代企业制度，办成自主经营、自负盈亏的经济实体，锻造一批大型种子企业和企业集团，使企业完全按市场的自然法则决定生产经营方针，提高企业在国际种子市场上的竞争力。

3. 增加科技投入，加大知识产权的保护力度

农业生产以增产实现增收的时代已经结束，真正进入按质论价的市场经济时代。企业的竞争实际上是技术的竞争、人才的竞争。种子企业要尽快聚集一大批高、中、初级优秀的科技人才进行育种攻关，通过引进新种质资源和新技术，加快品种的创新速度，依靠法律和科技创新来保护品种权益；通过品种转让、产权买断、委托研究、合作育种、联合开发、合资联营等方式来研发利用新品种；利用“终结基因”技术，即对转基因种子进行药物处理使其第二代出现不育，来保护品种产权。对繁殖系数大、品种产权保护难、经营利润低、社会效益好的常规品种的培育和推广，政府可以作为公益事业来抓，并加大财政支持力度。

4. 完善行业协会，发挥行业自律作用

行业自律是规范企业行为的重要途径，要进一步探索行业组织的形式、职能和运转方式，建立和完善具有中国特色的种子行业协会，建立行业自律的体系和机制。这既是做大做强我国种子产业的需要，也是与国际接轨的需要。今后要充分发挥行业协会和中介组织的作用，使之成为联结政府和企业的桥梁，成为企业间相互约束的纽带。

5. 不断兼并重组，重新形成市场格局

中国种业正处在一个不断集中、快速发展的变革时代。据专家预测，今后几年将出现大兼并、大改组、大联合、大发展的局面，种子公司将从遍地开花发展为百强竞争、群雄争霸，最后可能只有十几或几十家种业集团公司称霸于中国种业市场，最终达到的种子产业格局是企业组织集团化、经营领域国际化、育繁推销一体化、市场竞争有序化。我国是农业大国，在加快《中华人民共和国种子法》实施，建立和完善我国种子产业市场化、国际化的同时仍应做好国家种子的储备工作，不仅要满足频繁自然灾害时的用种要求，确保农业生产安全，而且在种子市场无序竞争时，能调控市场，保护农民的利益，使我国国民经济健康、持久的发展。

【查阅资料】：查阅近几年全国 50 强种业和世界 10 强种业的情况，其变化有什么规律性？

二、肥料行业状况

（一）我国肥料行业发展现状

1. 产业整合、加大研发、转型升级

截至 2016 年，我国化肥生产企业达 3 000 多家，涉肥企业达上万家。化肥生产企业中，有金正大、中化化肥、湖北宜化、云天化集团、史丹利等上市企业，也有众多中小型化肥生产企业，整个行业参与者众多、竞争激烈。

一方面，随着国家对粮食生产提出新的要求，化肥行业优惠政策支持力度的减弱，环保政策的陆续出台，生产成本高、技术落后、污染严重的企业将会被淘汰，企业向规模化发展会是必然，重组兼并也定会出现。

另一方面，随着人们对蔬菜水果需求的增长以及对食品安全的重视，新型安全适用于蔬菜、水果生产的肥料需求逐年增加，这对传统化肥企业提出转型升级的要求。未来缓控释肥、水溶肥、叶面肥、微生物复合肥、有机复合肥、腐殖酸肥料、复混肥料等占比会逐年提升。目前，从事新型肥料生产的企业已超过 2 000 多家。

总的来看，加大技术创新力度，提升农化服务水平，是化肥龙头企业绝地突围不得不做好的两件基础事情。参考国外化肥市场发展规律，目前我国化肥行业处在从粗放式到精耕细作式发展的转型时期，加大科研资金的投入，提高科技创新力度，完善产业链服务成为具备市场竞争力的基本条件。

2. 利用“互联网+”、拓展渠道、拥抱变革

在传统的农资销售里，渠道商、经销商起着承上启下的连接作用，渠道商从厂家进货，通过线下经销网络把农资产品卖给用户，赚取产品的差价。随着技术的发展和移动互联网的普及，互联网给各行各业的发展带来深刻的变革。

互联网能够提供高效、快捷的信息获取渠道，降低信息不对称带来的成本和风险。化肥产业也意识到互联网会成为未来这个行业不可缺少的角色之一，因此积极通过引入互联网这个工具提升整个化肥产业的信息传播效率和销售效率，最常见的做法就是通过自建电商或者加入其他电商平台，将化肥商品名称、生产厂家、质量、价格等信息在网上透明显示，让农户清清楚楚、明明白白交易，解决了化肥传统销售模式造成的层层加价、价格虚高等痛点。

目前来看，除了传统的互联网电商企业如阿里巴巴、京东开始开设农资销售频道外，绝大多数排名靠前的化肥企业也都已经开发自己的电商平台，有的不仅销售自产化肥，也销售其他厂家生产的化肥。

一些农资企业开展电商业务时并没有直接从农资销售切入，而是通过农业服务获取客户，通过农技问答等方式增加用户黏性，拓展如农资销售、农机销售、农业金融、农业保险等业务。

3. 测土配方、精准施肥、提升服务

虽然化肥零增长政策给全行业未来的发展设置了“天花板”，但中国拥有 20 亿亩耕地，是农业大国，农业生产离不开化肥，市场需求总量依旧很大。

传统的、凭借经验式的施肥方式已经无法满足农业提质增效的要求，而科学施肥，如测土配方施肥可能会成为未来主要的施肥方式。同时，近年来土地流转加速，规模化、技术型专业种植者的产生，对化肥品牌的选择逐渐向规模型、资源型、创新型、服务型企业集中；能够强化产品和服务的企业，将在未来的竞争中具有明显优势，传统的单一的化肥生产企业已经不能满足市场多元化的服务需求。

很多企业已经认识到这一点，通过帮助种植户实施测土配方施肥、土壤有机质提升等综合服务项目，大力推广深耕深松、化肥深施、秸秆还田、水肥一体化等科学施肥技术，不仅推动了自身化肥的销售，也帮助农户提高了肥料利用率，节约了施肥成本。

4. 政府指导、市场主导

政策支持是一个行业发展的基本前提，也是行业趋势的基本反馈。把握好政策和发展趋势，对企业降低风险、增加利润、提高市场竞争力具有重要意义。在我国“农业供给侧结构性改革”的大背景下，在“一控两减三基本”和粮食提质增效的要求下，近年来，国内化肥生产方面的优惠政策不断减少，而相反，在化肥流通方面、出口方面有了较大优惠，如根据 2017 年关税调整新方案，取消氮肥、磷肥等肥料的出口关税，并适当下调三元复合肥出口关税。因此，企业要学会利用利好政策，提高肥料出口和国际市场竞争力。

目前，化肥产业处在变革的关键时期，外部粮食增长红利的消失、环保意识的增强、消费升级、政策改变，内部厂家低价竞争、研发力度不足、传统销售渠道滞后、生产方式转变等都是整个化肥产业不得不面对的现实问题。企业加大研发力度、强强联合、建立高效销售渠道，从单一的产品销售转向作物全程营养指导，加强农化服务，及时有效地帮助农户解决生产过程中的实际问题，会是化肥企业未来实现“农业供给侧结构性改革”背景下逆势增长的重要保障。

提问思考

你能从这些数据中整理出我国化肥业存在的问题和取得的成绩吗？

（二）我国肥料行业存在的主要问题

1. 成本低，技术落后

中国是最大的氮肥生产国，由于70%的氮肥生产企业采用以煤为原料，由于低廉的劳动成本，使得中国的氮肥生产具有成本优势。同时，由于以尿素为代表的氮肥生产工艺成熟，产品同质化程度高，因此，在这类产品上外资没有生产优势。但是，由于复合肥的技术发展较快，生产工艺复杂，质量差异化程度高，国内复合肥生产厂家规模小、数量众多、技术落后，产品质量参差不齐，历来假化肥事件多产生于复合肥。在这方面，外资企业无论在技术、工艺、品质上都具有明显优势。现在的市场已经表明，高端复合肥市场基本上为洋肥所控制。从国外的化肥历史看，高效缓释复合肥是发展的方向。因此，复合肥生产领域将会是外资的投资重点。

2. 缺乏品牌，经营混乱

目前，国内的化肥市场缺乏有品牌、有实力、营销网络健全、管理规范的龙头企业，这使得市场上假冒伪劣产品不断，价格波动大，大多农资企业停留在靠天吃饭、靠运气吃饭的状况，而较大的农资流通企业依然扮演着买进卖出的代理人角色，缺少对自己品牌的营销。在这种情况下，外资企业在“入世”5年允许进入流通领域后，将会凭借其先进的营销理念和营销手段，以及强大的品牌优势，逐步渗透并整合流通渠道，进而控制终端消费者。

实践调查

当地市场上都有哪些化肥品种？哪种销售量最大？销量大的原因是什么？

3. 体制陈旧，人才缺乏

国内较大的化肥企业大多还停留在旧的企业管理制度下，对人才的使用和激励机制与市场经济的要求相差较远。目前化肥流通领域开始对外资开放，作为激烈竞争中的企业，人才是最为关键的竞争要素，缺乏有效的长期激励机制，对于吸引和稳定关键的管理者和经营者来说，都将是十分困难的。外资企业在这方面具有十分明显的优势，从许多行业的经验来看，人才争夺战将是外资企业进入化肥市场的第一场战斗。

4. 三角债严重，资本发展不足

国内化肥企业往往由于计划经济时期指令性业务，形成了复杂的三角债，从而使企业背上沉重的不良资产负担，资本流动性低，财务负担大。同时，由于国内金融领域更为封闭，融资渠道单一，资本市场不畅，使得化肥企业资金实力普遍与外资差距较大。这一情况反过来使得化肥企业的抗风险能力和主动应变能力不够，外资进入后，会以兼并、合资、租赁等多种方式整合部分现有化肥企业。

5. 企业结构不合理，产业集中度低

我国小化肥企业的数目远远超过大中型化肥企业。虽然最近几年我国新建成投产了不少大型化肥企业，一些小型化肥企业也因各种原因被关停并转，但小型化肥企业仍占到总企业数的70%以上，产量仍占整个化肥产量的半壁江山。

(三)发展对策

1. 建立连锁销售网络

化肥销售作为流通业，属地化是其最核心的属性，其消费与当地的气候、种植习惯、风俗习惯紧密相关，而其施用方式更是随这些属地特点而千差万别。熟悉属地特点、拥有属地网络和人才正是国内企业的优势。同时市场下移贴近终端消费者既是现代营销的趋势，是抓住市场的关键，也是树立企业品牌的根本。因此，大力发展连锁销售配送网络是培育化肥生产、销售企业核心竞争力的关键。

2. 采用联盟方式，走竞合之路

合作是经济全球一体化所带来的一种趋势，利用合作双方的优势互补，变竞争为竞合，而取得共赢。

(1)利用联盟方式全面合作　联盟体之所以能够运作，离不开两条：一是各方有共同的利益目标；二是互相之间优势能够互补。中农集团与多家地方农资企业成立的中农联合贸易有限公司就是一个以资本为纽带的联盟体，就目前情况看，中农集团与各地方农资企业存在着极强的互补性，各地方公司在所属区域有较健全的销售网络，在人才、销售经验、人际关系等方面有较强的属地优势，而作为联盟体龙头的中农集团，在货源、品牌、市场影响力上具有绝对的优势。这种联盟合作，既能够弥补各方的弱势，又避免了互相的价格争斗，形成了共赢的局面。

(2)利用授权、独家代理等方式局部合作　对于现在尚不能进入农资流通领域的外资来说，未来与中资企业也不可能完全是敌对关系，应区别对待。对于在一些关键技能或关键资源上，我们可以拿来的，可以考虑在局部进行合作、合资。目前，由于政策的限制，可以在一些关键性资源方面，建立独家代理式的合作方式。如2003年10月中农集团与美国磷肥协会达成的磷酸二铵独家代理协议就是一次有益的尝试。

3. 转变机制，建立现代经理人激励制度

化肥企业大多具有较长的经营历史，计划经济时代给大多数农资企业带来了很多的不良资产和债务负担，同时，企业冗余人员多，这些都给企业改制带来了困难。因此，农资企业的改制应根据企业的具体情况区别进行。对于资产规模较大的企业，可以先进行部分改制，再逐步整体改制。与此同时，企业应及早建立基于战略目标的绩效管理和激励机制，以有效地激发员工积极性，增强企业凝聚力和活力，同时有利于规范管理，防范风险。

4. 一体化经营

在化肥产业链当中,化肥企业一直停留在批发环节,受市场波动影响最大的批发环节承受了巨大的市场风险,同时利润率却是整个产业链条中最低的。因此,化肥企业必须实现产业的延伸,即适度向一些关键的高附加值的生产领域渗透,同时必须使市场向下延伸到终端零售环节,以最有效的方式控制市场,树立品牌。

另外,在现行的农资供应政策中以及各地方在执行政策的过程中,还存在一些不适应甚至阻碍农资行业发展的不利因素。我国的化肥企业要想不断做强做大,并能在外资进入时依然保持有力的竞争能力,还希望有关政府部门予以政策上的改进和扶持。

【查阅资料】:查看近几年全国肥业100强和世界肥业10强的情况,其变化有什么规律性?

三、农药行业状况

(一)我国农药行业现状

1. 农药生产规模大幅增长

近年来我国农药产业规模不断扩大,技术不断升级,农药开发向高效、低毒、低残留、高生物活性和高选择性方向发展,已经形成了较为完整的农药工业体系。在整体技术水平不断提升的同时,我国农药行业销售规模不断扩大,呈现出良好的发展态势。2001年至2016年,我国化学农药原药年产量由78.72万吨增长至377.80万吨,年复合增长率为11.02%,农药行业在经历2009年至2011年的低谷后,2012年逐渐呈现回升迹象。

2. 农药需求旺盛,使用量连年增长,对外贸易顺差明显

目前世界人口已经超过72亿,而中国人口也已达到14亿。随着耕地面积的减少、人口的增长以及人们环境保护意识的增强,如何环保地利用有限的土地资源来提高单位土地面积的粮食产出量,已经成为摆在人们面前的突出难题。农药,特别是高效、低毒、低残留的环保型农药对解决上述问题可以起到重要作用。目前我国农药行业在产量稳步增长的基础上,产品竞争力不断增强,行业效益平稳提升。在不断加快产业结构调整、产品结构升级换代的同时,一些企业积极参与国际竞争,与外国农药企业合作,成为跨国农药企业的原药供应商。2016年,我国进口农药8.48万吨,同比减少5.76%,进口金额为6.75亿美元,同比减少9.82%;出口农药139.99万吨,同比增长19.14%,出口金额达到37.08亿美元,增幅为4.63%。随着国内农药产品环保性能不断提升以及农药生产原材料相关成本的逐步下降,中国农药出口预计将再次上升。

3. 以仿制药为主,生产性研发能力强,原创性研发能力弱

目前我国农药品种主要以仿制为主,农药企业在原研新品种上研发投入较少,制剂产品的品牌档次与发达国家还存在较大的差距,要达到发达国家对农药产品的高标准,还需要不断加大研发投入，增强新产品的研发后劲。在环境与资源问题日益突出的今天，国内农药市场中还广泛存在高毒、高残留农药品种未被淘汰。从原药生产来看，目前国内只有少数企业能够在个别农药产品生产中实现全连续化和自动化工艺，部分优秀的原药品种国内的产品还无法获得欧美客户的认可，亟需加强合成技术和工艺的研究改进。

随着经济发展水平和模式的转变，全社会的环境保护和食品安全意识不断加强，使得环保治理要求和力度日益提高。我国积极响应全球对于高毒、高风险农药的禁用、限用管理措施，农业农村部等相关主管部门历年来陆续发布了多项关于禁止和限制使用农药名录的公告，加快淘汰剧毒、高毒、高残留农药。随着农药使用及管理政策日趋严格，传统的高毒、低效农药将加快被淘汰，以二甲戊灵为代表的高效、低毒、低残留的新型环保农药成为行业研发重点和主流趋势，农药剂型向水基化、无尘化、控制释放等高效、安全的方向发展，水分散粒剂、悬浮剂、水乳剂、缓控释剂等新剂型农药得到了加快研发和推广。高效、安全、经济、环境友好的农药新产品的推广将有力促进我国农药产品结构的优化调整，在满足农业生产需求的同时降低了对环境的影响。

提问思考

你能从这些数据中整理出我国农药行业存在的问题和取得的成绩吗？

（二）存在的主要问题

1. 产品结构方面

产品结构不合理。我国农药产品的结构不合理的状况还是比较严重的。一是品种数量少。全球已经注册的农药化合物有 2 800 多种，其中商业化应用的有 1 300 多种，常用的有 500 多种，而我国能够生产的不足 300 个品种，且产量较大的主要集中在十几个品种，大多还是老品种。二是杀虫剂、杀菌剂、除草剂的比例不尽合理。三是我国替代高毒农药的品种筛选工作进展顺利，但是还有“毒豇豆”事件发生。这表明高毒产品禁用之后的难防虫害的需求空白还没有完全填补。四是农药制剂品种少，剂型不合理。具体到一个原药品种，发达国家可制成 30 多种剂型，而我国只能做出 5～6 种。在剂型上，国外以无溶剂、水基、固体化为主，而我国仍以乳油、粉剂、可湿性粉剂和颗粒剂为主，其中乳油约占 50%，大量的甲苯、二甲苯、纯苯以溶剂施于田间，不仅造成了资源浪费，而且造成了环境危害。

2. 技术水平方面

近年来，我国农药工业取得了相当快的发展，但就整体水平而言，尤其是与发达国家比较，还存在一定差距。当今世界，随着全球经济一体化和科学技术的日益发展，农药生产技术正朝着科技化、精细化及自动化迅猛发展。我国农药企业在生产中已相当广泛地采用了微机自控、高效催化、高度纯化、定向主体合成、生物技术等，取得了相当广泛的应用并取得了不少的成功经验。但在一些品种和产品上，即使是生产同样的产品，由于技术工艺等方面的原因，往往达不到国外同类产品的品质与性能，同时还存在生产成本高、物耗多、污染严重等问题。

实践调查

当地农民主要使用什么农药？质量和效果如何？

3. 企业结构方面

2003年以来，通过提高新企业准入条件、延续核准、清理整顿生产批准证书等措施，一批落后的农药企业被淘汰。但农药企业多、小、散、乱的问题仍未根本解决，很多农药企业因微利或亏损，无力进行技术升级。农药行业仍没有具有国际竞争能力的龙头企业。

2005年底，国内获得有效农药生产许可证和农药生产批准证书的生产企业共有1 821家，而农药部分销售额超过10亿元的仅有4家企业，其中销售额最大的企业是红太阳集团有限公司，其农药部分销售额也仅20亿元左右。相比之下，2005年世界农药销售排名前6位的企业中，销售额最小的美国杜邦公司也达到23亿美元。

从区域分布来看，虽然原药生产企业主要集中在江苏、浙江和山东三省，但基本还是承袭计划经济年代的分布模式，企业之间各自为营，没有形成生产较为集中的农药工业园。近年来，还出现了原药企业向中西部转移、输出污染的现象。

4. 研发能力方面

长期以来，我国农药的研发水平一直相当落后。目前在生产和使用的近200个农药品种中，90%以上的品种都是仿制的。我国是发展中国家，经济基础落后，经济水平不高，我国农药科研经费投入较少，科研单位自主开发的能力较差。

2005年，中国农药工业整体研发投入占销售收入的比重平均不到1%，仅有个别企业达到2%以上，而同期部分跨国农药集团的这一比重高达10%以上。中国农药产品更新换代缓慢，在国际分工中处于低端。

（三）发展对策

1. 树立新的营销战略思想

随着市场经济的不断发展，市场竞争更加激烈，农药市场也发生了根本性的变化，已由过去单一的计划经济和计划经营，转变为依靠市场调节的开放经营和多渠道竞争。面对瞬息万变的市场，农药经营单位要生存和发展，就必须解放思想，必须打破“等、靠、要”的传统思维模式的束缚，树立全面参与市场竞争的意识，把农药经营纳入市场经济客观规律的轨道，既要有市场导向营销思想，也要树立一种具有超前意识和整体性的营销思想。农药生产经营者一方面要研究市场供求的发展趋势，另一方面应当努力挖掘自身潜力，确立自己的战略地位和发展空间。

（1）充分利用现有的信息资源，把握进货渠道　当今社会是知识经济社会，科技信息日益发达，有可以获得各种信息的各种渠道。我们要通过对农药市场进行细致的调查研究，科学地分析农药市场容量，掌握我国农药生产、使用以及历年的销售情况，熟悉农药质量、价格和农民的使用习惯，采取如代理商、买断代理或佣金代理灵活多样的进货方式。

(2)研究竞争对手，确定经营战略　随着农药市场的放开，农药可以多渠道经营，农资系统、农业"三站"占据主流渠道，个体经营者也参与经营。另外，当前的农药市场总体上处于供大于求的状况。农民朋友手中有钱但在需要时才买，不会随意存药。面对现实，我们必须研究竞争对手，学习和借鉴对方先进的经营方式和手段。

(3)建立新的内外联合的经营方式　作为农药经营单位，无论是农资系统，还是植保系统，都应该充分发挥自身的优势，组建新的利益机制下的销售网络。简单来说，要求得发展，我们就必须采取"上联工厂保货源，中联系统建网络，下联农民保市场"的经营方式，把过去那种买卖关系转变为联合合作关系。

2. 构筑营销新体系

农药经营单位在参与市场竞争的同时，必须建立起一个具有强大合力而又灵活有效的营销新体系。

【查阅资料】：近几年全国50强农药企业和世界10强农药企业的情况，并对它们进行对比分析。

【课堂活动】

国内外种业前10强大比拼

一、活动目的：通过国内外种业前10强的综合对比，探讨国内外种业存在的现实差距及如何提高我国种业的国际竞争力。

二、活动内容：

1. 数据分析：分析国内外种业前10强的年销售量、年销售额、年净利润及研发投入等数据。

2. 课堂讨论：在数据分析基础上全班展开讨论。

三、具体做法：由老师提供最新的国内外种业前10强的年销售量、年销售额、年净利润及研发投入等相关资料。学生对提供的资料进行整理分析，找出国内外种业存在的差距。之后全班展开讨论，针对国内外种业产生差距的原因和如何提高我国种业的国际竞争力发表看法。最后由老师点评。

【技能训练】

一、训练项目：国内外农资发展及营销趋势分析。

二、训练目的：通过对农资现状的了解，正确分析国内外农资发展及营销的趋势，以便及时采取措施增强竞争力，提高学生宏观上把握市场的能力。

三、训练时间：利用课余时间。

四、训练内容：

1. 农资现状调查：根据不同专业，分别调查相关行业的农资生产状况。

2. 农资营销现状调查：根据不同专业，分别调查相关行业的农资营销状况。

3. 国内外农资发展及营销趋势分析：根据本人了解的知识，分析本行业的发展及营销趋势。

五、训练方法：老师提供相关的参考资料和具体调查项目，学生自己查阅，并要求详细记录所查阅内容，避免抄袭，老师根据学生查阅情况进行考评。

六、作业：写一份分析报告。

【复习思考题】

1. 根据所查资料，你认为我国农资市场还有哪些问题需要解决？
2. 举例说明我国几种农资发展中取得的主要成绩。
3. 我国农资企业与世界大型农资企业竞争的优势在哪里？
4. 分析我国农资未来的发展思路。

【相关阅读】

1. 中国农业信息网，农业农村部信息中心
2. 农资网，www.ampcn.com

【本章小结】

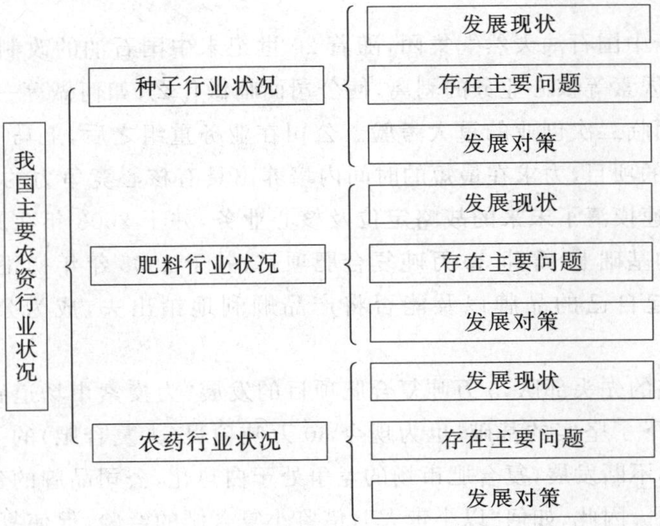

第三章 农资市场营销相关理论

【学习导航】

理论知识　了解市场营销理论中 4P、4C、服务营销和整合营销的含义及其基本内容；掌握行为科学的含义和基本理论；掌握传播的特征、传播的有效性及策略。

技能要求　了解农资市场相关理论与农资市场营销的关系，熟练掌握各种理论的主要特点，能够运用所学理论分析实际工作中的问题。

案例赏析

某公司隶属于中国石油天然气集团，随着 20 世纪末中国石油的改制，公司经历了重大的业务重组过程，尿素等核心业务的剥离，使公司面临做什么、如何做等一系列严峻的问题，也让公司不得不面临二次创业的重大考验。公司在业务重组之后，上马了一些小的与原业务相关的、多元化的项目，力求在最短的时间内培养出具有核心竞争力的业务。在短短的 5 年时间里，公司迅速摸清了未来的战略定位及核心业务，并于 2003 年在原有业务 5 万吨复合肥小规模经营的基础上，筹建 30 万吨复合肥项目，并于 2005 年年初正式运营。但是，在 2005 年能否建立起自己的品牌以及能否将产品顺利地销出去，成为公司上下所有人的担心。

作为战略调整的先头部队，5 万吨复合肥项目的发展“为摸索市场道路、形成管理能力、培养人才队伍”打下了坚实的基础，也为现今 30 万吨项目(大复合肥)的上马创造了有利条件。但随着市场的不断发展，复合肥市场的竞争处于白热化，公司品牌的建设将日益成为制约公司发展的瓶颈。因此，如何“以小带大”，借鉴小复合肥的经验，促使复合肥“由推销型向品牌营销型"的转变,系统打造适应现代市场竞争的品牌营销体系,成为未来 30 万吨复合肥项目能否顺利发展的关键。

点评:该公司的发展历程表明,在竞争日益激烈的市场经济环境下,农资企业要想做大做强,企业必须规划长远发展战略定位和确立现阶段目标任务。企业要逐渐完成从推销产品到经营品牌的过渡,最终建立自己的品牌优势,同时还要建立与现代企业发展相适应的管理体系和营销体系。

知识链接

一、市场营销理论

(一)4P 理论

美国杰瑞·麦卡锡教授在其《营销学》(第 1 版出版于 1960 年左右)中最早提出了营销组合理论,并将营销组合中的主要因素定义为 4P,即产品(product)、渠道(place)、价格(price)、促销(promotion)以及它们的组合。这便是营销的经典理论之"4P 理论",它构成了市场营销的核心和战略问题。4P 理论的提出,促使营销管理成为了公司管理的一个部分,涉及了比销售更广的领域。4P 的这四个因素中的每一个因素又可以细分为很多个子因素,形成了每个因素的次组合。

1. 产品(product)

(1)产品的含义　产品是指有某种使用价值,能够满足人们某种需求和欲望的物品的总和,它既包括具有物质形态的产品实体,又包括非物质形态的利益,以及某种观念。例如某农药公司向市场销售一种有益于环境保护和人类健康的生物杀虫剂,并提供技术指导。显然,该公司提供的产品远远超出了有形产品的范围,它将实物、服务结合起来,为客户提供的是整体意义上的"满足和利益"。因此,作为农资经营者必须从"两个方面三个层次"认识产品。两个方面,即有形的产品实体和无形的产品服务,也是现代营销理念意义上的整体产品概念;三个层次,即核心产品、形式产品、附加产品(图 3-1)。

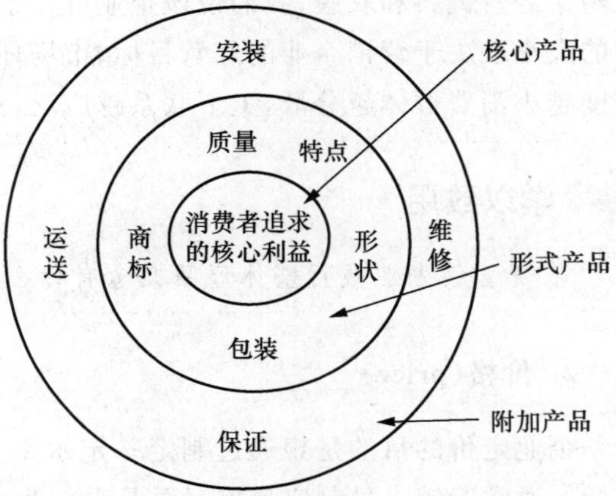

图 3-1　产品的含义

核心产品是指产品的使用价值,是经营者向消费者提供的基本满足或利益。例如,消费者购买种子并不是为了购买具有某一特定形状的颗粒,而是为了得到种子植物的可利用部分,并从而取得经济利益或其他利益,那么保质保量的种子实物就是种子产品的核心使用价值。形式产品即某种产品的外在表现,形式产品能够满足顾客某种心理或购买过程中的某种要求。例如,产品的商标(品牌)包装等均属形式产品范畴,农民在购买农资产品时需要有牢固且方便携带的产品包装,以此保证储运需要。附加产品则是针对产品本身的商品特性而产生的各种服务保证,如农民购买了新品种蔬菜种子后,会本能地要求规避种植风险,得到预期的经济利益。因此,农资部门在销售种子产品的同时,提供栽培技术指导、销售服务(售前、售中、售后)等都是顾客追求的目标,这里的技术指导、销售服务是附加产品部分。

(2)产品组合　农资产品组合是指一个农资企业所经营的全部产品品种与数量的比例关系的组合。它可以通过产品的广度、深度和密度 3 个关联因素反映出来。

产品组合的广度是指一个企业所经营的全部产品线的数量。产品线是满足同类需求的不同规格、款式、档次的同一组产品的结构。产品线多则广度宽,反之则窄。例如,一个农药企业可以提供杀虫剂、杀菌剂、除草剂、植物生长调节剂等不同类型的产品,则这个企业产品的广度宽;又如饲料企业可以提供配合饲料、浓缩饲料、添加剂和添加剂预混料,显然其产品线也比较宽。产品线宽可以有较多的服务对象,覆盖的地域比较广,可以提高企业的抗风险能力,有效地防止因某种产品滞销而影响企业的效益。但是产品线越宽运营资金需要越多,所以农资企业采取宽产品线好还是窄产品线好要视情况而定。

产品组合的深度是指同一条产品线内产品项目的多少。在同一个产品系列中,如果不同规格、型号、价格等种类越多,我们说该产品组合深度越深,反之则越浅。组合深度深可以满足尽可能多的细分市场对同一产品的需求,增强企业竞争能力。如同一种植物生长调节剂,可以分成不同的包装、不同的剂型,也可以有不同的含量,满足不同的使用对象。

产品组合的密度是指产品线间的关联程度。如化学合成杀虫剂和生物杀虫剂由于作用机理不同,二者的关联程度比较小,产品组合紧的相对比较容易管理,能让企业集中生产和营销上的优势及充分利用有限资源。在农资产品营销中,产品组合密度虽不能决定营销成败,但是恰当运用产品的关联性对于占领市场却有一定的益处。再如,一农资零售商既经营农药又经营饲料和农膜,我们说该企业有三条产品线,但三条产品线的组合密度小。组合密度的大小取决于营销企业的经营目标、市场环境和营销人员的业务素质。一般情况下,组合密度越小消费群体越分散,上下联系越广泛,对营销人员的业务能力要求也越高。

学以致用

农资营销企业践行整体产品概念有什么经济意义?

2. 价格(price)

企业定价的目的是想通过制定一定水平的价格,凭借价格产生的效用达到预期的经营目标。通常营销人员制定价格时总是希望为企业带来理想的利润,但是,这并不意味着企业可以随意定价,定价需要一定的方法步骤。

实践调查

调查市场上几种农资产品的价格情况，分析价格是否合理？

(1)农资产品定价时要考虑的因素

产品的价格是由成本、利润和税金3部分组成的，因此制定农资产品价格一般要考虑以下因素：

①产品成本。产品的最低价格是以成本为底线的，成本包括所有生产销售过程中发生的支出项目，具体包括固定成本和变动成本。固定成本是指在既定生产经营规模范围内，不随生产或销售收入的变化而变化的那部分费用，如厂房设备的折旧费、管理人员工资等。变动成本是指总额随产量的变化而成同比变化的那部分生产费用，如原材料费用、生产工人工资、直接营销费用等。企业如果停产，则其变动成本为零，而固定成本仍然发生。企业在定价时应充分了解在不同生产条件和不同生产规模下，成本是如何变化的，并根据成本的变化情况来确定价格的变动情况，而税金是严格按照国家税法要求计算的。

②市场竞争状况。从经济学的角度来讲，决定价格上限的则是消费者的需求程度，在上限和下限之间所定价格的高低，则受控于竞争。

③供求关系。当供给大于需求时，企业需要考虑降价，反之，企业可以考虑适当提高价格。

④产品价格需求弹性。价格需求弹性是指产品销量对价格变动的敏感程度，敏感程度越高则需求弹性越大。一般化肥的需求弹性大于农药，例如，当病虫害发生时，用户不会因为价格的微小变化而放弃购买农药。企业应在正确判断并分析自己的产品状况后做出价格决策。

(2)农资企业产品定价程序

产品定价的程序一般是：

①确定定价目标。产品定价目标可分为几种，如以维持企业生存为目标，以保持和提高市场占有率为目标，以追求合理利润率为目标，以追求利润最大化为目标。

②测定需求。

③预计成本。

④分析竞争者的产品与价格。

⑤选择定价方法。

⑥确定最终价格。

3. 渠道(place)

农资产品只有通过由中间商连接成的通道才能实现在适当的地点、适当的时间，以适当的价格传递给广大消费者或用户，从而满足市场需要，实现企业营销目标。我们把这个商品转移过程称为分销，转移通道称为渠道，合称为分销渠道。

(1)分销渠道模式　农资产品是集中生产而分散使用，所以从生产商到使用者之间客观存在着时空差异，通过长短、宽窄不同的分销渠道将生产者和使用者联系起来。国有农资公司在新的流通体制的冲击下，逐渐衰落，逐步丧失了“主渠道”的地位。而辅助渠道如植保站、土肥站、农林推广中心，要么名存实亡，要么转包经营，其性质也多有变化。对于农资生产商来说，在营销渠道的选择上，到底是国营的营销渠道好，还是私营的营销渠道好，这也要因人因地而异。当前的 4 种渠道模式（图 3-2），占主导地位的是第三种和第四种渠道，其优劣性对比如表 3-1。

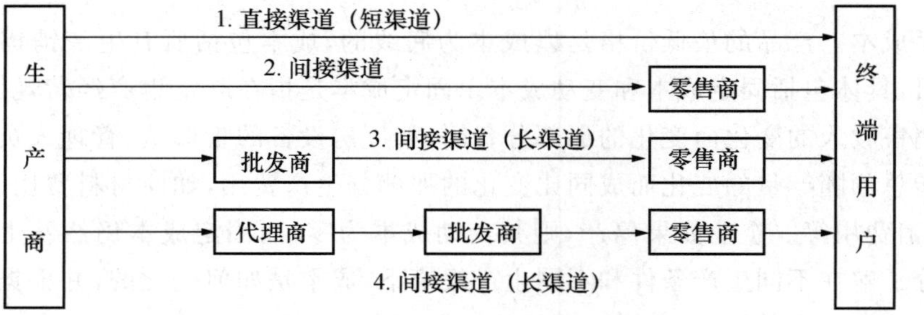

图 3-2　农资产品的 4 种主要营销渠道

表 3-1　农资产品 4 种主要营销渠道优劣性对比

序号	优　缺　点
1	市场信息反馈快，资金回收率高，人员费用极大，销售成本高
2	多为现款交易，能更真实地了解最终消费者的需求，市场不易控制，易产生零售商相互压价现象
3	回款期短，市场信息反馈较快，有利于根据细分市场依用户个性开发产品，风险大，客户信用易变，费用高，易发生窜货
4	风险小，销售费用小，回款信息易掌握，市场控制难度小，回款周期长，市场信息反馈慢，市场上易有空白点

（2）影响分销渠道选择的因素　一般来说应从以下几个方面确定渠道商：农资商的合作积极性；农资商的经营能力；农资商的信誉；农资商的社会关系；农资商的产品组合情况。

小李是某农药厂的业务员，初入农资营销行业，很想大干一番，快速打开销售局面，但在如何选择销售商的问题上犯了难，不知从哪家抓起，怎样建立销售网络。

学以致用

你给小李出出主意，做个渠道设计吧。

4. 促销(promotion)

促销顾名思义就是促进销售。促销从方式上分为人员推销、广告促销、营业推广（销售促进）、公共关系等，从促销对象上分为对农民消费者的促销、对中间商的促销，各种促销方式优劣比较如表 3-2。

表 3-2 各种促销方式的优缺点及应用现状、实现期方法

促销方式	优点缺点 应用现状 目标实现期 方法
人员推销	针对性强、反应迅速、信息对等、促销费用低，传播面小，需要人力多，广泛应用于近期，分为上门推销、门市推销
广告促销	覆盖面广、信息传播速度快、感染力强，促销费用高，有时受经济发展和视听环境、习惯及产品因素影响，选择性应用于近期、中期、远期，分为电子媒体广告、平面媒体广告
营业推广	刺激性强、具有诱导性，短期效果显著，选择性应用于近期、中期，分为销售信贷、赊销、附赠品销售、折扣、加量、提供特殊服务等
公共关系	可信度高、传达力强、促销费用低、见效慢，有计划应用于远期，分为新闻报道、参加公益活动等

今天，无论有多少新的营销名词，4P 理论始终是营销管理理论的基石。尽管此后又涌现了 6P 学说、10P 学说，但这些都是 4P 理论的进一步派生。

（二）4C 理论

1. 4C 理论的内容

4C 是美国营销大师劳特朋所创 4C 理论的简称，即顾客的需要与欲求（consumer wants and needs）、顾客获取满足的成本（cost to consumer）、顾客购买的方便性（convenience）、沟通（communications）。从关注 4P 转变到注重 4C，4C 强调的是以消费者需求为导向的经营理念，即：忘掉产品，考虑消费者的需要和欲求；忘掉定价，考虑消费者为满足其需求愿意付出多少；忘掉渠道，考虑如何让消费者方便；忘掉促销，考虑如何同消费者进行双向沟通。

2. 4C 理论的运用方法

（1）消费者的需要与欲求　以消费者需求为导向，可以从以下 3 个层次着手和应用：一是满足消费；二是创造消费；三是转移消费。

满足消费是一个宽泛的概念，是一项贯通于营销全过程的行为。营销策略立足于加强与消费者的沟通，将“低层次”促销演绎为针对农资用户的关注，如“评选优秀示范户”“送科技下乡”等都是体现消费者的需要与欲求的好办法。通过建立与消费者之间的有效的、互动的沟通，进一步接近和熟知目标客户群，例如，种子、化肥产品宣传时可以聘请种植带头人做广告等。

创造需求，或者称营销组合的创新。营销模式应由内而外变为由外而内，去创新地提出“消费者真正的需要是什么”，去“关注消费者”，而不是问“我们的消费者在哪里？”在产品同质、服务同质的市场环境下，“高度关注”是营销的更高阶段。大量的事实表明，消费者的购买动机有时是飘忽不定的，如何抓住一“点”而过的消费者，从飘忽不定的市场变幻中找到规律的东西和发现新的消费需求，或拾遗补阙地创造需求。

转移消费需求。农资行业所面临的消费者最终是广大的农村终端用户，其根本问题是营销组合将消费者的现有需求和潜在需求都转移到能带给他们利益上来。

(2)消费者所需付出的成本　创新的营销观念告诉我们，应该暂时忘掉固有的定价策略，不是先给产品定价，而是首先了解满足经销商、终端客户需要与欲求其愿意付出多少钱(成本)，并且把卖产品的思路转变为如何让企业带给客户真正利益的观念上来，“实惠”并不是消费者的唯一需求。消费者购买心理非常复杂，不同的客户，制约其购买决定的因素也不同。生活消费品定价时采用的心理定价法、理解价值定价法、声望定价法此时应得到重点应用。

(3)顾客购买的便利性　消费者购买的便利性指的是不要受农资固有的营销渠道的约束，从而更加重视经销商和终端客户购买农资产品及享受服务的方便性，同时，也要千方百计方便消费者接受包括产品使用、价格变化、销售服务、国家政策等信息。

(4)与消费者沟通　与消费者和其他利益人进行互动式双向沟通才有效。农资企业要与消费者建立长期的良性的沟通，通过产品、服务、品牌与消费者之间建立起一种牢固而稳定的伙伴关系。目前深受欢迎的是“一对一”的营销模式，也就是将消费者发展成为企业的个性化朋友，这也被称为关系营销。在关系营销的基础上通过整合营销传播，为客户提供一套全方位的解决方案，使买卖双方建立起一种信息交换与分享共同价值的关系。

3. 4P 理论与 4C 理论的区别

4P 理论与 4C 理论的区别概括起来表现为以下方面：从导向来看，4P 理论提出的是自上而下的运行原则，重视产品导向，思考基础是以企业为出发点；4C 以顾客需求为导向。从营销组合的基础来看，4P 理论是以产品策略为基础，制造商决定制造某一产品后，乃设定一个能弥补成本又能赚到最大利润的价格，且经由其掌控的分销渠道，将产品陈列在货架上，并加以促销；4C 理论是以传播和良好的双向沟通为基础，通过双向沟通和消费者建立长久一对一的关系。从宣传上看，4P 理论注重宣传的主要是产品信息，即产品的特性和功能，强调的是产品自有的特点；4C 理论注重品种资源的整合，注重宣传企业形象和建立品牌，把品牌的塑造作为企业市场营销的核心。从传播来看，4P 理论的传播媒介是大众取向且单向；4C 理论传播是双向的，更加关注“小众媒体”。

4C 理论是在新的营销环境下产生的，它以消费者需求为导向，与产品导向的 4P 相比，4C 有了很大的进步和发展，但从企业的实际应用和市场发展趋势看，4C 理论依然不能摒弃 4P 理论而独立于营销全过程。

实践调查

剖析一家农资企业 4C 理论是如何应用的。

(三)整合营销

宏升化肥股份有限公司计划在年内进入并占领某区域市场的销售终端。在此区域内已有农资商店 300 家左右，这些销售终端分布广泛，地形复杂，并且店家资金薄弱，进货坚持勤进快出，不愿意压仓，以免影响资金周转。同时，市场销售终端已有好几个品牌的同类产品销售，竞争已相当激烈。

提问思考

此现象说明了什么问题？该公司是否应该放弃这块市场？

1. 整合营销的含义

整合营销到目前为止还没有一个权威、具体的文字说明，因为它不仅是理论问题，更是一种实践方法。整合营销，按照通俗的理解，就是利用多种渠道和媒介，表达同一种思想，传递同一种声音。利用多种动作和实践，遵循同一个规则，追求同一个目标，践行同一个承诺。整合营销核心思想是将与企业进行市场营销所有关的一切传播活动一元化，也称为整合营销传播。

现代企业已经发展了众多有效的营销手段和工具，如人员推销技巧、广告媒体选择等，它们都有各自的功效。对企业来说，有些功效可能相互抵消或削弱，如单纯追求技术完美，会使得目标市场狭小，又如单纯追求市场覆盖会牺牲产品创新。整合营销就是使各种作用力统一方向，形成合力，共同为企业的营销目标服务。做个形象化的比喻就是要攥起拳头而不是张开十指出击。整合营销要求企业的信息传递要具有一致性，既要纵向一致，又要横向一致。它要求企业的经营战略、策略、企业的价值观及大众传媒所传递的信息要协调一致，即与消费者、员工、投资者、竞争对手等直接利害关系者和社区、大众媒体、政府及各种社会团体等间接利害关系者进行密切、有机的传播活动。

2. 整合营销的操作要点

(1)以整合为中心　整合既包括企业营销过程、营销方式以及营销管理等方面的整合，也包括对企业内外的商流、物流及信息流的整合。整合包括以下 7 个层次。

①认知的整合。要求营销人员认识或明了营销传播的必要性，各部门要为一个目标努力。

②形象的整合。确保信息与媒体一致性。信息与媒体一致性是指广告的文字与其他视听要素之间的一致性。例如，人员推销传递的信息与媒体传递的信息要一致，不同媒体上投放广告也要一致。

③功能的整合。把每个营销传播要素的优势劣势都经过详尽的分析，并与特定的营销目标紧密结合起来。

④协调的整合。人员推销功能与其他营销传播要素（广告、公关、营业推广等）整合，发挥每个要素的最大效用。这意味着各种手段都要用来确保人际营销传播与非人际形式的营销传播的高度一致。

⑤基于顾客的整合。营销策略必须在了解顾客的需求和欲求的基础上锁定目标顾客，在给产品以明确的定位以后才能开始营销策划，换句话说，战略定位的信息直接到达目标消

费者的心中。

⑥基于风险共担者的整合。目标顾客及其他共担风险的经营者也应该包含在整体的整合营销传播战术之内。这里的经营者包括企业的员工、分销商以及股东等。企业中各层次、各部门、各岗位以及总公司、子公司,上线产品供应商,经销商及相关合作伙伴要协调行动,形成竞争优势。

(2)企业营销活动协调进行　营销活动不仅仅是企业内部各环节、各部门的协调一致,而且也强调企业与外部环境协调一致,注重规模化与现代化,以实现整合营销。规模化能使企业获得规模经济效益,为企业有效地实施整合营销提供客观基础。整合营销同样也依赖于现代科学技术为企业实施整合营销提供效益保障。

学以致用

如果宏升公司不放弃此区域市场,根据以上资料模拟设计一份营销方案。

(四)服务营销

1. 服务营销的含义

服务营销是指企业为了满足顾客对服务产品所带来的服务效用的需求,实现企业预定的目标,通过采取一系列整合营销策略而达到交易的活动。在市场竞争日趋激烈的条件下,营销与服务是不可分的,营销已经基本上将产品和服务结合起来,服务是营销活动中不可分割的一部分。这就要求市场营销学界必须跳出 4P 的框架来发展服务,有人把 4P 理论又增加了有形展示(physical evidence)、人(people)和服务过程(process),从而达到 7P 组合。由此看来,服务营销是市场营销的一个分支,其根本目的是留住老顾客,发展新顾客,增长企业利润,所以有人又提出了 3R 理论(留住顾客、相关销售、顾客推荐)。

2. 农资服务营销组合

成熟的顾客是跟着服务走的(全程售前、售中、售后服务),农民是农资生产商和农资经销商的共同客户,服务的细腻化是一个让人心动的个性化服务,制定服务营销组合时,必须对每一位顾客,对服务的每一个环节和特点加以考虑,这些特点可以与营销组合的每个要素相匹配。

随着农资市场竞争的加剧,特别是竞争战场的下移,原来主要面向分销商的服务内容将迅速随之向零售终端乃至终端顾客扩展。农资生产商在继续改进、改善针对中间商开展有效服务的同时,应该积极主动地调整原来的营销业务流程体系,认真研究和制定针对零售商和顾客的新的服务内容,不断培植新的服务竞争优势。

3. 服务营销的对策

(1)注重口碑相传,诚实守信　服务营销主要以形象与信用为主,传播方式主要还是顾客口口相传为主。因此，农资企业要把服务范围、服务项目说在嘴上、写在纸上、记在心上、落在行动上，经常对员工进行“顾客导向服务”教育，使“顾客第一”的理念深入人心，为顾客提供满意的服务，诚信经营信守承诺，增强客户的忠诚度，树立良好的企业形象和员工形象。在不断变化的市场环境与竞争环境下，市场对商家、企业和服务者潜在而又现实地提出了更多的考验与挑战。然而，不少企业却为谋一时一事之利，尽管营销花样迭出，却不能很好地依照广告示例与广告承诺去满足和兑现。这种市场经营与营销行为，不仅花费了较大的广告营销成本，而且对产品品牌、企业品牌及消费者感受都是一种严重的损害。诚信、守诺永远是市场供应主体实现良性经营与长久发展的第一原则。

(2)重视提高一线服务人员的素质　服务和产品具有不可分性，销售人员要能够了解农民的购买心理，熟悉需要解释的内容，企业要加强对职工一专多能的训练。如果每个部门的成员都在本职工作之外接受某些业务交叉训练，当某一部门服务需求量增大时，就可以抽调其他部门员工协助提供服务，还可以减少服务成本。因此，在进行产品宣传的同时要注意强调服务的宣传。服务不单单是一个环节的问题，它还包括产品售前、售中以及售后服务，而在这一服务过程中，尤其对于售前服务来说，应及时准确地发现潜在目标客户的需求特点，然后结合所售产品的实用属性，站在客户的角度做有针对性的服务解说与适合的推介。

服务的无形性决定其市场细分需以有形实体为基准进行服务设计。从服务营销观念来理解，客户购买了你的产品，你的营销工作才刚刚开始，产品的价值体现在服务期内能否满足用户的需求。例如，一位农民在一家农资商店买了一袋水稻田除草剂，付款取货完毕，按传统观念交易过程已经结束，如果用服务营销的观念来看，交易才刚刚开始，因为买除草剂不是唯一目的，他需要的是一个完全的、全面解决水稻田杂草的方案。企业提供除草剂只是整个方案中的一部分，他还需要及时地、全面地、有针对性地提供农药的最佳使用方案及注意事项。如果说产品销售是第一次竞争，而售后服务则是第二次竞争。

(3)为“六个适当”量身定做服务标准　适当的目标市场，即服务目标指向某一区域和群体顾客；适当的项目，即服务产品本身数量、性能、用途效果、信用保证等满足顾客物质的和精神上的要求；适当的时间，即让顾客在最需要、最适当的时候得到满足；适当的地点，即让顾客在认为最方便、最短的时间得到满足；适当的方式，即顾客最愿意接受的服务方式。

(4)细微体贴、服务周到　消费需求从整体来看并不单单指消费者对产品的使用需求，消费需求是一个全方位的需求体系，包括购买之前、购买过程和购买使用三个阶段的需求。举例而言，如店内精致的布局设置、优雅的背景音乐、一杯热茶，以及一次用心的回访、一个温馨的节日祝福等，这一个个细节元素与细节行为都可能成为促进产品销售以及成就品牌美誉度的不可或缺的最有价值的因子。

(5)熟悉产品、熟练技能　这是服务过程的技能要求，也是最基础的要求。服务过程中最好不要让顾客带着怀疑的语气反问，尽量避免对顾客说“我也不是很了解”或“我去问问经理”之类的语言。直接而言，顾客需求的是产品，但消费过程中的任何不足之处都有可能影响到消费选择，毕竟在产品日益丰富的时代“好酒也怕巷子深”，熟练的有效的推介技能是至关重要的。

(6)快速反应、便利便捷　效率时代，服务的节奏不能慢半拍，及时有效的快速反应，不仅是企业形象和品牌服务的展示，也为消费者节省了时间，最大程度实现和满足了其放心购买、舒心消费的需求，从而有助于进一步提升品牌美誉与品牌价值，这一点恰是优质服务的根本特征。

学以致用

根据以上所学内容总结一下服务营销的意义精髓。

二、行为科学理论

在太行山区，技术人员极力推广酸枣接大枣，但收效甚微，原因是有些人认为酸枣永远是酸的，接上的大枣不会好吃。河北农业大学太行山开发课题组看到这一情况后，不是急着传授嫁接技术，而是先从以前接活的大枣营养分析入手，用事实告诉农民，酸枣接大枣，大枣营养不改变，可以变废为宝，使得农民信服后，激发了其种植热情，收到了良好的效果。

提问思考

这个案例说明了什么问题？科技人员为什么不强行推广这项技术呢？

美国《管理百科全书》给行为科学下的定义是："行为科学是运用自然科学的实验和观察方法，研究在自然和社会环境中人的行为（以及低级动物的行为）的一门科学。"已经确认的学科包括心理学、社会学、社会人类学及其他学科中类似的观点和方法。行为科学有一个著名的公式：需要激发动机，动机导致行为（图 3-3）。

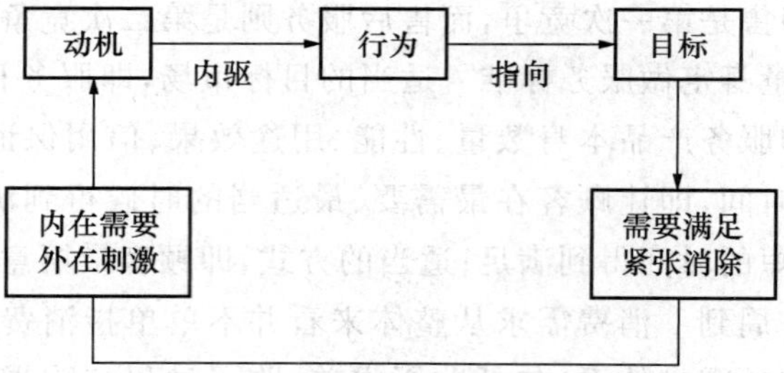

图 3-3 行为科学中动机和行为的关系

（一）需要层次理论

美国心理学家马斯洛（1908—1970）把人的各种需要归纳为五大类，并按其重要性和发生先后次序排列成一个重要的等级图。

1. 生理需要

行为科学认为，在人类的一切需要中，生理需要是最优先的。当一个人存在多种需要，例如缺乏食物、安全、爱和尊重，那么他对食物的渴望则比别的东西更为强烈。这时他的全部能量，诸如感知、记忆、想象、思维等几乎都为满足这一目标所支配，而与解决食物无关的智力活动则处于暂停状态或退居第二位。当农民温饱问题没解决时，他就不会有商品生产的意识。对于长期处在饥饿状态下的人来说，他的理想就是追求食物。

生理需要除水和食物外，还有睡眠、休息等，这些都是人类最原始、最基本的需要，长期得不到满足，人就无法生存下去。

2. 安全需要

行为科学认为，一个人的生理需要得到基本满足后，就会想到安全的需要。比如，希望人身安全得到保护，没有失业的威胁，私人财产不受侵犯，生病时能医治等。

3. 爱的需要

爱的需要是指感情与归属上的需要。行为科学确认，假如一个人的生理需要和安全需要获得了相对满足，他就会产生一种爱与归属的需要，包括人际交往、友谊、为群体和社会所接受和承认，希望属于某个群体或被群体接纳等，这是人作为社会人所具有的社会需要。

4. 尊重的需要

行为科学指出，除病态者外，所有的人都有自尊心，都希望得到别人的认可、赏识和尊重。因而产生两个方面的追求：一是渴望有实力，有成就，能胜任工作，渴望独立和自由；二是希望得到名誉和声望，即希望得到别人的高度评价。尊重需要的满足，会使人增强自信心，觉得自己在社会上有地位，有价值，有实力，有用武之地，有发展前途，相反，这种需要一旦受到挫折，便会使人产生自卑感，失去自信心。

5. 自我实现的需要

行为科学阐述的上述四种需要均获得满足，还会产生一种新的不满足，那就是自我实现的需要。即使自己潜在能力得以实现，希望自己越来越成为所期望的人物，完成自己力所能及的一切事情，最终实现自己的理想。自我实现的需要是人的需要层次中最高级的需要，是永远不会满足的。

行为科学认为，上述需要的五个层次是逐级上升的，当低一级的需要获得相对满足后，追求高一级的需要便成为继续奋进的动力。当然，在某一时刻，可能存在好几类需要，但各类需要强度不是均等的。

（二）期望理论

期望理论是美国心理学家佛隆提出来的。佛隆认为，人的行为的动力取决于他本人所期望的力量。佛隆提出的期望理论模式为：努力—成绩—报酬—目的。这个模式包括三层意思：

1. 努力—成绩联系

这是说个体做出一定量的努力，就可能取得一定的成绩，因此，努力的大小取决于个体对成绩的期望值的大小。期望值大，努力的程度就相对增加；反之，期望值小，努力的程度就会相对减低。

2. 成绩—报酬联系

个体付出了一定的努力，取得了一定的成绩，就应有与之相应的报酬。这种报酬可以是物质的，可以是精神的，也可以同时是物质的和精神的，总的出发点是考虑对个体的行为是否有激发力量。人们付出努力总是期待得到相应的酬报，从管理角度上说，报酬是对个体行为的一种肯定，并能强化其动机。

3. 报酬—目的联系

个体所期望得到的报酬，往往不在于报酬的本身，而是为了满足他在某方面的最终需要，这种最终需要就是通常说的目的，所以报酬必然与目的相联系。只有这样，报酬才有重要意义。

（三）挫折理论

行为科学认为，挫折是当事人的一种主观感受。受挫折后常有以下反应。

1. 不安

有的人受到挫折后，情绪不稳定，呈现出焦急、忧虑的现象，甚至头晕目眩，心胸发闷，吃不下饭，睡不好觉，像是害了大病一样，但又不肯向外发泄，只是郁郁在胸。长此下去，可能导致心血管病。

2. 愤怒

有的人受到挫折后，引起愤怒的情绪，对构成挫折的人或物进行直接攻击。如果找不到明显的攻击对象，将会把闷闷不乐的情绪发泄到与挫折的真正起因不相干的人或物上面。

3. 冷漠

个体对引起挫折的对象无法攻击，又无适当的替罪羊可替攻击时，便将其愤怒的情绪压抑下去，在表面上表现出一种冷漠无动于衷的态度，甚至会呆若木鸡，失去喜怒哀乐的表情。

4. 退化

本来，人的行为随着其自身的发展过程有一定的模式，老年人的行为模式与小孩子的行为模式就不同，在情绪的表达方面尤为明显。孩童时任意发泄，随着年龄的增长，逐渐学会控制。但是，当一个人遇到挫折时，往往失去这种控制力，像小孩一样哭闹，这种成熟的倒退，行为科学叫“退化”或“回归”。一般人遭受挫折后，会出现以下几种心理现象。

（1）防卫心理　即掩饰事实，推卸责任，或者用“阿 Q 精神”来进行掩饰。

（2）补偿心理　一个人在某方面受了挫折，吃了亏，想在另一方面得到补偿。

(3)报复心理　一些心胸狭窄的人在遭受挫折后对其构成挫折的人产生一种报复心理，表现为非理智的攻击行为。

(4)退避心理　有的人遇到挫折就畏难退缩，“一朝被蛇咬，十年怕井绳”。

(5)求成心理　有的人信奉“要么成为英雄，要么成为狗熊”，坚持到底不改初衷。

实践调查

你周围人主要通过哪些途径排解挫折情绪？

行为科学的观点认为，受挫折后应该检查目标是否过高，检验的方法是否妥当，找出阻力的来源，争取支援，往往会转败为胜。

(四)农资市场购买行为分析

1. 购买类型

农资市场购买行为分析主要对拟销售地区农民个体的兴趣和需要分析，也就是终端市场的分析。农民是农业生产者，农资是农业生产的重要生产资料，从这一点来说农民购买农资是以生产者和消费者的双重身份进入市场的，从生产者的角度来看，其购买行为分为以下几种类型，并呈现出与普通消费者和工业生产资料购买者不同的购买特点。

(1)直接重购型　即直接按过去的订单或购买习惯再次去购买，主要发生在买方对过去的购买比较满意且需求变化不大的情况下。

(2)修正重购型　指购买者想就产品规格、价格、服务、产品质量等某些方面进行修正之后再购买。

(3)新购型　第一次购买某种农资产品或第一次购买本企业产品，对农民来说是最复杂且风险最大的一类购买行为。

2. 购买特点

农民在购买农资产品时有以下比较突出的特点。

(1)复杂化　由于有些农资产品品牌差异大，农民对产品缺乏了解，因而需要有一个熟悉的过程，需要广泛了解产品性能、特点从而对产品产生偏好，最后决定购买。

(2)习惯化　对于价格低廉、经常购买、品牌差异小的农资产品，购买者不需要花时间进行选择，也不需要经过收集信息、评价产品特点等复杂过程，因而购买行为最为简单。因为是在熟悉的购买状态下，也不一定进行事后评价。

(3)多变化　有些农资产品品牌差异明显，但农民并不愿意花长时间去选择和评价，而是不断变化所购产品的品牌。这样做并不是不满意产品，而是为了寻求多样化。

3. 购买动机

(1)求实动机　农民购买农资时把产品的实用性、有效性、安全性、实用性列为主要方面，而其他方面则均可忽略。

(2)求廉动机　农民在购买产品时对其价格特别重视，对廉价商品情有独钟，总是希望能买到物美价廉的商品。

(3)求名动机　有些思想解放善于创新的农民在购买产品时比较注重大公司的，有名气的品牌产品。

(4)求同动机　这是农民购买行为中普遍存在的一种现象，即总是与别人购买同一种产品。

上述特点和动机的购买行为都不同程度地存在，需要终端客户营销者根据客观实际，一方面通过所处中介地位向厂商反馈需求信息，另一方面要从4C理论出发，满足客户要求。

4. 改变农资终端用户购买行为的途径

(1)提高农民知识水平　农民对传统的耕作方法、农资商品知识比较熟悉，通过农技推广或培训，使农民增强对现代科学技术的了解和认识，为推广新产品奠定基础。

(2)引导农民更新观念　农资企业要善于用实例说话，让农民知道有某种新技能比传统的更好，使其希望学习和应用这种技能。农民通过各种适宜的方式学会这些技能，继而就会产生愿意学习和试用的行为，然后进入熟练阶段，能应用自如地掌握这些技能。

(3)力争做到"一站式"跟踪服务　当农民采用了某一项新技术或使用了某一个新产品后，农资营销部门的工作并没有结束，后续的指导、评估、总结要继续进行，并注意宣传涌现出来的先进人物，做到典型引路，扩大营销效果。

(4)帮助农民建立有利的社会环境　农资营销人员不能单纯考虑农业技术是否适应当地的自然环境因素，还应重点考虑农户的类型，农户和农村社会团体的关系，以及有关方面可能给予农户的支持和影响。我们应该了解农民的行为规律，只有当农户有采用新技术的愿望，并具备使用这些技术的条件时，他们才可能真正地将这些技术付诸生产实践。

三、传播理论

小张和小王同是一所农业大学的应届毕业生，2018年春被分到天津一化肥公司进行顶岗实习，主要从事化肥营销工作。这天，销售部王经理让小张到城郊一个主要种植大棚蔬菜的村子去销售公司新生产的生物肥，这正是小张的专业，应该没有问题。他直接到了大棚，开始挨家介绍这种生物肥的好处，对农民的蔬菜种植还提出很多意见，可每户村民都是以不需要或听不懂为由委婉地走开了，小张很不愉快，回到公司后把情况向经理做了汇报。经理又让小王去试试。小王去了之后，没有直接进棚，他先在一个棚边找到一个小孩玩了起来，当小孩的妈妈从棚里走出来时，他便介绍自己是农业大学的学生，顺便走到这看看。他随孩子的妈妈进到棚里，看到蔬菜的生长情况后，谈了自己的见解，还就农村的生产生活情况进行了解，最后他告诉孩子妈妈，有一家公司新生产的生物肥可以提高蔬菜产量和品质，效果不错，并建议试试，孩子妈妈觉得他说得有道理，很信任他，最后通过试验和宣传，公司生产的生物肥很快在这个村推广开来。

提问思考

小张和小王的做法有什么不同？分析小王成功的原因。

传播，是伴随人类诞生而开始的社会现象，存在于社会生活的每个角落。传播学（communication）作为一门年轻的新兴学科，对人类的一切传播行为和过程，作了系统的研究，建立了科学的理论。

（一）传播的基本要素

1. 信息

信息是人的精神产物的外化和内储。在农业技术传播中，信息主要是指农业科学技术、成果及各种有用的农业信息和产品，当然也包括与之相关的知识。传播的目的就是将农业科技信息及时有效地传播给农民，并应用于农业生产与农业经营中。

2. 信息源

信息源，就是信息的来源。在传播中，作为信息的供体，要求它能根据顾主的需要提供有效的信息技术和产品。

3. 传者

在传播中扮演收集信息、传递散发信息的角色，传者可以是个人如营销人员，也可以是组织如广告公司。

4. 媒介

媒介是信息的载体，是沟通传者与受者的桥梁。在人类活动中，人与人交流的最基本、最直接的媒介便是语言。随着社会的发展，以语言为基础的现代传播媒介相继问世。印刷媒介，以书籍、报纸、杂志等为主；电子媒介，主要有广播、电影、电视、录像等视听手段；电子计算机网络则是更先进的传播媒介。这给现代科技、信息的传播带来了极大的方便，并积极推进了传播学的发展。

5. 受者

受者是从传播媒介获取信息的个人、群体或组织，受者与传者是相对应的，其功能正好相反。受者从媒介获得编码后的信息，则同样有一个消化、吸收的过程，即将编码信息还原。这个过程与电讯中电码的译制过程相似，便称为译码。

从传播学的角度看，农业传播的受者也是极其广泛的。从营销工作看，传播的受者主要指农民，从这个意义上来说，农业传播的译码是一个很复杂的过程。一项革新技术往往要经过推广工作者的大量工作，才会被农民接受和采用。

6. 信息宿

信息宿是信息被使用的场所，即信息的最后归宿，是传播过程的终点站。信息从信息流到达信息宿，传播的目的也就达到。由此可知传者与受者，信息源与信息宿是相对应的。在农业营销中，农业技术、信息传播给农民，农民并不一定在生产经营中采用它。但从教育的角度看，它同任何知识信息的传播一样，一旦为农民所接受，便成为他们自己的知识。因而，在农业传播的研究中，常常把受者、信息宿都视为农民。

7. 反馈

区分传播和交流时，许多人以反馈为标志，这是不正确的。完整的传播过程包括反馈。反馈是信息传播到受者做出的反应，通过一定渠道返回给传者，并影响下一次传播行为的过程。

传者在得到反馈信息时，便可据其修正、调整目前和将来的传播行为。通过修正、调整后的传播系统又重复完成传播过程，每一次重复都在原基础上更进一步，传播过程就这样往复循环。因此有人说："信息反馈之于信息沟通，其重要性犹如海上灯塔之于夜航船。"

（二）传播途径

传播途径是将信息从信息源传递到信息宿，即传者到受者及反馈的渠道。个人、群体的信息来源不外有三个渠道，即个人、组织和大众传播媒介。因此，传播途径可分为人际交流、组织传播和大众传播。

1. 人际交流

在日常生活工作中，人与人不可避免地要发生接触。在接触过程中，人们通过语言和非语言的符号进行思想、情感、信息、物质等的交流、沟通。这种交流是不借助体外的其他工具和媒介（如电话、电报、书信等）进行的交流，因此，人际交流又称为"面对面交流"。在现代传播工具、技术出现之前，人类的相互影响、相互交流就主要是依靠这种方式。

人际交流有以下特点：信息直接生动；信息不易失真，可信度高；反馈及时；信息容量小；传播内容的扩散速度慢。

一般说来，人际交流仅限于两个人或少数人之间（区别于大众传播）。在农资营销中，经常进行的面谈、走访、咨询、巡回指导等，都属于人际交流的范畴。

个人之间交流的成败与否，与双方的语言文字表达能力、文化水平、性格以及在交流中所扮演的角色有密切的关系。当然，交流的成败，最起码的条件应建立在双方共同的信息内容之上。其他与主题相关的信息，对交流过程的顺利进行也起着很大的作用。因此，除专业知识外，营销人员还应具有广博的知识。

2. 组织传播

随着社会的发展，人渐渐从传统的家庭组织中解脱出来，进入社会的各种网络中去，每个人都有他所隶属的组织或群体。人的一生大多数时间都是在组织中度过的，一个人从家庭到学校，从学校到社会，到工作单位，都是从一个组织走向另一个组织。组织传播是组织为某种目的或利益进行的组织之间、组织与组织成员之间、组织内成员之间的物质和信息等的创造和交流过程。

组织传播的主要特点如下。

(1)目的性　组织是由许多带有共同目的的个人或社会团体的关系的总和。组织传播必须带有明确的目的性，如果信息传播过程没有目的性或意向性，那就不能称为组织传播，而只能称其为扩散、发散。

(2)有序性　组织具有严密的结构，组织传播具有有序性，传播的有序性可保障信息在组织中有条不紊地按预定目的的方向传播。

(3)强制性　组织传播还具有强制性，组织内的成员都要受组织的约束。

(4)不准确性　组织传播因为是多级传播，经过的环节多，信息容易失真而有一定的不准确性。此外，组织传播还具有区域性、封闭性、有效性等特点。

组织传播也是农资营销的重要途径。常见的有小组活动、现场示范、农民专业协会、培训班等。在农资营销中，组织传播的比重视各国的农村经济、文化状况、农民组织程度和农业营销体系的情况而异。一般来说，发达国家的比重较小。在我国农资营销中，组织传播一直占有主导地位，行政组织也曾经起过突出的作用。目前，我国农村改革正在深化发展，如何正确地、积极地、充分地利用组织传播的功能，是农资营销中一个重要的课题。

3. 大众传播

大众传播是由一些机构和技术构成，专业化群体凭借这些机构和技术，通过技术手段，诸如报刊、电视、电影、广播、图书等向社会中各种接受者传播符号的内容。大众传播的特点有：

(1)公众性与开放性　通过大众传播工具、手段散发的信息，是公开面向社会的所有个人、集体或组织的，受者不像人际交流和组织传播中那样会受到某种限制。

(2)传者是一个专业性组织　通常这个组织庞大而复杂，其功能是采集信息资料，然后处理加工，并通过适当的方式在适当的时间向公众传播。

(3)信息容量大、传播速度快、范围广　现代通信技术的发展，信息的传播速度越来越快。

(4)接近传者(发送设施)的有限性与有控性　在大众传播途径中，传者与受者之间有相当的“距离”。一般说来，他们是互不相见或互不相识的，即使相互的地理距离不远，他们接近、接触的机会也是十分有限的。

(5)传播的易失性　传者与受者之间没有必然的联系或责任关系或约束关系(如情感的、共同利益的等)，因而，受者接受信息带有很大随机性。一个人很可能有意或无意地将报纸、书籍搁在一边，将正在播放的电视或广播关掉，那么他就会因此而失去接收对他也许十分有用的信息的机会。

大众传播的媒介可分为两大类：印刷媒介类，如报纸、杂志、书籍、传单等，具有易于保存、可重复阅读、准确性高的优点;电子传播媒介类,包括广播、电视、电影、幻灯、录像、电话、计算机等,具有时效快、容量大、生动逼真、易于接受等优点。

在我国的农资营销工作中,大众传播媒介的应用也日趋发展。今后,随着农村教育、新闻、电信事业的发展,积极利用大众传播也将是农资传播的一个重要途径。

(三)有效传播策略

在传播过程中,一切活动都是围绕着一个目标而进行的,这就使受者能有效地接收并利用信息。因此,传播的有效性与有效传播的策略,对一切传播行为都是必须重视的实际问题。

1. 影响传播有效性的因素

传播的有效性受着很多因素的影响。不同的传播构成,由于各种传播要素在实际上的差别极其多样。因此,决定有效传播的因素尤为复杂。农资营销中的有效传播,主要决定于选择合适的营销内容和使用恰当的营销方法。这可以用下列公式来表示:

营销内容×传播方法=营销效果

这个公式表明的是:决定有效营销的最基本的要素是营销内容(信息)和营销方法(传播技术)。然而,在实际营销工作中,情况却要复杂得多。这是由于:①农资营销的内容要传播给受者,是为受者服务的。传播内容必须对农民有现实意义,是农民所需要的,是能让农民理解、为农民所接受的,信息是准确的、可信的,是经得起实践检验的。②人们对信息的接受、理解、感受、态度是各种各样的,受着主观和客观因素的影响,同一营销内容可以碰到农民的不同反应,这就必须根据不同营销对象的实际情况,有针对性地采用有效的传播方法和技术。

2. 有效传播策略

这里着重结合主要传播途径的一般情况,从策略上介绍一些有效传播的技巧和经验。

(1)人际交流的策略　首先了解传播工作是如何进行的,要培养识别优、劣条件的感知力。二是同受者相处时,应使用简单、明了的语言。三是音容谐合,即言语表达与用以辅助的手势、表情和示范动作相一致。四是坦诚相待,不要过于标榜自己,言行须真实可信。五是学会听,这并非一件容易的事,但花时间掌握这项技巧是很有必要和值得的。六是培养对他人的洞察力,注意观察除言语之外的一些微妙动作和暗示,以便了解他们的心理活动状况及过程,避免判断的片面性。七是与受者建立诚挚的友谊,要热情、体贴、礼貌,并体现于行动。八是尊重他人及其信仰,但并不意味着苟同。九是时刻记住你并不是全能的“演员”,不要引起怀疑和失去信任。十是观察对方的反应,如果对方不附和,你应考虑自己的言行是否适当。十一是与共事的人建立友善和睦的关系。这样你就不必担心你的工作会引起误解,即使引起误解,也容易消除。十二是避免引起他人戒心的行为,如鄙薄他人,给人以试图操纵他的感觉,妄加批评他人及其信仰,玩“小聪明”。十三是不要将自己的意志强加于人。如果别人不希望你帮助，你可试图使其相信你很关心他，这样，在他需要帮助时也不会难为情。

(2)小群体的有效传播策略　一是尽量利用自愿者。记住你所帮助过的人，在实施传播计划时可利用他们的协助。二是根据参加者的情况来确定会议聚集的时间和地点。三是在布置会场时，应尽量使与会者能面对面地谈吐。四是鼓励受者自己组织召开会议，或者邀请他们参与决定参加者的名单、讨论内容以及邀请工作。五是兼听则明，集思广益。尽量让持不同意见者参加。六是允许争论，但避免人身攻击。鼓励羞怯者、观望者发言。七是如果参加者众多，可注意人员搭配，分组讨论以利于畅所欲言。八是如果可能，可穿插一些娱乐活动。九是小组讨论大家共同关心的问题，最后应总结发言。十是鼓励相互谈论各自的问题，可以交流感情、建立信任与友谊。

(3)大众传播的策略　一是吸引注意力。要将受者的注意力集中到大众媒介上，重要的就是信息的及时、准确、适用，并富有吸引力。二是为特殊受者准备信息。针对受者的兴趣、利益，用他们习惯的语言和范例，以便于理解接收。三是让农民参与大众传播活动，如在电台、电视上出现，在杂志上发表言论，参与地方传播计划的制订实施。四是建立良好的信誉，与受者打成一片。专题主持人、专栏负责人与受者交朋友，创造机会与之接触，参加他们的活动，听取意见，沟通受者之间的信息。五是组织收听网。同技术人员合作，在各地建立收听小组，形成网络，并由固定人员定时定期组织讨论，将讨论情况告知传播机构，优先满足网络人员的点播节目。这样，将大众传播与组织结合起来，效果会良好。

学以致用

根据你的切身体验谈谈传播的技巧和注意事项。

【课堂活动】

课堂活动一　农资产品分销渠道模式分析

一、活动目的：通过对不同分销渠道模式的优劣势分析，使学生掌握我国目前农资产品主要采取的渠道分销种类。

二、活动内容：

1. 分销渠道模式：老师讲解几种不同的分销渠道模式概况。

2. 分组讨论：学生在明确不同分销渠道模式的基础上，对不同分销渠道模式优劣势进行分析，并就我国农资产品主要适合采取哪种渠道分销展开分组讨论。

三、具体做法：全班按 5 人为一组分组。首先，老师给学生讲解不同分销渠道模式概况，各组对不同分销渠道模式的优劣势进行分析，并选一名代表对优劣势分析发言。之后，结合我国农资产品现状，就农资产品主要适合采取哪种渠道分销展开分组讨论。最后，老师做总结点评。

课堂活动二　案例分析

一、活动目的：通过对农资企业服务营销成功案例的分析，加深学生对服务营销理念的理解，使学生掌握服务营销在农资营销中的重要作用和农资服务营销方法。

二、活动内容：

1. 案例分析：学生对某一农资企业服务营销成功案例进行分析。

2. 分组讨论：在案例解析的基础上，就服务营销在农资营销中的重要作用展开分组讨论。

三、具体做法：全班按 5 人为一组分组。首先由老师提供一则农资企业在服务营销方面的成功案例，学生针对案例进行分析，着重剖析服务营销理念如何成功运用到营销实践中去和具体有哪些服务营销方法。而后就服务营销在农资营销中的重要作用展开分组讨论，老师做总结点评。

【技能训练】

一、训练项目：深化对营销理论的理解。

二、训练目的：能够熟练运用 4C 理论和 4P 理论在农资营销中的应用。

三、训练时间：2 周。

四、训练内容：

1. 调查当地主要经营哪些农资？哪种最受农民欢迎？各类农资有什么特点？

2. 了解农资的企业服务项目有哪些？

3. 总结企业服务范围内农民购买特点，调查哪种化肥和农药销售最好？

4. 为实习企业提出营销建议。

五、训练方法：老师组织学生到农资零售企业参与营销活动。

六、作业：写一份实习报告。

【复习思考题】

1.“货卖一张皮”说明了什么道理？

2. 农民消费者有哪些购买特点？举例说明。

3. 影响农民购买行为的因素有哪些？

4. 4C 理论和 4P 理论有什么区别和联系？

5. 列举出 4 种农资产品并指出其核心产品、形式产品、附加产品部分。

6. 你认为 4P 和 4C 理论哪一种更适用？

【相关阅读】

1. 徐岚．市场营销学．北京：机械工业出版社，2010
2. 卢敏．农业推广学．北京：中国农业出版社，2005

【本章小结】

- 农资市场营销相关理论
  - 市场营销理论
    - 4P 理论
    - 4C 理论
    - 整合营销
    - 服务营销
  - 行为科学理论
    - 需要层次论
    - 期望理论
    - 挫折理论
    - 农资市场购买行为分析
  - 传播学理论
    - 传播的基本要素
    - 传播的途径
    - 传播的有效策略

单元二　农资市场营销渠道

学习内容

本单元包括农资生产商、农资批发商、农资零售商三章。主要讲授农资生产商、农资批发商、农资零售商成立的条件和程序、各自的经营内容及选址要求、经营商品结构、营销策略等。

学习目的

通过本单元学习，让学生了解成立农资零售商、批发商和生产商所具备的条件和成立过程，培养学生选择和建立营销渠道的能力。

第四章 农资生产商

【学习导航】

理论知识 确定农资企业生产内容选择的依据，了解农资企业的形式，开办农资生产企业的条件和程序，农资企业的营销策略。

技能要求 能够根据自身特点选择农资生产内容，熟悉生产不同农资所需要的条件和办理程序，能够采用恰当的策略进行农资营销。

案例赏析

李登海是我国著名的农民育种家，也是著名的企业家。李登海从事玉米育种研究始于20世纪70年代。1966年李登海初中毕业时，成绩十分优秀，但由于家里成分不好，不能再继续上学。1970年，李登海参加大队农科队，继而出任农科队队长。从此，他便迷上了科研这一行，一心扑在玉米育种和高产栽培上。

通过运用杂交、合理密植等技术，1980年，李登海培育的春玉米亩产量突破900千克，夏玉米亩产量达823千克；1984年，夏玉米亩产量达到950千克；1989年，夏玉米亩产量突破1 000千克，达到1 096.29千克，这不仅创下了我国夏玉米高产纪录，而且刷新了世界夏玉米高产纪录。20世纪80年代李登海创办莱州市玉米研究所，尽管取了一个看似国家事业单位的名字，但却没有用国家一分钱，注册资本全部是自筹资金，由于这是种子行业"科技个体户"的先例，工商部门在营业执照上写的是"集体企业"。李登海既是所有者，又是经营管理者。

此后，企业随着我国经济体制改革的不断深化也不断进行改革创新，从莱州市玉米研究所，到莱州市农业科学院，再到莱州市登海种业(集团)有限公司、山东登海种业股份有限公司，尽管使用过类似国家事业单位的名称，但企业一直保持着民营的性质。

现在，山东登海种业股份有限公司拥有总资产 4.8 亿元，净资产 2.6 亿元，在全国建立了稳定的玉米育种基地，而且拥有国家级的玉米研究中心，吸引了国内玉米育种领域的研究员、副研究员、教授 30 多人，每年都能推出 3～5 个审定的新品种，公司每年生产销售玉米种子达 4 000 多万千克，2002—2004 年净利润分别达 6 737 万元、8 461 万元和 8 538 万元，保持着稳定增长的态势，成为我国目前种子行业规模最大，科研力量最强的玉米育种企业，也是全国种子行业 50 强之一。

点评：李登海是我国著名农民育种专家，也是著名的企业家。分析他成功的经历不难看出，一是他对自己的定位准确。他初中毕业生后从农科员做起，开始从事玉米育种，并对这个行业有着浓厚的兴趣爱好，能够全身心地投入到这个行业中，一干就是几十年，成果丰硕。二是明确了自己的发展渠道。从开始以单纯育种为主，逐步发展到科研、生产、营销一条龙，使得企业从小到大，从弱到强，直至成为一个国内领先的上市公司。那么，生产企业作为一种营销渠道，应当具有什么样的条件呢？我们应该怎样成立一个生产型企业呢？

知识链接

一、农资企业生产内容及形式

(一)农资企业生产内容的确定

农业生产资料的种类很多，国家对农资生产领域已经全面放开，具备条件的个人或集体都可以从事农业生产领域。作为一名创业者，首先面对的问题是进入哪个生产领域最好？选择行业有无一般的、最基本的原则或规律？这些都是值得思考的问题。

1. 选择自己感兴趣的行业

“兴趣是最好的老师”，即使你对这个行业的具体情况不太了解，但兴趣会让你具有“后发优势”，最后让你在这个感兴趣的行业创业成功，不仅可以得到金钱、名声，还有兴趣的满足，这可能是最令创业者高兴的事情了。可能刚开始工作的时候，所从事的行业并非你所感兴趣的行业，只是被逼无奈，选择了这个领域。但只要你在工作中，能够不断用心积累工作经验，这对于以后自己跨领域创业是有很大帮助的，因为不管哪一个领域都有相同之处，所以，我们不要害怕当初工作时并没有充分反映自己的兴趣所在，只要我们能够用心积累经验，到创业时，就可以运用经验，毫不犹豫地跨入自己感兴趣的领域。在自己感兴趣的领域中做出一番事业的创业者很多很多，比如我国著名的农民育种家李登海，不仅选育出了很多知名的品种，而且成立了自己的公司，并成功上市。再如，我国著名的杂交水稻之父袁隆平，不仅育出的水稻品种享誉世界，而且也同样成立了隆平高科种业股份有限公司，也是我国为数不多的农业领域的上市公司之一。

2. 选择本人熟悉的行业

俗话说得好："隔行如隔山。"因此，想要取得成功的概率大一些，除了感兴趣这个重要的条件外，本人一定要有深厚的专业知识，专业工作经验，以及专业人际关系，这样才能在兴趣的基础上，发展自己的公司。即使对此行业不感兴趣，也可以凭借其专业知识，获得暂时性的工作(很少有人能在自己不感兴趣的专业里，一直创业，积累丰富经验)，为以后的创业打好坚实的基础，然后再开始新的创业。一般而言，建立在兴趣基础上的专业知识比较牢固，创业比较容易成功。比如著名的登海种业的创始人李登海，隆平高科董事长袁隆平，都是农业领域的知名育种家，也是我国乃至世界农业行业的领头人。

3. 产品本身所处的生命周期不能是夕阳阶段

这里的夕阳阶段不是指传统产业产品所处的阶段，而是指将要失去市场需求的产业产品。比如高毒农药的生产在中国已经是夕阳产业了，很明显市场需求太少了，不可能有很多客户需要你的产品和服务，当然也就不能成功了。所以，一定要注意所选行业产品的生命周期，既要符合自己本身的需求，又要符合市场客户的需求，两者缺一不可。

4. 关注国家的法规政策

国家如果禁止，最好停止行动；国家如果鼓励，一定要分析清楚国家鼓励目的、鼓励时间、鼓励程度和鼓励范围等，然后再结合自身条件、市场需求和供给综合分析，决定是否下定决心进入该行业。比如韩国著名的三星集团，当初涉足化肥制造、出口加工以及后来的高科技产业都与国家政策支持有着十分密切的关系。由于政府决定不能再依赖外国的化肥，鼓励本国的化肥生产，三星抓住时机，涉足化肥制造业，结果盈利丰厚。

所以，创业者选择进入何种领域时，一定不要盲目跟从，不要大家去哪里，你也去哪里，很明显，创业成功的不是绝大多数人，而只是一小部分人。因此，一定要进行客观的分析、比较、判断，得出结论，才可能成为成功创业者中的一员。

实践调查

寻找一个创业失败的案例，分析失败的原因。

(二)农资生产商的主要形式

成为一个什么形式的生产者，这是创业者必须考虑的一个重要问题。公司的组织形式很多，包括个人独资企业、合伙企业、有限责任公司等，其中独资经营与合伙经营是目前私营企业常见的两种形式。到底是开独资公司、合伙公司还是有限公司，必须根据自己的实际情况、行业特点等因素，充分考虑，不能盲目确定公司组织形式，这样才能保证公司有一个良好的开端，也为公司的未来发展奠定良好的基础。

1. 个人独资企业

根据《中华人民共和国个人独资企业法》的规定，个人独资企业是指由一人投资经营并由投资者一人负无限责任的企业。这是企业的初始形态，是最简单的企业形式。独资经营者对经营拥有绝对的控制权，同时也要独立承担风险和债务。

创业开办小企业，最简单的方式就是独资经营，其优点有：

(1)创办简单　独资经营是最简单的企业组织形式，几乎没有任何限制。

(2)自主经营　独资经营的所有权属于经营者本人，行动和决策自由。

(3)个人支配利润　独资经营者的利润属于经营者，不需要和他人分享。

(4)灵活性　独资经营的企业，只要遵纪守法，经营者就几乎有完全管理的自由。因此能对市场变化作出较快的反应和决策。

(5)政府干预少　政府对独资经营的企业干预和税收都比较少。

(6)缴税简单　独资企业不用分类申报税费，所以没有必要为经营准备一份资产负债表。

独自经营的缺点有：

(1)无限责任　独资经营业主对公司的债务和责任要全部承担。

(2)公司生存的脆弱性　个人业主的死亡、疾病等个人因素都可能导致独资公司的终结。

(3)难以筹集资金　独资经营不能够借助股权资本来分散风险，只能依靠银行和个人贷款以及其他非股权融资方式。由于个人财力有限，个人业主要筹措资金和进行长期融资会变得非常困难。

(4)缺乏帮助，思维和经营模式单一　独资经营者一切决策的能力完全依赖于个人。

(5)缺乏专业色彩　一个独资公司较之于合伙制公司来说，缺乏专业性。

2. 合伙企业

根据《中华人民共和国合伙企业法》的规定，合伙企业是指依法设立的，由各合伙人订立合伙协议，共同出资，合伙经营，共享收益，共担风险，对企业债务承担无限连带责任的营利性组织。

合伙制企业优点有：

(1)创办容易　开办费用低，有关法律对建立合伙制企业较之于建立公司要求要容易。

(2)回报迅速　由于合伙人直接参与分享利润，所以他们有更大的动力。

(3)有可能加快发展　合伙制公司在融资方面比独资公司通常要容易得多。

(4)灵活性　合伙制企业执行决策比公司制要容易，比独资企业要困难。

合伙制企业的缺点有：

(1)至少一个合伙人要承担无限连带责任，一个或者一个以上的合伙人必须承担企业经营风险并为保护企业而购买大额的保险。

(2)不稳定性　如果任何一个合伙人决定退出或死亡，实际上就意味着合伙公司的解体。企业要继续经营下去就必须得到退出者的所有权并创立一个新的合伙制公司。

(3)获取大笔资金有困难　寻找到长期资本的支持是非常困难的，但在有些情况下以合资资产作为附属担保品比独资公司更容易得到一些贷款。

(4)企业受到合伙人的行为和判断的制约　所有合伙人要对合伙制企业的经营行为和任何其他合伙人的过失承担责任。

(5)死板的伙伴关系　除非在合伙之前达成协议，否则要购买某一合伙人的全部产权将是一个困难的过程。

3. 私人独资和合伙公司对比

独资经营与合伙经营有各自的特点，它们的区别主要有以下几点。

(1)投资人数不同　独资企业的投资者是一个；而合伙企业的投资者最少在两人以上。

(2)管理决策方式不同　独资企业由投资者本人决定企业里的一切事宜；而合伙企业的重大决策的推出，必须由全体合伙人共同商议而定。

(3)承担利润和风险的方式不同　独资企业的投资者独自享受企业利润及企业积累，并独自承担企业的经营风险；合伙企业的利润和积累则由全体合伙人共享，合伙人共同承担企业的经营风险。

(4)对债务所负责任不同　独资企业的投资者对企业债务负无限责任；而合伙企业的投资者对企业债务负连带无限责任。

在创业的起始阶段，由于资金、人才、经验的不足，又没有家族企业那样的条件，选择一个或几个志同道合的朋友合伙是开创事业的成功之路，也是许多创业者的强烈愿望。但是，在创业起始到底是独资好还是合伙公司好？要解决这个问题，应结合创业者的实际情况、综合能力、经营风险以及法律形式等因素来确定。在创业之初，如何根据经营规模、资本数量，恰当地选择这两种形式之一，就成了首先考虑的一个关键问题。

首先，你必须仔细考虑你是否能独自承担创业风险。如果所办的企业不需投入大量资本，个人能够承受创业的风险，就可以独资经营。如果你有设备、资金与客户，可以以自己的名义开独资公司，独资公司的开办是最容易的，否则考虑合伙。其次，你必须考虑你想从合伙人那里得到什么，你为什么要与别人合作，你创业所欠缺的东西是否一定只能从合伙人那里得到。最后，你还必须考虑你个人的性格是否适合于合伙创业，你所需投资的领域是否适合于合伙创业。

学以致用

写一份农资创业计划书。

二、成立农资生产企业的条件

农资生产企业是一个特殊行业，从事农资生产的企业除具备较高的员工个人素质、资金、社会关系、专业技术人员、营销网络等基本要素外，还要具备国家相关法律对农资行业的特殊要求。不同的农业生产资料的生产过程不同,生产内容不同,需要的条件也不相同。

(一)成立种子生产企业的条件

从事种子生产必须申请领取种子生产许可证。

从事种子进出口业务的种子生产经营许可证,由省、自治区、直辖市人民政府农业、林业主管部门审核,国务院农业、林业主管部门核发。

从事主要农作物杂交种子及其亲本种子、林木良种种子的生产经营以及实行选育生产经营相结合,符合国务院农业、林业主管部门规定条件的种子企业的种子生产经营许可证,由生产经营者所在地县级人民政府农业、林业主管部门审核,省、自治区、直辖市人民政府农业、林业主管部门核发。

上述规定以外的其他种子的生产经营许可证,由生产经营者所在地县级以上地方人民政府农业、林业主管部门核发。

只从事非主要农作物种子和非主要林木种子生产的,不需要办理种子生产经营许可证。

申请取得种子生产经营许可证的,应当具有与种子生产经营相适应的生产经营设施、设备及专业技术人员,以及法规和国务院农业、林业主管部门规定的其他条件。

从事种子生产的,还应当同时具有繁殖种子的隔离和培育条件,具有无检疫性有害生物的种子生产地点或者县级以上人民政府林业主管部门确定的采种林。

申请领取具有植物新品种权的种子生产经营许可证的,应当征得植物新品种权所有人的书面同意。

(二)成立农药生产企业的条件

国家实行农药生产许可制度。农药生产企业应当具备下列条件,并按照国务院农业主管部门的规定向省、自治区、直辖市人民政府农业主管部门申请农药生产许可证。

1. 有与所申请生产农药相适应的技术人员。

2. 有与所申请生产农药相适应的厂房、设施。

3. 有对所申请生产农药进行质量管理和质量检验的人员、仪器和设备。

4. 有保证所申请生产农药质量的规章制度。

省、自治区、直辖市人民政府农业主管部门应当自受理申请之日起20个工作日内作出审批决定,必要时应当进行实地核查。符合条件的,核发农药生产许可证;不符合条件的,书面通知申请人并说明理由。

安全生产、环境保护等法律、行政法规对企业生产条件有其他规定的,农药生产企业还应当遵守其规定。

(三)成立肥料生产企业的条件

为了加强肥料的管理,除经农田长期使用,符合国家标准的肥料外,任何组织和个人生产销售的肥料、土壤调理剂、植物生长调节剂,必须经检验登记方可销售使用。外国厂商向我国推销赠送的肥料、土壤调理剂、植物生长调节剂也必须进行检验登记,未经检验登记的产品不准进口。凡在生产国未注册登记、销售或已经淘汰的产品一律不给予登记。登记发证应具备的条件如下：

1. 申请单位必须是在工商行政管理机关正式登记的企业，产（商）品有正式牌号、正式注册的商标；氮、磷、钾为主的混配（复混）肥，要有化工部颁发的生产许可证；国外产品要有所在国省（州）以上管理机关近期登记注册的证明。

2. 按原农业部《关于肥料、土壤调理剂及植物生长调节剂检验登记暂行规定的实施细则》第六、七、八、九条要求提供资料和样品，并附有鉴定材料和产品标准。

3. 微量元素肥料（包括含微量元素的复合肥）由于针对性、专用性、地域性较强，办理登记时，需经省（自治区、直辖市）级土肥站（处）推荐，并附有增产5%以上的证明材料及鉴定材料。

4. 需经农业主管部门指定的省（自治区、直辖市）级土壤肥料技术单位组织进行正规的田间试验，作出增产效果、经济效益的鉴定。

5. 提供农业农村部委托的卫生部门对申请登记产品作出的安全性鉴定。

实践调查

根据所学知识，以创业者的身份到当地各部门了解农资生产企业的开办过程。

三、生产企业的营销策略

我国千千万万的中小型企业，大多是由创业者自筹资金创立。他们的勇气是民族工业的积极力量和创新的重要源泉。但中小型企业的生存确实不易，需要有正确的营销策略才能有活下来的机会。

（一）强化产品功能，以产品促进“营”销

目前，国内农资企业的农资产品同质化严重，在产品诉求点上具有很多雷同。许多产品的产品说明基本上是人云亦云，没有对产品特性、卖点的诉求、包装的诉求、市场准确定位等进行深刻挖掘，因而策划不出与众不同的产品。强化农资产品功效，细分市场，农资企业对农资产品特性、市场定位、产品包装、卖点诉求等方面做好一番市场调研与精心策划，才能为营销部门提供良好产品作为“弹药”，保证营销人员能占领各个市场的制高点，创出一片骄人的业绩来。

强化产品功能，农资企业需要从以下几个方面着手。

1. 了解产品特性

农资企业必须对农资产品的特性与消费者对该农资产品的需求点进行深入了解，才能针对性地策划出好的产品特性，编写出与众不同的产品特性说明来，在众多的产品中，“万绿丛中一点红”，区分出你我他。

2. 准确市场定位

农资产品的市场定位取决于消费者的需求。在做一个全新的农药产品定位时，策划人员就需要找出这个产品的利益或服务的对象是谁，例如，产品针对的是作物，是果树，还是蔬菜；是南方果树还是北方果树；产品防治对象是果树白粉病还是炭疽病，是斑点落叶病还是轮纹病，这个就是新产品的市场定位。对于一个全新农资产品来说，产品策划人员要从产品的结果或者欲望上考虑如何进行定位，如杀菌剂，农民的需求结果是杀菌，保护作物；而其需求欲望是高品质、名牌产品，并能保证杀菌剂的效果好。

3. 产品包装定位

好的包装就是好的广告。产品包装包括商品名称，商品规格，内、外包装材料的选择，外包装的设计等方面。其商品命名更能突出产品的特性，好的名字能让消费者一眼记住它，能给予消费者以愉悦、舒服、喜庆等的感官效果。目前，农资产品的包装设计，越来越花哨，包装精美程度越来越好，但这不是设计理念的更新，而是农资企业设计人员对农资市场越来越脱离现实，追求虚无缥缈的感觉。从笔者调查的结果来看，农民消费者对包装简单点、朴素点是比较看好的，花哨的包装只能糊弄一时，并不能保证产品永久畅销。

4. 卖点提炼

农资产品有许多雷同，根本原因在于农资企业市场部或策划部的人员只会"Ctrl＋C"搞复制，使用简单的拿来主义。他们今天在市场上看到 A＋B＝C 的产品，明天也跟着模仿 A＋B，甚至连卖点提炼、包装规格、设计样式都基本一致。大家都知道大生 M-45（代森锰锌）产品好卖，于是一窝蜂地也在这个方面做文章，产品名称 A 生、B 生、C 生、D 生等叫什么生的产品多起来，而且包装也惊人地相似，打着罗门哈司原药的幌子，根本没有经过对产品卖点的重新提炼，没有找出不同点，也没有进行细分市场。

（二）制定产品价格策略，以产品价格"营"销

在制定整个营销战略过程中，确定产品价格是最为关键的一步。价格体系决定所有营销要素：渠道、促销、公关、宣传等方面，从根本上影响销售政策的成败与销售量的多寡。反过来，销售政策导向也影响着价格制定过程，产品价格体系制定也反映着企业营销指导思想，反映着当时的市场状况对企业的深刻影响。农资市场的特性要求农资经营者在物流管理中实行优化管理，缩短渠道，减少流通成本，运用规模效应加大与农资企业的深度合作，获得农资企业的价格支持。在价格管理中应注意对渠道价格的管理，避免因渠道价格失控对渠道的自身破坏。

1. 网内产品价格操作

网内产品价格操作主要是指农资企业为了防止窜货及扰乱市场行为的发生，在某地区选择一大经销商并对其销售网络内的成员，根据公司销售政策给予统一价格，实施统一批发

价格、统一零售价格，而对于其销售网络以外的小经销商则采取不发货或故意提高产品价格。

2. 建议价格操作

对于农资产品来说，基层零售价格最为重要，只要守住零售价格，市场就不会窜货，就能保证经销商及零售商的利润。根据同类产品的价格定位和市场需求，农资企业确定一个统一的零售价格，以广告、宣传单页、媒体或产品包装袋上进行广而告之，并具体公布出来。

3. 隐形产品价格操作

与经销商进行产品交易时，不透漏产品底价，只在保证其利润的前提下，硬性规定产品的参考操作价格(一批价格、零售价格)，并督促其按此实施，年末最后结算时给予兑现的一种价格操作方法。这种操作方法可以有效地限制经销商对产品价格的随意性，让其对一批价格也具有保密性，确保产品价格体系的稳定，从而发挥出产品价格的优势，促进产品的有序销售。

4. 返利价格操作

与经销商签订一个合同，根据其具体的销量等级而给予不同产品返利。如销售 1 吨返利 500 元、2 吨返利 1 500 元等，这能有效地促进经销商销售的积极性。

当然，在制定产品价格时，对于定价过程中最主要的几个环节，比如确定定价目标、掌握定价依据、落实定价方案等方面要具有全方位的了解，才能制定出具有针对性的市场价格操作策略。

(三)注重渠道管理，以渠道“营”销

当前农资产品销售渠道管理还处于粗放式管理，如何更改这种局面，需要对渠道精耕细作，精益渠道管理。企业强调在各区域市场与核心经销商、优秀终端、消费者及其他物流、服务等相关配套者构建营销价值链，并利用自身的综合能力逐步掌控渠道领导权，承担营销链的构建、协调、领导和服务等管理职能。

因为当地农资市场原有经营者的资源优势，对于渠道管理，现代经销商一方面要整合自己的渠道，另一方面要采用工商联合、合作、兼并等手段对当地经销商进行重组，以便纳入自己的营销网络中。

农资企业要做好渠道的管理工作，必须在渠道规划、建设、维护和调整等方面强调有效性原则、整体效率最大化原则、增值性原则、分工协同原则、针对性竞争原则和集中开发、滚动发展原则以及动态平衡原则。

农资企业在协助经销商进行网点布局时，应该本着“建一个，活一个；活一个，强一个；强一个，忠诚一个”的思想，塑造企业模范网点，提升企业形象；打击竞品网点，巩固战略地位，构筑高效、有序、合理、忠诚的企业网点是企业网点布局的首要目标。

渠道布局后，采用精耕细作的方式，对市场进行深度营销，结合六个“力”，即产品力、服务力、推销力、分销力、促销力、情报力，全面展开渠道的组织、协调、管理等工作，就能打开市场局面，赢得较多的市场份额，从而掌控渠道而“赢”销。

（四）加强宣传技术服务，以技术“营”销

农资市场的特点决定了农资企业必须加强农技推广的力度，才有可能突破原有的桎梏，促进产品良好销售。加强宣传与技术服务是农资企业今后必须走的一条路。农资企业进行宣传及技术推广要做到以下几点。

1. 试验示范

农资的消费者本身具有文化教育程度低等特点，没有良好的试验示范，消费者不看在眼里，是不会相信的。只有使用了感受到了才是好的。所以我们在进行宣传推广过程中要进行试验示范，只有有了这样的“标杆”，他们才能产生购买力。如可以在经销商店内、田间地头进行示范比较。

2. 口碑效应

农村消费者主要是靠“经验”消费，对于各类广告宣传信任度很低。在经验消费中，有很明显的从众心理，易受到周围人的影响，所以在农资促销中，农资企业技术员、宣传员就需要紧密联系村内技术能手、种植大户，只有他们进行了试验，有了好效果，起到示范作用，其他农民才会购买。因此，农资企业可以建立起以村长、有威望种植能手、种植大户为主的信息传递队伍，赢得市场口碑，树立起品牌后，才容易让其他人产生从众购买的欲望。

3. 技术服务

农村消费者缺少的是新技术、新知识，只要是对庄稼作物、果树蔬菜等有指导意义的知识，他们都喜欢，都希望听课。2003 年，笔者在山西运城地区进行技术服务宣传，针对果树授粉技术、栽培技术、套袋技术、储藏技术等进行讲解，场场爆满，在讲解农业技术的同时，散发公司产品手册、果树防治日历，推广公司产品，农民更容易接受；在田间指导果树修剪时讲解用药知识，推荐用药等。经过技术讲解与指导，山西运城地区的农民成了公司最忠诚的消费者。

4. 多样宣传

给予农民“小恩小惠”，如散发技术手册、礼品赠送、电影下乡等都是具有成功经验的农村促销手段。

农资产品如何“营”才能“赢”销？以强化产品功效为前提，注重渠道管理为根本，价格策略作保障，技术服务做跨越，只要抓住抓好这四个方面，农资营销才能“赢”销。

四、典型营销模式简介

(一)连锁营销模式

1. 连锁经营的概念

连锁经营亦称为特许加盟连锁，一般是指在一个统一的品牌之下，通过直营、特许、托管、联营等方式组成一个联合体，实现统一品牌、统一形象、统一管理、统一配送等模式的多店铺经营，使独立的经营活动组合成整体的规模经营，从而实现规模效益。连锁经营最早发源于美国，目前，这种经营方式在全世界范围内被普遍采用，而成为当今世界最流行的企业扩张和个人创业的途径之一。

2. 我国农资连锁经营状况

中国的商业连锁经营发展虽然刚刚起步，但已取得了很快的发展。农资营销领域已经引进了连锁经营的观念，并取得了一些成功的经验。2002 年我国南北各有一家大型农资生产企业走上了连锁经营之路。北方的河北宣化农药有限公司经过近两年的市场调研和考察，在山东、河北两省优选 100 多家县级经销商加盟，与台湾专门从事连锁经营管理的顾问公司及农药界卓越管理人才共同组建成立北京德地得农化产品营销有限公司。南方的南京红太阳股份有限公司投资 8 000 万元组建了南京红太阳农资商贸连锁有限公司，该公司立足中国内地，致力农资产品的连锁经营，并决定在未来 5 年内，投资 5 亿元人民币，建立覆盖全国广大农村的“百地千县万乡十万村”的农资连锁网络。

除了国内大型农药生产企业之外，一些实力较强的省地农资公司也纷纷走上连锁经营之路。名气较大的有四川的“邦力达”和江苏的“苏农连锁”，它们把势力延伸省外。“苏农连锁”至 2002 年年底已发展农资直营店 730 个，加盟店 1 270 个，实现销售金额 15.5 亿元，占供销社系统售给农民的农业生产资料总值的 27%。

3. 制约我国农资连锁经营的主要因素

(1)农资行业的特点使连锁经营先天不足　我国的农资企业在单位利润率有限的情况下，销量又很难做大。而作为自营连锁的生产企业，其农资生产受规模和实力的限制，产品系列少，很难大规模组织货物，连锁经营就难以产生规模效益。

(2)农资连锁与传统渠道的冲突　连锁渠道具有很强的排他性。目前，我国还没有一个企业敢于放弃传统的营销渠道，完全开展连锁经营。如果一个企业在拥有传统渠道的同时又发展连锁渠道，势必使两种渠道互相冲突，就很难平衡两种渠道的产品价格和品种资源。这就会使得连锁的渠道发生重大问题：厂商矛盾突出，经销商在连锁经营过程中对连锁企业产生巨大的破坏作用，制约了连锁经营的健康发展。

(3)农资产品缺乏个性　市场上同类产品种类繁多，产品的同质化程度越来越大。同时，大多数产品的市场定位是相同的，没有突出的卖点；受需求的影响，价位也不可能有很大的变化。在这种情况下，消费者看不出在连锁店购买与一般农资经销网点购买的差异，连锁的优势也就无法突出。

(4)资金不足，信息不畅，终端网点建设艰难　以目前的市场水平来看，建设一家终端连锁店，最低也需要5万元的资金，企业应该可以负担得起。可是，连锁总部很难支付后期经营所需的各项流动资金、经营管理费用、公关费用等。资金的缺乏必将导致信息不畅，使各连锁机构处于“各自为战”的阶段，总部不“连”，也与同级无“锁”，这不是一个标准的连锁终端。

(5)管控能力不足，无法很好组织　目前我们所见的各农资连锁店，不论是从门店的经营还是人员的服务规范，远远达不到连锁所要求的标准化、程序化、规范化。主要原因是农资连锁店的经营管理人员必须具有经营管理和技术服务的双重能力，但大多数的农资网点的经营人员无法完全具备这种能力。

(6)人力资源的短缺制约现有的连锁机构健康发展　农资行业是一个传统行业，连锁经营又是一件新生事物，一些连锁经营者为了抢占地盘，扩大影响，不顾自身实力盲目扩张，人力资源严重短缺，使现有的连锁机构不能快速健康发展。农资连锁机构在没有充分人力储备的情况下贸然扩张，四面出击，虽然声势很大，但无法保证这些连锁机构的健康发展。

(7)体制制约　表现为法规不健全，政府市场监管职能的暂时缺失，致使一些地区假冒伪劣泛滥，投机倒把之风盛行，有些市场行为甚至无法可依，这些情况一方面使连锁经营无法保证自身的健康运转，另一方面会导致其他经营机构对连锁经营的冲击。

(8)信心不足，见异思迁　由于大多数企业开展连锁经营是为了开辟营销的新渠道，但实际上，许多企业并没有很好地分析农资企业连锁经营的前景。一些企业在选定的目标市场还未达到成熟的程度，全盘策划工作未全面完成时，半途转向新的目标市场，将现有目标市场放弃，尤其是暂时未按计划达到预期目标的重点市场，这样就无法保证一个目标市场连锁经营的长远发展。

尽管面对这八大瓶颈，但不论怎样，农资连锁还是迈出了艰难的一步。企业在开展连锁经营时，首先要把技术服务和技术推广纳入整个经营战略中考虑，从组织设计、人员配备、培训、业务推广等一体化运作，更好地满足客户和消费者需求。不开展技术服务和技术推广的连锁店很难超越当地的零售商，很难打造连锁企业品牌。没有品牌效应，连锁经营怎样健康有序地发展呢？规范化的技术服务和长期有效的技术推广正是连锁企业战胜其他渠道商的有效法宝。

(二)驻点直销模式

1. 驻点直销模式的内涵

所谓驻点直销，就是厂方在市场上选择好合作对象后，把自己的销售员派到商家驻点，在商家所在地租用仓库储存产品，与商家共同定价，联手促销。未销产品产权属于厂方，已销产品商家则需及时将货款回笼给厂方，厂方按实际售出且货款已回笼到厂方账户上的联销数量，给商家支付“联销利润”。这即是“厂商合作，驻点联销；精心布局，共拓市场；产权货款，厂方所有；保利商家，守约结算”的经营模式。

驻点直销首先是安徽六国化工股份有限公司创造发明的。实践证明，这一模式能使厂家在确保无货款回收风险的情况下最大限度地提高市场占有率，是开拓市场、占领市场的一种有效方法，同时商家也能获得稳定的收益，是一种双赢模式。

2. 驻点直销模式的做法

(1)厂家派出自己的销售员到市场上，一般是到县城，选择一个经销单位，作为厂家的“联销商”，这个“联销商”就是厂家开拓这块市场的依托和依靠，故又称“依托对象”。

(2)厂家选定“联销商”后，在其所在地选租一个仓库，称为“联销化肥专用库”，然后厂家借商家名义发货收货，实为自发自收，把自己的产品发到“专用库”储存，专供联销商持现款到库提货，根据行情，共定销价，共打市场；最重要的是厂商联手，同到乡镇，精心选布专销厂家某产品的销售网点。这样，由生产厂、联销商、网点商三家组成的销售渠道和销售网络就形成了，三家联力联心，联手促销，共建市场，未销产品的产权属厂家，已销产品的货款属厂家，厂家按实际售出且货款已回笼到厂方账户的“联销化肥”的数量，给商家计付“联销利润”。

(3)到销肥季节结束时，进行总结算。如有压库未销产品，其产权仍属厂家，厂家在确保不损害商家利益的前提下，有权自行作出调走、降价、结转来年销售等任何形式的处置，商家只能配合而无权干涉。这样，商家在联销合作中就能获得稳定的收益，而厂家在合作中既能有效地规避经营风险，又可迅速而牢固地占领市场，厂商各方，各得其利，互利双赢。

概括地说，驻点直销模式就是：厂家出产品、出销售人员、出营销方法，打商家旗号，用商家设施，厂商合作，驻点联销；选点布点、共打市场；产权货款、厂方所有；保利商家、守约结算。它形式上是“联力联销”，实质上是“借力自销”。

3. 驻点直销模式的特点

驻点直销是一项复杂的经济活动，是一个长周期的合作过程，也是系统工程，所以必须有一套完整完善的“游戏规则”，而且规则要程序化、模式化、文件化，从而实现营销全过程的标准化控制，这是夺取“驻点直销”全胜的基本条件。

实行全过程标准化控制，最重要的是与每个直销点都要认真签订《联销协议》。实行全过程标准化控制，还必须使在合作过程中陆续产生的各种协议能够连环配套。在《联销协议》执行过程中会发生许多新情况、新问题，双方也会出现许多新争议、新分歧，这就需要重新研究，重新统一思想，需要对原协议进行必要的修改、补充或变更，从而将产生许多新的承诺、新的共识，因此必然要相应签署一些新的“补充协议”。

开始搞驻点直销厂家往往会觉得付出的太多，而商家获利过高。实践告诉我们，付出的多不多是相对的，必须全面核算，综合考察。为了尽快打开市场、巩固市场，在有的地方给商家的费用即使多一点，也是划算的。因为在目前中国化肥市场的特殊条件下，如果不搞“驻点直销”，厂商双方的市场网络资源就不能有效地整合，老市场就难以真正巩固，新市场就无法迅速打开，千变万化的市场信息就不可能及时而又准确地反馈，这一切是花再多的钱也难以奏效的。如果不搞驻点直销，产销平衡就很难保证，货款回笼就不可能百分之百，甚至要花大量的人力、财力旷日持久地催收陈欠债款，往往不可避免地要产生呆账、坏账。

4. 驻点直销模式的管理

驻点直销模式实行的是一种“阵法销售”，它有其独特的销售方略和独特的组织方式。所以，它对营销队伍建设与管理的各个方面都有更高的要求，甚至有些是特定的、特殊的要求。

(1)它要求营销指挥员要全局在胸，有胆有识；要善于调度，精于管理；要会抓机遇，果断沉着；要勤于学习，能文能武；要原则性强，宽严有度；要处事公平，以身作则。只有这样，才能统领好内业外业两大系统任务繁重、情况复杂，较传统销售要庞大得多的营销队伍；才能通过这支营销队伍，特别是通过驻外销售人员去感化、带动、组织广大的合作伙伴，与厂家密切配合，共同开拓和巩固市场。

(2)要求有一套科学的营销管理办法。其机构设置，要减少环节，方便工作，精简后方，充实前线；其领导方法，要统一指挥，垂直领导，一竿到底，直面员工；其决策机制，要集体研究，层层把关，充分民主，高度集中，一人拍板，副职襄助，一道口子，政令畅通。

(3)要求建设一支数量质量兼优的营销队伍。

(4)要求整个营销系统内外一盘棋。把驻点销售员这支队伍管理好、培训好，保持其长久、旺盛的战斗力，这是夺取驻点直销胜利的关键，是营销队伍建设的重头戏。百十名销售员长期驻外，各自为战，面广线长，机动性大，所以要演好这出重头戏并不容易。经过6年的实践，“驻点直销模式”摸索到一些规律性的做法。

对销售员驻在市场时的管理有五靠：一靠《联销协议》对销售员实施指挥、管理和约束。因为《联销协议》不仅仅为厂商合作提供了法律性依据，也对驻点销售员的权利和责任提出了明确的要求。二靠联销商和销售员的互相监督、互相制约。因为《联销协议》把销售员工作的好坏和联销商工作的好坏已联系在一起进行考察和奖罚。三靠领导指挥的规范化、书面化。驻点直销中的一切重要指令都要以书面文件形式，通过现代通信工具，发布下达，这就使所有指令表述得都很准确、很严肃，不会出现口说无凭、理解不一、产生歧义、互相扯皮的情况。四靠有序的组织系统和优化的劳动组合。驻点直销必须坚持以直销点为独立的作战单位，实行点长责任制，直接对营销公司总经理负责，接受总经理的直接指挥，防止多头、多层领导，使销售员无所适从，贻误战机。但也不能忽视区片片长、省域经理、业务部门的指导。还要根据市场与行情，把全国市场划分为几个战场、若干战区，由营销公司的副总兼任指挥，根据营销公司的统一部署，代表总经理加强对各直销点的巡查和指导。这样就形成了有主有次、纵横交叉、开合自如、调度有方的组织指挥系统，保证了战斗的胜利。五靠各种形式、各种途径的督促检查。如通过电话询查，看报表检查，领导跑市场巡查，几查结合，使管理能够基本到位。

【课堂活动】

案例分析

一、活动目的：通过对农资连锁经营企业发展过程的案例分析，加深学生对连锁经营模式的认识。

二、活动内容：

1. 案例分析：学生对某一连锁经营企业发展过程的案例进行分析。

2. 分组讨论：针对连锁经营模式的优劣势展开分组讨论。

三、具体做法：全班分成两组。首先老师提供某一连锁经营企业发展过程的案例材料，并对目前连锁经营概况做简单介绍。学生对案例进行分析并针对案例提出的问题自由发言。其次两组针对连锁经营模式的优劣势展开讨论，第一组着重分析连锁经营的优势，另一组着重分析连锁经营的劣势，各组选派代表发言。最后老师总结点评。

【技能训练】

一、训练项目：农资企业营销状况调查。

二、训练目的：了解一个农资企业的营销现状和存在的问题。

三、训练时间：利用课余时间。

四、训练内容：

1. 选择一个农资生产企业，调查其产品类型及生产过程，企业营销状况。

2. 总结企业的营销模式，对公司发展状况进行分析。

五、训练方法：学生每 3～4 人一组，自愿组合，自行调查，最后教师进行考核。

六、作业：写一份调查报告。

【复习思考题】

1. 开办农资生产企业需要哪些条件？

2. 农资企业生产内容的依据是什么？

3. 农资生产企业有几种类型？各有什么优缺点？

4. 农资商品营销策略有哪些？

5. 连锁营销模式的特点是什么？

6. 驻点直销模式的优点有哪些？

【相关阅读】

1. 中华人民共和国种子法．农业部，2017
2. 农药管理条例（修订）．国务院，2017
3. 中华人民共和国农药生产管理办法．国家发改委，2004
4. 肥料登记管理办法．农业部，2017

【本章小结】

- 农资生产商
  - 农资企业生产内容及形式
    - 农资企业生产内容的确定
    - 农资生产商的主要形式
  - 成立农资生产企业的条件
    - 成立种子生产企业的条件
    - 成立农药生产企业的条件
    - 成立肥料生产企业的条件
  - 生产企业的营销策略
    - 强化产品功能，以产品促进营销
    - 制定产品价格策略，以产品价格营销
    - 注重渠道管理，以渠道营销
    - 加强宣传技术服务，以技术营销
  - 典型营销模式简介
    - 连锁营销模式
    - 驻点直销模式

第五章 农资批发商

【学习导航】

理论知识 了解农资批发商的概念、类型及形式，农资批发商的经营内容，掌握农资批发商的产品选择原则、供货厂家选择原则。

技能要求 明确成立农资批发商需要的程序，掌握农资批发商的选址原则、命名要求及批发商的促销策略。

案例赏析

在某市农资界，提起小刘和她的农资中心，恐怕没有几个不知道。她的知名度高，并不是因为她做的规模大，而是因为她的起步晚，发展的速度快，影响面广，专业技术强。

2012 年，小刘从一所农业职业技术学院农学专业毕业，在一家种子公司实习一年。在学校期间，小刘不仅学习成绩优秀，专业知识过硬，还是学校的学生干部，具有较强的管理能力和语言文字表达能力，这使得她在公司实习时表现突出，无论是在种子销售门市还是在农药化肥销售门市，她都能和农民打成一片，深得农民的信赖和欢迎，她所在部门的总是超额完成销售量任务。

2013 年 8 月，在公司工作一年之后，不甘给人打工的她想到了回家创业，地点就选在市郊的一个农资市场附近。由于对农学专业比较熟悉，再加上有一年的工作经验，她便选择了农药、化肥批发作为自己的主营业务。经过认真考察当地种植情况，详细分析企业的产品特点后，她最终选择了几种适用于蔬菜的农药和化肥作为自己的主要产品，以几个厂家总代理的身份开始了自己的批发工作。

她首先对当地的蔬菜生产情况做了调查，并对蔬菜种植区的农资经营户进行了考察，最终在每个蔬菜产区找一个农资经营户作为自己的零售商，要求零售商统一价格，统一供货，讲求信誉。然后自己定期给零售商培训，定期由零售商组织本地农民开展培训，发挥自己的技术优势，很快赢得了零售商和农民的信任，市场迅速打开。然而正当她工作一帆风顺、事业蒸蒸日上之时，有一天自己的货被工商部门查封了，原因是经营手续不全。这时她才想到自己已经经营半年多了，一直作为代理在经营，始终没有办理农资经营许可证和工商执照，于是在工商部门的指导下，她成立了自己的农资服务中心，开始了规范的批发经营工作。

经过短短三年的努力，小刘已经拥有两辆货车，一个库房，一个门市，年销售额达 200 多万元，在当地已经小有名气。目前，她正在筹建化肥厂，并开始从她的母校招聘人才了。

点评：小刘经营的农资服务中心属于企业代理批发商，她成功创业得益于在农业职业技术学院学习期间培养的个人综合能力和实习、工作中培养的专业技能。小刘具有创业的勇气和发现商机的眼光，她充分调查了家乡的农业种植结构，选择了适用于蔬菜生产的几种农药和化肥作为代理产品，迅速打开了局面。在经营策略上小刘运用服务营销理念，如培训零售商，开展农民技术培训等一系列措施赢得了零售商和农民的信赖。同时这个案例还提醒我们要合法经营，在开店之前要办理相关的证件，这样才能放心经营。

知识链接

一、农资批发商类型

批发商是指那些主要从事批发活动，提供批发服务的商号或公司。按照我国《工商企业登记管理条例》有关规定，农资批发商是其所划分的 30 多种类型中的一种，是指专门从事农资批发活动，提供农资批发服务的企业或公司。在比较发达的批发商体系中，批发商大致可以分为三种类型：商业批发商（或商人批发商）、代理批发商、生产商的销售机构和销售办事处。

（一）商业批发商（或商人批发商）

商业批发商（或商人批发商）即通常所说的独立批发商，是最主要的独立的商业经营者，是批发商类型。商业批发商一般是买下所经销的商品，然后再出售以获取利润。商业批发商对于其经营的商品拥有所有权，这一点也是商业批发商的一个重要特征。商业批发商按其批发职能和提供的服务是否完全可分为两种类型。

1. 完全服务批发商

完全服务批发商执行批发商的全部职能，他们提供的服务主要有保持存货、提供信贷、运送货物以及协助管理等。

2. 有限服务批发商

有限服务批发商为了减少成本费用，降低批发价格，因而只执行批发商的部分职能。二者的区别主要在于向顾客提供的市场服务的多少。

（二）代理批发商

代理批发商与商业批发商的区别在于对所经营的商品没有所有权，仅依靠自己的信息资源、专业知识与劳务，促进供求关系的建立、发展与成交，并从中取得佣金。这种类型的批发商在一些贸易中甚至比有限服务批发商发挥的功能还要少，同时也是三种类型批发商中经营费用率最低的一种类型，但在农资营销中的地位显赫。丹东农业科学院在全国拥有几百个"丹玉"玉米种子的代理商，并且取得了良好的销售业绩。代理批发商又有以下几种类型。

1. 企业代理商

代表一家或几家生产企业推销产品，与生产者签有书面合同（协议），商品出售后，按销售数量或金额的一定比例取得佣金。农资营销中的代理商大都是这种类型。

2. 销售代理商

独立接受委托，负责代理包销生产企业的全部产品。它不受地域限制并有一定的定价权。在同一时期生产者只能委托一家销售代理商，且生产者本身不能从事销售活动。

3. 经纪人

从事买卖介绍活动，向买卖双方提供市场信息，促使买卖双方成交，并收取佣金，不承担经营风险。

实践调查

你们当地农资批发商都有哪些类型？

（三）生产商的销售机构和销售办事处

这种类型是在生产企业决定不采用或仅部分采用批发商的情况下所设置的专门经营该企业产品批发销售业务的独立机构，其实质是隶属于生产者的一个业务代办机构。销售机构不仅执行销售的职能，而且还执行产品储存、送货和产品服务等方面的职能；而销售办事处一般情况下没有自己专门的仓储设施，主要从事产品销售业务，重点执行销售职能，与代理商和经纪人类似。

虽然商业批发商同生产商的销售机构和销售办事处一样，同样是独立的商业机构，但商业批发商的独立性更强，生产商的销售机构和销售办事处因为与其相关企业的密切关系而使它们的独立性要弱一些。

二、农资批发商成立程序及经营内容

(一)成立农资批发商的程序

经营内容不同的农资批发商(种子、农药、化肥、兽药、饲料等)所需要的程序以及在工商部门办理登记时所提供的相关材料是有所不同的。

1. 种子批发商

成立种子批发商需要有《种子经营许可证》。根据《中华人民共和国种子法》和农业农村部相关规定,种子生产、经营许可证分为A、B两种。生产、经营主要农作物(指国家规定的稻、小麦、玉米、棉花、大豆和农业农村部指定的油菜、马铃薯以及各省、自治区、直辖市分别确定的其他一两种农作物)杂交种子及其亲本种子、常规种原种种子的,用A证。生产、经营主要农作物常规大田用种和经营非主要农作物种子的,用B证。《种子经营许可证》的办理需提供如下材料:

(1)农作物种子经营许可证申请表。

(2)种子检验人员、储藏保管人员和加工技术人员资质证明。

(3)种子检验仪器、加工设备、仓储设施清单、照片及产权证明。

(4)种子经营场所照片。

(5)申请转基因种子经营许可证的,还应提交下列材料:专职管理人员的证明;拟经营品种的审定证书和农业转基因生物安全证书;安全管理和防范措施的情况介绍。

2. 农药批发商

成立农药批发商需要有《农药经营许可证》。对于所经营的农药属于化学危险品的,还应有安全监督局的审批证明。办理《农药经营许可证》需提供如下材料:

(1)《农药经营许可证》申请表。

(2)与经营农药相适应的技术人员资格证明文件复印件。

(3)法定代表人身份证明文件复印件。

(4)经营负责人身份证明文件复印件。

(5)经营场地有关证明文书(或租赁合同)复印件。

3. 化肥批发商

国家规定化肥购销实行一个主渠道(供销合作社农资系统)和两个辅助渠道(农业"三站"和化肥厂家)经营,其他单位和个人不得从事化肥购销经营。目前,国务院尚未出台新的化肥流通政策。市场管理仍应继续贯彻国发〔1996〕19号文件中有关"化肥流通继续以农资公司为主渠道,县级及县级以下农业植保站、土肥站、农技推广(中心)站和化肥生产企业为辅助渠道,其他任何单位和个人一律不得经营化肥"的精神,不得自行调整或突破。我国进口化肥、国产和省产优质化肥主要实行国家和省统配。1994 年,国家为了减少流通环节和费用,控制销价和减轻农民负担,把中央统配化肥由原来的四级批发、一级零售改为二级批发、一级零售,把省级统配化肥由三级批发、一级零售改为一级批发、一级零售,取消地级农资公司的批发经营。1995 年,进口化肥统一由中国农资集团进货。

实践调查

你们当地农资批发商主要经营哪些项目?他们能提供相关的经营许可证明吗?

在按照相关法律办理完相应的行业需要的手续,具备经营资格后可到工商管理部门办理营业执照。

(二)批发商经营内容

经营内容是批发商根据自己的经营目标所确定的,每个批发商都有规定的经营范围。农资批发商不可能经营所有的各类商品,每个批发商应形成各自的经营优势,在明确的规定范围内组织经营,满足各自的目标市场需要。农资批发商在选择经营内容时,应注意以下几点。

1. 根据经营规模进行确定

批发商经营规模不同,经营内容有很大差异。农资批发商大都是专业化批发经营,经营内容一般以本行业的某一大类或者某一小类商品为界限,经营规模越大,商品种类越多。如果经营项目涵盖所有农资,包括种子、化肥、农药、农膜、农用能源、农机具、饲料、兽药等,那就要考虑到资金、辐射地区以及销售渠道等诸多问题。

2. 根据目标顾客确定

农资批发商不可能把所有的人都作为经营对象。农资批发商有相对固定的客户群体和相对稳定的辐射地区。农资批发商的经营内容应以经营地区的客户群体的需求为根本来确定自己的经营内容以及经营产品的数量,其主要依据是该地区的产业结构的构成。

3. 根据商品经营与消费特点来确定

农资商品的经营与消费有其特定的规律,它是确定经营范围的一个主要因素,如肥料的物理化学特性、农药的安全性等。同时,不同农资商品也要求有不同的仓储条件,这就要求在确定经营内容时要加以考虑。

4. 根据进货条件确定

农资批发商往往由许多生产厂商或上一级批发商来提供商品。这里有一个组合问题,因此,在确定内容时,必须从许多农资产品中选出适合于辐射地区的主要顾客层需要的农资产品群,组合出好的商品经营体系,创造出优良的经营特色。

总之，农资批发商在确定经营内容时，要根据自身条件，坚持“一业为主”的经营方针，集中人力、物力，确定专业化的主营业务；并在调查预测的基础上，根据主客观方面的条件及影响因素，预测市场的发展变化，从实际需要与可能出发，实事求是地确定经营内容。

学以致用

你们家乡的农业产业结构是怎样的？你认为你们地区的农资批发商应该以经营哪些项目为主，为什么？

三、农资批发商选址

农资批发商的地理位置选择是影响其战略决策的一个主要因素。与零售商相比，由于交易对象是农资零售商或下一级批发商而非最终消费者，加之目标群体比较固定，农资批发商较少注意购物气氛、购物环境和店址，而主要考虑其所在的位置是否有利于产品的批量储存与运输，一般选取租金低廉、税费较少的地段作为其营业场所，通常以靠近交通枢纽为宜。具体来说，批发商在选址过程中，应考虑如下几个原则。

（一）方便顾客购买

农资批发地址一般应选择在交通便利的地点，以附近稳定的农资零售商或经销商为目标顾客，兼顾农民组织批量购买的需要。地理位置要方便人员的进出。

（二）方便货物运送

农资批发经营要达到规模效应的关键是统一配送。在进行网点设置时要考虑是否有利于农资产品的合理运送，降低运输成本，既要保证及时组织所缺货物的供给，又要与相邻连锁店相互调剂、平衡。目前，我国的农资批发以汽运为主，因此，选址以公路交通便利为好。

（三）有利于竞争

农资批发商的网点选择应有利于发挥其特色和优势，形成综合服务功能，获取最大经济效益。

（四）有利于网点扩充

农资批发商要取得成功，必须不断地在新的区域开拓新的网点。农资批发商在网点布置时要避免商圈重叠，否则会造成内部竞争，影响批发的总体发展。

除以上几点，农资批发商还应考虑到有无或足够泊车位、是否有广告空间、是否会因为地点偏僻而使广告开支增加、附近治安有没有问题等。

在遵循以上原则的基础上，通过商圈调查分析，得出选址分析报告（内容包括周围地理位置特征表述、周围商业环境、周围消费结构、辐射范围、营业面积、前景分析、所进商品结构、日营业额预算、市场定位等），确定选址位置。

随着电子信息技术的发展，批发商与客户之间的关系日趋平面化、数字化，农资批发商应更多地注意拓展电子商务，加强自己内部的货物管理系统的网络化和订单处理系统的高效化。农资批发商还要考虑到选取实体分销快捷的地点作为营业场所或仓库，以保证整个业务程序效率稳步提高。

学以致用

你认为经营内容不同的农资批发商在选址上有什么不同？

四、批发商店商品采购及营销策略

（一）批发商店商品采购

选择理想的农资供货厂家，是农资批发商业务开展能否顺利进行的重要保障，也是获取利润的基础保证。农资批发商一般要在以下几个方面对供货厂家进行比较和考核。

1. 信誉

农资批发商选择代理厂家，一定要将农资生产厂家的“信誉”放在首位，一定要对对方的诚信状况有一个具体详细的了解，了解的途径多种多样：可以从公开媒体资料、消费者反馈来查看厂家在外面的“信誉”；也可以从同行处了解厂家的“信誉”；还可以从与厂家业务员或技术人员的谈话及行为中判断厂家的“信誉”。

2. 实力

农资生产厂家实力对经销商影响是比较大的。相对来说，大厂家实力雄厚，可以给予农资经销商更稳定的利润、更安全的心理感受；小厂家也有自己的优势，给予经销商的利润一般是比较高的，但同时，经营风险也较大。

农资批发商选择代理厂家，不一定非要选择大厂家或小厂家，重要的是选择符合自己需求的，具备一定实力的厂家。这种实力体现在三个方面。

(1)企业规模、资金实力　企业规模大，产品系列比较完善；资金实力雄厚，厂家资金链比较稳定，抗风险能力增强。

(2)技术与产品　大厂家会同时进行多项技术研发，产品形成系列化，质量较有保障；小厂家则会重点投入少数几项产品开发，在专业化、精细化方面有比较优势，产品更符合市场需求。

(3)品牌广告宣传　大厂家的知名度远高于小厂家，广告投入也多。但是，对于中小农资批发商来说，尤其是区域性经销商来说，他们更看重的是在当地投放的广告宣传。农资批发商在看厂家实力时，重要的是发现厂家的“比较优势”，而非其整体实力。

3. 利益

农资批发商的经营目的很明确，就是追逐利益。因此，在选择代理厂家时，一定要将利益摆在重要位置。农资批发商追逐的利益包括短期利益和长期利益。从长期利益来讲，除了实际的"利润"之外，还包括农资生产厂家为农资批发商提供的培训、业务提高等"额外收益"。在同等短期利益的前提下，农资批发商应该选择那些提供更多培训的代理厂家，从而提高自身的管理水平和综合素质。所以了解对方也就体现在代理厂家能否保证经销商获得更多的利益。

4. 厂家的支持力度

行军打仗都强调"兵马未到，粮草先行"，前期的"粮草"特别的重要，不但关系到战局的成败，还关系到市场的启动，但是仅仅是启动了市场还远远不够，如果后续的支持跟不上，那么即使有了一个良好的开始也不一定会有圆满的结局。

当然任何公司都会有人员的调动，肯定会对农资批发商的经营造成一定的影响，那最重要的是看农资生产厂家的一些支持销售政策是否改变，这才是最关键的。也许换的人员更具有本事，和"你"更投缘，在很多意向上都能达成共识。这样的农资生产厂家无疑是经销商选择的好对象。

5. 创新能力

没有创新就意味着墨守成规和死亡，如果在很长的时间内，即使是很有名的农资品牌，如果没有不断地告诉大众其存在的信息，没有带给消费者新鲜感，那么就会被归入"老化"的行列，最终被遗弃。大一点的农资生产厂家可能会同时投入多项技术的研究，农资产品的质量非常有保证，并且产品系列化；小一点的农资生产厂家，可能会重点投入少数几个项目的研发，做到产品的精细化，最重要的都要具备创新能力和意识。与有活力、有创新精神的"人"结盟，会增加信心和使命感、安全感。

另外，农资生产厂家的售后服务能力、通路能力、员工队伍的素质也是农资批发商需要考核的重要内容。

总之，选择好的农资生产厂家是农资批发商核心竞争力的根本，农资生产厂家的选择在很大程度上决定批发商未来的成败。

（二）农资批发商营销策略

1. 规划品牌

当今农资市场中销售产品不再是决定因素，销售品牌则显得越来越重要。在国外，建立自己独立的商业销售品牌，拥有自己的商标、包装、服务等方面的形象标志已成为企业参与竞争的一个重要模式。

我国的农资企业大都没有自己的注册商标，企业名称大多是地名＋××公司，谈不上什么品牌识别。事实上，我国的很多农资经销商有良好的销售网络，也具有高信誉和一定的商誉，如果能充分利用这些无形资产，发展自己的品牌，应该是大有作为的。

2. 经营关键产品

“产品是批发商的立身之本，网络是批发商的立命之本，好产品自己会说话。”这些话说明了批发商经营好产品的重要性。

批发商喜欢经营新产品，新品牌，因为新产品新品牌在导入市场的前期能够创造丰厚的利润，能够得到企业大力支持。同时，批发商也不能放弃老产品、成熟品牌的经营。虽然在老产品、成熟品牌上批发商所赚取的利润十分微薄，可是老产品、成熟品牌能够给批发商带来滚滚的商流，而且可以把厂家的“拳头产品”树为价格标杆，以“拳头产品”为诱饵，吸引零售商和普通批发商与之合作，通过建议零售商采购其拥有的其他中小品牌来赚取高利润。

3. 狠抓网络建设

(1)以人员推销、促销、广告宣传等手段，满足通路需求，使产品快速通过中间环节达到终端。

(2)集中优势兵力营建样板市场，以此为据点，合理布局，形成网络。

(3)终端先行，营造终端热卖氛围，以下促上。

(4)投入资源上下同时运作，推力拉力结合运用，使市场得以快速启动。

(5)大品牌市场成熟，网络密集，利润往往很微薄，可以利用中小品牌诱人的单件利润满足各级商家利润的需求，切入竞品的网络体系。

(6)若竞品的网络十分完善又很健康不易切入时，还可以采取不同产品相同渠道的方式攻击。

另外，经销商不能局限于自己所在的行政区域，而应积极开拓周边市场，加大网络的辐射面和覆盖面，在更广阔的市场做更多的“精耕细作”的深度分销工作。

4. 提高终端运作能力

纵观中国农资流通业通路变革的轨迹，即坐商—行商—网络经营商—终端连锁，可以得出结论：市场竞争的结果是“得终端者得天下”，未来的竞争焦点是决胜终端，谁掌握了终端，谁就掌握了市场。

(1)加强终端建设　要争取最好的陈列点，狠抓终端理货环节，加强终端宣传，可以采用POP、气球、品牌形象背景板、专用展柜、音乐等活动制造销售气氛，利用打折、抽奖、导购服务、卖场广播、电视专题播放等手段加强销售，还可以利用特殊事件开展赞助活动以及公关营销以争取更好的分销机会。终端宣传包括有技巧地布置终端，开展促销活动，实施“柜台工程”，强化终端营业推广人员的口碑传播，正所谓“金奖、银奖，不如柜台人员夸奖”。

(2)建立一支能征善战的终端销售队伍　人才是企业的第一竞争力，拥有一支有能力的业务队伍无疑会给经营插上翅膀。经销商要广招大批有才干的下岗农技人员，建立网络骨干队伍。队伍建设包括组织结构的建立、销售人员的招聘、主管培训、考核评估等内容。市场的竞争就是团队与团队，组织与组织之间的竞争，谁拥有一支能征善战的营销团队，谁就能制胜于市场。

(3)强化终端促销　促销方式主要包括电视台广告、宣传车、实物促销、样品赠送等形式，当然，开展促销活动最好能请厂家大力支持。

【课堂活动】

农业产业结构分析

一、活动目的：加深学生对家乡所在地区农业产业结构状况的了解，掌握农业产业结构与批发商经营项目的关系。

二、活动内容：

1. 农业产业结构分析：学生对家乡所在地区的农业产业结构进行分析。

2. 分组讨论：以农业产业结构与批发商经营项目的关系为题展开分组讨论。

三、具体做法：全班分成3～4组。老师在课前要让同学们查阅相关资料，对家乡所在地区的农业产业结构进行梳理，在课堂上发言。之后以农业产业结构与批发商经营项目的关系为题展开分组讨论，老师做总结点评。

【技能训练】

一、训练项目：实地调查当地批发商。

二、训练目的：掌握批发商的类型及其经营形式。

三、训练时间：利用课余时间。

四、训练内容：

1. 确定当地批发商的类型。

2. 考察当地批发商的经营方式。

五、训练方法：教师提供当地农资批发商的商号或公司名称和地点，学生每3～4人一组，自愿组合，自行调查，最后教师进行考核。

六、作业：写一份实训报告。

【复习思考题】

1. 什么是批发商？批发商的三种类型及其经营方式是什么？

2. 成立农资批发商需要哪些程序？

3. 农资批发商在选择经营内容时应注意哪些方面？

4. 农资批发商的选址原则是什么？

5. 农资批发商选择产品的原则和供货厂家的选择原则是什么？

6. 农资批发商的促销策略有哪些？

【相关阅读】

1. 经纪人管理办法(修正). 国家工商局,2004
2. 中华人民共和国公司登记管理条例(修订). 国务院,2005
3. 中华人民共和国企业法人登记管理条例. 国务院,1998

【本章小结】

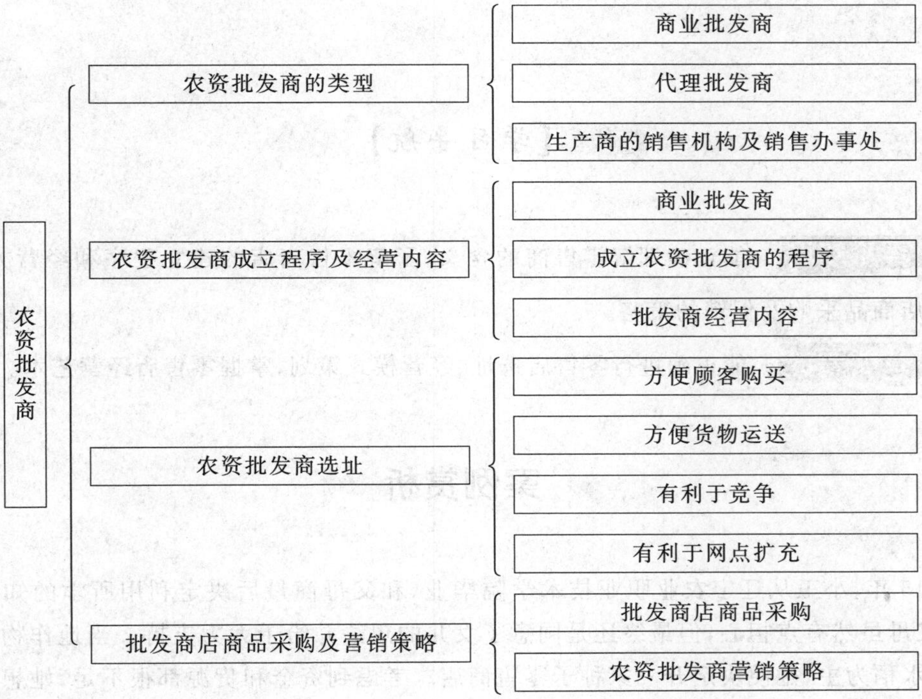

第六章
农资零售商

【学习导航】

理论知识 能正确理解零售商的含义，了解零售商店的建立程序和经营方式，掌握零售店商品采购及促销的策略。

技能要求 能正确进行零售店选址、经营模式策划，掌握零售店经营艺术。

案例赏析

2015年，小王从辽宁农业职业技术学院毕业，和父母商量后决定利用所学的知识回家创业，父母虽然有点担心，但最终还是同意了女儿的想法并给予大力支持。当地作物以种植玉米和水稻为主，她便决定开一家种子零售商店。考虑到资金和货源都很不足，她想办法得到了辽宁东亚种子有限公司的经营委托书进行委托代理经营，又到本县种子管理站进行了备案，取得了经营许可权，到乡工商所办理了营业执照。在村民进城的必经之地租了一间店面，就开始营业了。通过考察小王选择了辽宁丹玉种业设在本县的代理商为自己的供货商。这个代理商企业规模大，品种全，信誉好。

万事开头难，开业2个月之后，经营效益却不是很好，农民来问的多，买的少。她很不理解，也很郁闷，不知道问题究竟出在哪里。她把这种情况告诉了自己的老师，老师让她到农村做个调查，详细了解农民的需求。调查结果出来以后，她明白了许多。原来，她家的种子价格偏高，农民对她家也不太信任，所售品种太少，也没有配套化肥和农药，农民不能一次性从她家买全。另外，她还了解到，农民的技术知识很少，很希望获得技术帮助。了解到这些信息后，她做了以下几个方面的工作：一是到农村给农民讲课，提高农民科学种田的知识；二是丰富经营内容，在确定以丹玉种业系列品种为主的前提下又经营了其他公司在当地销售比较好的品种，兼营农药和化肥；三是印发了大量宣传单，提高了知名度；四是开展种子、化肥、农药的销售服务，帮助农民解决技术难题，并且承诺秋季粮食的回收，解决农民的卖粮难问题。经过一系列的营销工作，销售额明显上升，现在已经成为当地非常有知名度的零售商，周围的很多零售商因竞争力弱而倒闭。

点评：小王经营种子零售商店的经历提醒我们，在农资竞争日益激烈的市场环境下，开农资零售店不能盲目。要对农资店所辐射地区的农村种植结构，农民消费习惯，价格接受能力以及农资竞争等情况做系统的调研。在调研分析后合理选择要代理或经营的农资产品。另外，我国农资产品同质化现象明显，农资商店要想在竞争中取胜主要拼的是宣传和服务，如小王采取的给农民讲课，帮助农民解决生产技术难题，派发宣传单及秋粮收购的承诺等措施。最后在产品的类别上要搭配得当，尽量满足农民一站式购买农资的需求。

知识链接

一、农资零售店形式

社会经济环境快速变化，零售商业也在不断变化，新的农资营销业态层出不穷，很难用一种统一的标准来对其分类。这里我们介绍两种分类方法：一是根据其与相关生产商、批发商、零售商的关系可分为独立经营型农资零售商、组织零售型农资零售商；二是根据其是否具有农资商品所有权分为农资代理商、农资经销商。

（一）独立经营型

独立经营型是指具有独立的商品经营权，并能以自己的名义承担责任与义务的零售企业。独立经营型有以下几种具体形式。

1. 商店零售

商店零售的特点是在店内零售商品与服务。其形式主要有：

(1)综合性零售商　它是指经营两类以上且品种比较多的农资零售企业，多设在农村乡镇基层。其经营的产品线较宽，产品多、乱、杂，五金、交电、副食什么都包括，经营方式较为粗放。产品项目(数量)有限，通常仅限于常用必需品种。随着消费者消费理性的增加，回头购买的延续性越来越小，像这样的零售店往往做不大。

(2)专业商店　它通常是指技术知识相对专业化程度较高的零售商店。由于农民的专业知识相对比较薄弱，尽管平时积累了一些实用性的技术，但是对于除草剂、调节剂、反季节蔬菜病害、果树新型病害等知识，农民还是很匮乏的，他们唯一方便及快捷的咨询对象还是零售商，这时专业的零售店就起到了很大的作用。农民对专业的零售店往往有一定的依赖性。近年来，随着厂家及经销商对零售商不断地培训，零售商的专业技术知识已得到了不断提高，也越来越得到了农民的信任和青睐，专业零售店将是下一步农资销售的发展方向。虽然一般专业商店的产品线较窄，但每个产品线内的产品品种、规格比较齐全，便于消费者充分选择。专业商店或以单一产品线甚至单一品牌经营而成为专营店（例如化肥商店、农药商店）或以某一顾客群为服务对象，经营有限产品线而成为专门店（例如农药制剂商店）。专业商店由于适应了不同消费者的个性需求，近年来得到快速发展。

（3）超级市场　这是一种大规模、低成本、薄利多销、自选式的零售机构，特点是商品分类上架，顾客自选自取，集中结算货款。为增强竞争能力，超市正朝着面积越来越大，经营范围越来越广，设施越来越齐全的方向发展。超市要尽可能地有专业的老师现场帮助消费者辨别病虫草害的预防和治疗，以便更好地指导销售。

2. 无店铺零售

无店铺零售是近年来被越来越多的行业采用的发展较快的一种销售形式，是指不经过商店，生产者自己或通过推销人员（直销员）向消费者销售产品，包括集市摆卖（集市摆卖是我国和东南亚国家的农民及小工业生产者的传统自销方式）、上门推销、举办展销会、网上销售、直复营销等方式。直复营销即消费者通过非人员的媒体了解商品或服务后，其订货和购买是通过电话、计算机及其他科技媒体来完成的销售方式。除集市摆卖和直复营销外，其他直销方式成本较高，销售人员开支较大，销售费用、管理费用较多。目前，农资无店铺零售相对较少。

（二）组织零售型

组织零售型是指与某一农资生产者或中间商，通过建立某种关系而成为利益共同体的零售商业企业。其主要形式有直营连锁和特许经营。

1. 直营连锁

直营连锁即总公司直接投资开设连锁店，连锁公司的店铺均由公司总部全资和控股开设，在总部的直接领导下统一经营。

连锁作为一种联系生产、流通的企业组织形式，把工业资本与商业资本嫁接，产生了像沃尔玛公司这样的500强之首的经营奇迹。正是连锁经营的这一奇迹振动了零售界，农资营销也纷纷效仿，在农资营销领域里的农药连锁经营像一面大旗，引得业内产业资本和业外商业资本的追捧。一时间特许加盟经销和直营农药连锁超市如雨后春笋般地遍地生长。目前，我国农药连锁经营方式主要有生产厂家自建连锁、流通企业（经销商、代理商）所经营的连锁网络。连锁经营最大的特点是销售的高度规范和售后优质服务。连锁经营者们试图以这种新型的销售方式来满足消费者“一站式”购物和农技服务的要求。连锁经营采用统一采购、配送、批发和零售的一体化，从而形成产销一体化或批零一体化的格局。

2. 特许经营

特许经营是指通过签订合同，特许人将商标、商号、经营模式等经营资源授予被特许人（受许人）使用，被特许人按照合同约定在统一经营体系下从事经营活动，并向特许人支付特许经营费。特许经营作为特殊经营模式，其特征是特许人通过合同转让使用自己的商标、商号、经营模式等在内的特许经营权，取得特许经营权的受许人按照合同在统一经营体系下从事经营活动，并向特许人支付特许经营费。双方的合作基础分别是特许人的知识产权和经营模式，以及受许人的投入资本。双方通过合作各自取得收益。特许经营中特许人和被特许人之间并没有隶属关系，双方并非母子公司，也不是合伙人，亦不属于代理。确切地说是特许人把自己的商标标志和管理技术等知识产权授权被特许人有偿使用，由此以整体统一的商业形象和管理模式对外营业。而对于所有的受许人来说，它在经营产品或服务时，权力和责任受到特许授权人的限制。从国际连锁业发展的经验来看，当直营连锁发展到一定规模，形成自身的品牌和管理模式后，就会转向以特许连锁为主的经营模式。特许经营是连锁经营发展到一定阶段的产物，是连锁经营的高级形式。

（三）代理型（农资代理商）

农资代理商是指不需要购进农资商品取得商品的所有权，只是为生产者代理销售，靠代理行为赚取生产者代理佣金来取得利润的企业。代理商对商品没有所有权，所以也没有价格调整权，只能按生产商规定的价格或在生产商规定的价格范围内确定商品价格，也就无需承担产品问题而带来损失，相对经营风险比较小。但代理商有定期向农资生产商汇报市场动态、销售业绩、消费评价的义务。

（四）经销型（农资经销商）

农资经销商是指从生产商或其他中间商购进农资商品，取得商品所有权后，在将商品卖给最终农资消费者的商业企业。农资经销商具有经销商品的所有权，因此可以独立制定营销决策。利润来源主要依靠商品的进销差价。相对于代理商来说更有自主权，但一般情况下农资经销商要独立承担经营风险。

学以致用

对于生产商来说发展直营连锁和发展特许经营有何利弊？对于一个零售商来说你认为哪一种连锁形式更好？为什么？

二、设立农资零售商店的条件及程序

（一）设立农资零售商店的条件

农资经营作为一种专业性较强的商业活动，既有一般商业经营共有的特点，同时也有自己特有的要求和应该具备的条件。通常作为一个农资零售店，应具备以下几方面的条件。

1. 区域内农业产业条件

具备农业生产条件是从事农资经营的前提，尤其农资零售面对的是农业终端消费者——农民，它们的需求量直接影响到农资经营效益的好坏。因此，在经营前首先要调查好当地的农业产业结构是否适合农资经营。不同的农业产业结构意味着有不同的农资消费需求,满足一定产业结构下的消费需求就是营销产品方向或对象。违反这一规律是不可能创造出良好企业效益的。例如,在以种植旱田粮食作物为主的地区开设饲料商店或专营"水稻杀虫剂"显然犯了经营方向上的原则性错误。

2. 经营者自身条件

"人",也就是经营者,是企业效益的决定性因素。经营者在开办企业之前,要对自身条件作充分的分析,总结出本人优势与劣势所在。主要包括:

(1)经营者的知识范围和知识结构能否适应经营对象的需要　例如,搞农资营销就不是计算机专业学生创业的首选项目。

(2)资金状况如何　资金状况,特别是首期启动资金的多少,是企业经营项目、经营规模、经营方式等问题的制约因素。如资金不足,先期进货要受到限制,产品的品种、质量、服务承诺等也都会受到影响。试想一个零售商店刚刚开业就给人以商品稀少、气氛冷清的感觉,购买者就会对其失去信心。

(3)社会关系　20 世纪 70 年代,北欧学者提出了以建立、维护、促进、改善、调整、关系为核心的营销观念,充分强化和利用各种形式的关系及关系网络,来开展营销活动。关系营销是将企业置身于社会经济大环境中考查企业的市场营销活动,认为企业营销是一个与消费者、竞争者、供应商、分销商、政府机构和社会组织发生互动作用的过程,正确处理这些个人和组织的关系是营销的核心,是企业成败的关键。经营者要努力使农资用户成为自己长期的顾客,使政府部门成为自己的长期支持者而共同谋求长远战略发展。

3. 政策法规条件

不论是国家政策法规还是地方政策法规都同样影响到农资零售商的经营。例如,地方政府对零售商经营项目和品种和开店地点有无规定,有无市政规划变动等。又如,《零售业同业损害评估方法》明确了零售商店的设立应防止零售市场垄断,避免在同一主要商圈内不合理设立相同或类似业态的零售店铺,减少对相邻、相同或类似业态的已有零售商店的经营损害,从而有利于区域零售市场的合理竞争和有序发展。农业生产资料有其自身的特殊性,因此,国家对农资经营有着特殊的法律法规要求,在经营前一定要认真学习,才能使自己的经营合法、规范且长久。

实践调查

当地农业产业结构是什么样的?以哪类作物为主?

(二)设立农资零售店的程序

1. 选择确定目标市场

这是开办零售商店营销策划中最重要的任务。只有明确界定出目标市场时,零售商才能对货物搭配、商店装饰、广告媒体、价格水平等做出一致的策划，目标市场要在市场需求调查基础上确定。

2. 确定规模及经营对象

这是零售商店竞争的一个关键因素。开办多大规模、经营什么农资品种由开办者所处的地理位置、区域特点、现有网点分布情况、本人资金情况、产品知识、能够提供的技术服务等因素所决定。我国农资零售商店中小型居多，民营或个体经济形式居多。

3. 确定经营形式

经营形式是经销还是代理，是独立经营还是连锁经营，是委托经营还是租赁经营，这都需要认真考虑后而决定。目前大部分的零售店以自主经营为主。

4. 制作运营资金及风险预算表

通过制作资金和风险预算，可以做到心中有数，为顺利经营提供保证。

5. 筹措资金

资金好比企业的血液，只有资金充足，企业才能实现不间断营销活动。资金筹措可以通过自筹、借贷、信贷、投资入股等途径。

6. 选择店址

在北方，农资店店址多设在乡镇，随着市场的不断开放，以村庄为经营地址的在逐步增加。在南方，农资店店址多设在除以乡镇和村庄，田间地头的经营门店也在逐步增加，因为南方以种植蔬菜、果树为主，土地大都以承包的形式出现，种植者大都在田间居住。

7. 办理相关证照

由于农资属于特殊商品，国家规定农资经营实行经营许可证制度，在工商行政管理部门批准的同时，还要经有关的专业管理部门批准并取得相应的经营许可证。设立种子经营商店要同时提供由所在地相应的农业行政主管部门核发的农作物种子经营许可证。设立农药、化肥零售商店要提供由所在地相应的安全监察部门核发“危险化学品经营许可证”，然后到工商部门领取营业执照。

8. 选择营销人员

目前零售店均以夫妻店居多，小部分连锁店是以批发商建立分店的形式出现。

9. 店堂布置

店堂布置没有统一的标准，均按经营者个人的意愿进行店堂布置。通常情况下就是以货柜、桌子或玻璃柜的形式摆放。超市形式的产品摆放在南方有少部分门店出现。

10. 开门营业,接待顾客

虽然市场发生了巨大的变化,但是对于零售商来说,常规的销售仍然占很大一部分,就是坐门等客。真正走下市场,拉动市场销售的工作还是由厂家和县级经销商的员工在做,零售商只是做配合工作,零售商对市场的拉动并没有形成体系化和流程化。

学以致用

小李毕业后想开一个农药商店,帮他设计一份开业计划书。

三、农资零售店商品结构

商品结构是在一定的经营范围内,零售店按一定的标志将经营的商品划分为若干类别和项目,并确定各类别和项目在商品总构成中的比重。商品结构是由类别和项目组合起来的。商品结构是否合理,对于零售店的发展具有重要意义。

从一定意义上讲,商品结构在零售店经营中居于枢纽位置,经营目标能否圆满完成,经济效益能否顺利实现,关键不在于经营范围而在于经营商品结构是否合理,如果商品结构不合理,就会直接影响经营成果。

(一)商品结构的分类与内容

农资零售店经营的商品结构,按不同标志可以分为不同类型。按商品自然种类划分,可以分为商品类别、品种、花色、规格、质量、等级、品牌等;按销售程度划分,可以分为畅销商品、平销商品、滞销商品;按经营商品的构成划分,可以分为主力商品、辅助商品和关联商品等。

上述分类是零售商自主按当地的种植结构和种植面积,以当地农民的消费习惯等,从适应顾客不同需求特点和零售店的经营活动出发,加以研究的。按照上述分类标准来研究商品结构,能够使商品结构更趋于合理。由于部分分类方式较易于理解,在此不详细介绍,仅就按商品构成划分的主力商品、辅助商品和关联商品的内容进行详细介绍。

1. 主力商品

主力商品是指在零售店经营中,以当地种植面积的大小来为市场容量决定销量的商品,主力商品无论是数量还是金额均占主要部分。一个企业的主力商品体现它的经营方针、经营特点以及企业的性质。可以说,主力商品的经营效果决定着零售店经营的成败。主力商品周转快,就可以保证零售店取得较好的经营成果;反之,就很难完成零售店销售目标,因此,零售店应首先将注意力放在主力商品的经营上。

零售店选作主力商品经营的应该是在市场上具有竞争力的商品或名牌、畅销商品。这就要求经营者必须掌握所经营的主力商品发展趋势、增长状况和竞争能力,同时还应注意掌握顾客的需求动向和购买习惯的变化。如果在经营中发现主力商品的某些品种滞销,就必须及时采取措施加以调整，防止由于某些品种的影响而使企业销售额下降。零售店掌握了主力商品的变化情况，也就掌握了经营的主动权。

2. 辅助商品

辅助商品是对主力商品的补充。零售店经营的商品必须有辅助商品与主力商品相搭配，否则会显得过分单调。辅助商品不要求与主力商品有关联性。只要是零售店能够经营，而且是顾客需要的商品就可以。辅助商品可以陪衬出主力商品的优点，成为顾客选购商品时的比较对象。辅助商品不但能够刺激顾客的购买欲望，而且可以使商品更加丰富而克服商品的单调感，增加顾客光顾频率，从而促进主力商品的销售。

3. 关联商品

关联商品是在用途上与主力商品有密切联系的商品。例如，种子与种衣剂、农药与喷雾器等都是关联商品。配备关联商品，可以方便顾客的购买，促进主力商品的销售，增加商品销售量。配备必要关联商品的目的是适应顾客购买中图便利的消费倾向，这也是现代零售店经营中的重要原则。

（二）商品结构的完善与调整

零售店商品结构的完善，主要是完善主力商品、辅助商品和关联商品的结构。在零售店的经营活动中，主力商品应该占绝大部分，而辅助商品和关联商品的比重则应小一些。主力商品的数量和销售额，要占商品总量和全部销售额的70%～80%，辅助商品和关联商品占20%～30%，其中关联商品应确实与主力商品具有很强的关联性。在经营过程中，如果发现企业商品结构发生变化，则应迅速调整，使之趋于合理。

实践调查

调查一家农资商店，分析其商品结构是否合理。

在零售店经营商品的品种中，有相当部分由于供求的季节性波动而形成周期性的商品交替，这些商品有明显的季节性，所以企业要随着季节的不断变更，随时调整商品结构。由于商业的季节性比自然季节性来得早一些，企业应在季节到来之前调整好经营商品的结构。

四、农资零售店选址及店面设计

（一）农资零售店选址

零售店的经营地址是一种无形的资源。选址正确，门庭若市，生意就会兴隆；选址错误，生意惨淡，必然会带来损失。农资零售商店选址要考虑以下几个因素。

1. 交通条件

很多农资，比如肥料，往往是大包装，占地面积较大、笨重，因此农资零售商店要选择交通便利、运输通畅的地段。

2. 社会环境

(1)政策要有利于业务的拓展　例如,要开办一家农资连锁店,有地方保护主义的政府,会从准入政策、工商、税收等方面添加了许多限制,市场准入难度增加,工商、税务、农技、植保系统等多头管理,政出多门,最终导致连锁企业穷于应付,市场成本居高不下,甚至无利可图。

(2)人口因素　人口数量是衡量商圈内需求大小的重要参数,人口因素对零售营销影响非常大,因为人是市场的主体,人口数量(人口多则消费量大)、年龄结构(年龄影响到消费结构和消费习惯)、地理分布(距离远近影响购买积极性)、家庭结构(家庭数量、家庭成员组成关系到农资消费种类)、受教育程度(文化程度高低对认同和接受新事物的热情不同)等方面都会表现出不同的农资商品需求观和消费观。

(3)经济发展情况　经济发展程度和速度对购买力起决定作用,而购买力则是销售量的决定性因素。

(4)区域经济结构　经济结构是指一个区域内各行业所占的比例。区域经济结构不同,所需的物资结构就不同。例如,在种植业为主的地区开办饲料零售商店往往不能取得良好的经济效益。

(5)地理因素　农作物种植面积大小直接影响某种农资消费量的多少。

3. 经营内容

销售的农资商品种类不同,其对店址的要求也不同。有的店铺要求开在人流量大的地方,有的要选在作业区的附近而远离人群。例如,农药专营商店需要离居民区远些。

4. 易于形成农资供应市场

在现实经济生活中,管理部门并没有对某一条街、某一个市场经营什么做出规定,但在长期的经营中,该街该市场会自发形成销售某类商品的"集中市场",人们一想到购买该类商品就会想到这条街、这个市场。目前,农资零售店仍属于分散性经营,县级代理商多以集中市场型经营。

实践调查

当地农资商店分布情况如何？有何特点？

5. 有广告空间

有的店没有独立门面,店门前自然地就失去了独立的广告空间,也就失去了在店前"发挥"营销智慧的空间,这会给农资促销带来不便,特别是那些想自创品牌的经营者,一定要避免选择此类店面。

(二)农资零售店店名及店面设计

1. 店名确定

现实生活中,具有高度概括力与强烈吸引力的商店招牌(商店名)对顾客的视觉刺激和心理影响是很重要的。农资商店的名字取得好,是引起农民消费者的好奇心、打响零售商店牌子的关键。

(1)商店命名要符合国家法律规定　商店的名称是作为法人所享有的一种人身权。名称的选用必须符合法律的规定,才能受到法律的保护。根据国家工商行政管理局发布的《企业名称登记管理条例》的精神,其名称应遵循以下要求。

①企业只准使用一个名称。

②企业名称应使用汉字或同时使用本民族自治地方通用的民族文字。使用外文名称的,其外文名称应当与中文一致,并报登记主管机关登记注册。

③企业名称不得含有以下内容:有损国家、社会公共利益;可能对公众造成欺骗或误解;外国国家组织名称;政党名称、党政军机关名称、群众组织名称、社会团体名称及部队番号;汉语拼音字母(外文名称中使用的除外)、数字。企业名称也不能含有其他法律法规规定禁用的内容。

(2)商店名要与经营商品相吻合　商店命名方法,通常能反映经营者的经营特色,或反映主营商品的优良品质,要能使消费者易于识别店铺经营范围,并产生购买欲望,如“×××农科所种子经营服务部”等。

(3)店名要新颖,不落俗套,忌语意隐晦,易生歧义　要能迅速抓住农民的视觉,引起农民消费者的兴趣,吸引他们光顾商店,如“×××种子一条龙服务中心”等。

(4)店名应易读易记　一定不要用怪僻之名和怪僻之字,忌用多音字、忌用偏字,不能令人难读难记。

(5)店名不能起得太复杂,否则会引起负作用　比如有的商店喜欢采用繁难字为店名,顾客既不认识,而且也读不出音来,所以取店名要考虑到我国农民文化水平还比较低的现实。

2. 店面设计

农资商店的店面设计与普通消费品商店的店面设计有所不同,一般要考虑以下几个因素。

(1)根据所经营农资商品的化学特性选择营业室内装饰材料,材料的耐液体性、耐碱性、耐酸性、耐压性等都是要注意的特性指标。

(2)根据经营农资商品的物理特性合理安排库房与展厅的比例。

(3)货架的设计要有利于商品的展示和摆放。

(4)要有利于通风、散热、防水、防潮。

(5)最好有单独库房存放挥发性、刺激性较强的商品。

(6)商店的环境和气氛是开展竞争的一个非常重要的因素。每个农资商店都应该有一个适宜的布局，目标是使之具有一种适合目标市场的气氛，使顾客乐于购买商品。

学以致用

假如你要开办一个农资商店，请为自己设计一个方案。

五、农资商品采购

农资商品采购是零售店经营活动的起点，也是零售店商品流转的首要环节。搞好商品采购工作是确保零售店可靠、稳定商品货源的前提条件，关系到零售店经营活动的正常营运。零售店的商品采购活动一般可分为与供应商洽谈、市场采价、议价、进货以及追踪管理商品等具体步骤。

(一)接洽供应商

与供应商进行接洽是零售店企业商品采购活动的第一步，在这一步骤中通常要进行以下具体工作。

1. 选择经销供应商

(1)经销商的思路　思路决定出路。一个经销商的思路跟他的企业发展关系很大，包括经销商及零售商在内，缺少的是产品吗？不是！那么，为什么有的经销商发展得快，有的发展得慢呢？市场竞争比较激烈，当市场营销在没有其他路可走的情况下，较量的就是一个企业一把手的思路。学习学什么，学的就是思路，思路决定出路，逃避是没有任何前途的。如果一个企业家没有思路，害怕竞争，这个企业就永远没有前途。一个企业家和营销高手面对竞争，就像一匹战马面对战场一样，有战场，才有企业家的空间，没有竞争要企业家干什么，好的战马是渴望战争的，它是要鸣叫的，它要呼唤那种战斗状态。优秀的老总和优秀的营销人员，一定是渴望战争的，所以在选择经销商时，就看这个经销商对竞争有没有思路，敢不敢参与竞争，与经销商打交道，不仅仅卖经销商的产品，更重要的学习他的思路，这样才能不断地成长。

另外，对于县级经销商来说，他既是管理者，又是执行者；既是工作计划的制订者，又是实施计划的领头人，作为团队的“头”，其个人素质起至关重要的作用。要做好这支团队的领头羊，不仅要用平和之心客观公正地对待公司的每件事和每个人，更重要的是全面提高自身素质。因为企业的竞争不是单打独斗的竞争，他是团队与团队，组织与组织之间的竞争，谁拥有一个优秀的营销团队，谁就能制胜于这个市场，这对于县级经销商的发展起着至关重要的作用，所以选对县级经销商也就会决定你的路能走得更远。考察县级经销商主要考察其五种能力：凝聚力、魅力、魄力、眼力和执行力。

①凝聚力。县级经销商应该具有极强的凝聚力，凝聚力形成的关键所在就是其本人要赢得下属的信任和尊重。县级经销商要对企业理念、企业文化有正确和深入的理解，并做到

言行一致，以身作则。没有理念与文化的团队是一支脆弱的团队。我们可以看一下有些公司能从一家小公司发展成为独霸一方的品牌公司，正是因为他们具有先进的营销理念与优秀的企业文化，才能够在同行业中脱颖而出，也只有这样，团队才会有真正的凝聚力与向心力。

②魅力。魅力就是用自己的人格魅力与敬业精神感染和团结员工。为此，作为县级经销商，必须要正确对待工作中遇到的挫折，不要因为一两个产品出现了问题而一蹶不振，因为你是领导，领导没有信心，员工就没有信心，员工看不到希望，就不会满怀激情地工作。所以作为县级经销商，不管遇到什么问题都要一如既往地保持工作热情。其次还要相信下属，敢于向下属放权，在下属独立自主开展工作时，做好他们的后盾，通过对下属的辅导、指导和支持，促进他们的进步和成长；没有几家下乡送货的员工总是在市场上给经销商打电话问价格，问促销政策，问产品乱价、降价的处理。经销商还要善于承认和表扬下属的工作，使他们感到自己得到了重视和尊重。另外，还要经常满怀感情和热情地与员工交流，做到有效的沟通，这样他的员工才归属于企业，企业才能更快地发展。

③魄力。魄力指处置事情所具有的胆识和果断的作风；要有潜力，有胆量；魄力就是一个人处理和对待问题时，能发挥主观能动性，忽略不重要细节对整体的影响而做出正确的决定或选择，关键是他能够展示自我才干、自我思维、自我特点。从不拖泥带水也是有魄力的一个重要表现，从容，干练，有一定的鼓动性或者说是带动性，是一种人格魅力。要做到有魄力，一是知识全面，这是基础；二是性格强势，干练，突出，看问题容易从整体着眼，这是先天条件；三是以上两点的优势结合。总之就是要大胆和果断。对待工作，坚持高标准、严要求；对待问题适时地、实事求是地作出判断和决定，不讲情面，不讲关系，既做到敢于担责任，又做到奖罚分明。否则，当断不断反受其乱。特别是在处理与执法部门之间的关系时，药害的产生以及同行之间的无序竞争时，能否做到有魄力是非常关键的。

④眼力。眼力是指非常敏感或特别透彻的观察能力、敏锐辨别或鉴赏的能力，也就是要有敏锐的眼光，能及时发现市场中存在的问题，把握市场的动态，营销思路清晰，能迅速地将产品投放市场。

⑤执行力。执行力指的是贯彻战略意图，完成预定目标的操作能力，是把企业战略、规划转化成为效益、成果的关键。执行力包含完成任务的意愿，完成任务的能力，完成任务的程度。执行力是一个企业管理成败的关键。只要企业有好的管理模式、管理制度，好的带头人，并充分调动全体员工的积极性，企业才能充满希望。执行力，就个人而言，就是把想做的事做成功的能力。有些经销商在开产品推广会的时候说得比较好，比较圆满，会议过后什么都没有执行，说好的上广告，结果连个广告影儿都没有，说好的做市场拉动，结果根本就没有看到人，这就是没有执行力。

(2)经销商的团队　经销商的团队建设对提高市场的竞争力也是非常关键的。一支好的团队能帮你开辟一片市场，能够帮你树立局部的品牌，因为人是生产力中最活跃、最宝贵的、最具生命力的决定性因素，一切其他的物质资料，包括设备、仪器、材料和其他各种生产资料，都要被人所掌握、应用，才能发挥作用。从这种意义上说，人力资源是企业中最基本的资源。市场经济最大的特点就是竞争，适者生存，优胜劣汰，一流公司与其竞争者之间的区别往往就在于员工的素质。实践证明,高素质、高技能的人才队伍是企业的立足之本,没有一支好的团队,公司就会成为一盘散沙,更谈不上公司的发展与员工的进步;没有一支好的团队,公司所取得的成绩也是暂时和偶然的。在平时接产品、跟经销商的员工打交道的过程中,从送货人员的言谈、举止上就能观察到员工素质的高低,是不是真正地按照经销商的要求帮助做好市场拉动,是不是有带头乱价、窜货的行为,是不是真正的敬业和负责任,从而体现出一个企业的未来和发展。

(3)经销商的市场管理　市场达到销售高峰的时候,经销商的员工在做什么,大部分都在忙货。其实,在销售达到高峰的时候,也正是窜货、乱价的开始,只有管理到位了,利益才能有保障。在平时的经营中可以观察一下,定点能否到位,市场保护能否到位,把握市场的能力能否到位,能否尽可能地延长产品在市场上的寿命。对于市场来说产品小乱可以,说明产品销售良好,大乱就不行了,价格就会下滑,利润就会下降。利润就好比产品的血液,产品没有血液了,就等于产品死亡了。如果哪个经销商把市场管理做到位了,就等于利润有保障了,跟着这样的经销商就能挣到钱。

(4)经销商的技术力量　技术力量能体现一个企业是否专业。我们经常听到的一句话就是:只有专业才能做得最好。助销需要技术,到田间地头帮助农民指导生产需要技术,下乡讲课需要技术,只有专业才能取得农民的信任,取得了信任,产品才能市场化。

(5)经销商的学习力　学习力是什么?它是学习能力、动力、态度和创新能力的总和。没有学习力就没有创造力,创造力的枯竭也就意味着生命力的枯竭。学习力实际上就是竞争力,因为只有学习才能创新,创新了也就发展了。高尔基曾经说过,如果一个人不愿意一辈子平庸就得终生学习。我们在做市场调研的时候,一部分年纪在50岁以上的经销商却说:“我年纪大了,跟不上潮流了,还学什么?”实际上不是这个概念,人不是随着年龄的增长而跟不上时代潮流的,而是随着学习激情的减退才跟不上时代潮流的。21世纪的竞争力取决于学习力,学习力的全方位落实在于行动力。你学习的意愿强烈吗?如果一年你看不上两本书,你的学习力就可见一斑。我们应该知道书并不是用来读的,而是拿来实践的!所有书的内容只有在付诸实践的那一刻才有真正的价值。

学习力是最本质的竞争力。人们常说:“当代国家间科技、经济、文化等的竞争,说到底是人才的竞争。”这真的到底了吗?这个底其实并非真正的底,真正的底是人的学习力。谁是人才?我们都是。只要我们永远有一颗上进的心,永远都在不断地学习,不断地完善自我,才能不断地成长和进步。

作为一个企业家你可以没有学历,但不能没有学习力,学习力是中小企业的第一核心竞争力,在知识经济时代,一切都在变,变是唯一的不变。接下来你就要知变善变。怎么知变呢?就要学习。

如今,企业的竞争越来越表现为人的竞争、员工素质的竞争。员工的素质在很大程度上取决于员工的学习能力。从这个意义上说,在新的时代背景下,企业竞争的实质是学习能力的竞争,企业竞争的优势是来自比竞争对手学习得更早、更快、更好!

企业做大做强要具备五要素,即强势品牌、技术优势、资本运作整合资源的能力、优秀企业家与管理团队。对于经销商来讲,在不具备更多优势的情况下,要想保持旺盛的生命力,就要提升企业的学习力、培养出更多的优秀员工，从而更好地参与市场竞争。

经销商出于诸多原因普遍缺乏战略思想与文化，尤其在发展初期，往往只考虑到生存和利润问题。县级经销商要发展需要动力，这种动力来自两个方面：一是来自外部的动力，外部的竞争压力促使其必须变革，依靠技术创新和有效的管理等使生意充满生机和活力；二是来自内部的动力。一些经销商往往满足于小富即安，缺乏长远的战略眼光，致使生意很难有发展后劲。而内外两个动力的结合点就是学习，通过提升学习力提高经销商的素质。通过学习打开“天窗”，解决发展的思路问题。也只有老板的素质提升上去了，才能带动团队整体素质的提高。员工不断学习和更新知识结构，最大限度地发挥自己的智力，才能在市场竞争中站稳脚跟。好的经销商在销售淡季的时候进行员工培训，通过培训，员工的素质和营销能力得到很大的提高，企业的销售收入成倍增长。总之一句话：员工素质之提高方为兴企之本。

(6)经销商的信誉　所谓信誉，是指依附在人之间、单位之间和商品交易之间的一种相互信任的生产关系和社会关系。信誉促成人之间、单位之间、商品交易之间的双方自觉自愿的反复交往，消费者甚至愿意付出更多的钱来延续这种关系。在现代商业中信誉比金钱重要。它是看不见摸不着的，就像影子一样时时刻刻在人之间、单位之间和商品交易之间存在并发挥作用；信誉也会默默地影响着人、单位、商家和政府部门等的形象。它是一种软生产力。对于经销商来说不恶意窜货、不售假、不制假、不造假、对人友善、在行业中的口碑好、在下级中的口碑好，能够及时地返利，对自己答应的事情能说到做到，这就是信誉。

(7)经销商的资金实力　从经销商的人员来看，有员工了，说明生意忙不过来了。从经销商的车辆来看，有车辆了说明有钱了，没钱不会买车。从有没有名牌厂家合作来看，没有资金实力，名牌厂家不会合作。人员和团队建设决定经销商的发展速度，车辆的多少决定产品进入市场的速度，资金的多少决定经销商支持的力度。

(8)经销商的产品结构　产品结构应尽可能地合理搭配，春季，夏季，秋季，冬季都要有产品，也就是全年都要有产品可卖，在作物的整个生长周期都有产品导入。看看经销商有没有大企业的产品，品牌产品，随着市场竞争的不断加剧，在消费者越来越理性的情况下，市场的竞争在某种情况下也是品牌的竞争。

在消费品买方市场规模化的条件下，各供应商都必须为自己的产品寻找销路，每天都会有供应商到零售店来推销他们的商品。在确定零售之前，要经过认真细致的调查了解供应商，严格选择，保证质优价廉。选择供货渠道和供应商应考虑的因素有信誉度、品牌、服务水平、发展前景、资金规模等。

2. 分类接洽供应商

要根据商品的不同类别将供应商进行分类，分别拜访不同类别的供应商，以提高洽谈效率。

(二)采价

采价就是零售店采购人员在接受了供应商的产品报价以后，亲自到市场上采取同类产品的价格，与供应商的报价进行比较，来确定供应商的取舍。采购人员在采价时，一定要注意采价的商品要与供应商的商品是一种竞争关系，即相同类型、相同品项，否则就没有可比性。

（三）议定价格

零售店采购人员在采价以后，要与供应商面对面地商定供应品的价格。在商议之前，采购人员要做一定的准备工作，通过各种途径了解供应商向其他零售店的实际供货价，再具体分析本零售店的经营优势和劣势，以增加自己在价格谈判中的筹码，为本企业争取到最优的供应价格。

零售店采购人员事先应该确定一个可接受的最高价格，超过这个价格就应该果断地放弃，寻求其他供应商。

（四）进货

商品采购是实现零售店经营计划的重要手段，它是为实现零售店经营战略目标服务的。这就要求零售店必须根据商品的特点、自身的条件和面临的市场环境因素，选择适当的采购和销售策略，以保证零售店企业采购任务的顺利完成和促进商品销售。

实践调查

当地农资零售商店是怎样进货的？

零售店经营者在商品采购过程中，一个重要的问题是要确定采购商品的数量、费用、渠道、组织形式等内容。

六、农资零售店营销策略

（一）产品策略

产品是市场营销中最重要的因素。没有产品就没有市场，只有高质量的产品才能在市场中站稳脚跟。顾客光顾商店的目的就是为了获得商品的使用价值，商品的质量越好，使用价值就越高；服务越好，越能满足消费者的需求，顾客的满意度也就越高，这是商店培养顾客忠诚度的基础所在。如果商店的顾客没有忠诚度，“打一枪换一个地方”，不把商店当作“根据地”，商店的人气自然不会旺。从产品方面来讲，商店应该做到以下几点。

1. 把好产品质量关

商店要坚决杜绝假冒伪劣商品、残次品（特殊情况例外），注意先进先出，随时检查商品的出厂日期和保质期，并保持商品的外观清洁，以高质量赢得消费者的信赖。

2. 重信誉

“民无信不立”，诚信已经成了经商的基本原则，纵观我们身边的旺铺，都是信誉好的。

没有信誉作保证，即使你摆出“亏本大甩卖”的阵势，恐怕消费者也不会领情。

3. 服务要好

为顾客提供优良的服务而不仅仅是提供产品已经不是什么新鲜的话题了。每一个商店都希望满足顾客的迫切需求，但只有部分零售商能够做得好一些。劣质的服务把顾客赶跑了，服务不好就是这些商店人气不旺的根本原因。

4. 突出产品特色

没有特色就不会给人鲜明的印象，有些商店营业面积本来就不大，商品却是琳琅满目，但往往产品单件的数量少，缺乏产品的深度，产品组合少，满足不了顾客的需求，而且进门后给人一种很压抑的感觉，使大部分顾客再也不愿意“回头”。顾客流失严重，人气自然旺不起来。其实，店里的商品并不一定非全不可，只有更好地满足顾客需求，突出特色才能给人留下深刻的印象，赢得顾客的青睐。所以，根据当地的实际情况，突出店面的特色，是提升人气的可行途径之一。

（二）价格

价格是顾客购买产品最敏感的话题。一般而言，人们总是希望花最少的钱办更多的事，不少商店因为产品价位的不合理而失去了大批的顾客。利用人们购物心理进行定价是避免顾客闻价而“色”变的有效方法。

1. 低价渗透策略

作为商家，无论采取什么样的定价策略，最终目的都是赚钱，这就要求价格的制定必须以成本为基础，不可能低于成本去销售。所以要保持价格竞争的优势，就要从源头做起，大批量直接采购，减少中间环节，提高经营效率，争取厂家让利等措施，千方百计降低成本，实行薄利多销，以低价取胜。

2. 以盈补缺法

以低价吸引顾客大批购买自己的某种产品，同时，以相关系列产品获利。

3. 平头低尾法

只是将价格的“龙尾”微微向下落一落，就给人一下降很多的感觉。例如标价 10.8 元和标价 11 元经常给人两个水平的感觉，其实只相差 0.2 元。

4. 错觉定价法

有一个农资店的杀虫剂 500 克装，定价 9.30 元，又推出一种 450 克装的产品，定价 8.50 元，一时销路看好，因为消费者有时对重量的敏感远远低于价格。仔细算一下会发现，二者单位定价相差无几，而且后者还略高一些。

5. 季节折扣

根据产品淡旺季和消费者购买的时间、数量，来决定是否给予折扣以及折扣多少的定价策略。有些商店推出的“冬储化肥”就属于这种类型。这种定价运用得当不仅可以吸引消费者，还可以有效调节淡季客流过少等情况，使店面常见顾客盈门。

6. 其他

商品调价时，用红笔把原来的印刷价涂掉，旁边用黄色手写上新的价格，这种方法看起来简单，其实它也是利用顾客心理定价的一种策略。个中奥妙在于：首先，原标价是印刷的数字，往往给人一种权威定价的感觉。而手写的新价，会使顾客感到便宜。其次，黄色给人一种特别廉价的感觉，用黄笔标上新价钱，看起来很有诱惑力。

（三）促销

促销是提升人气最快捷最有效的方法，但前提是一定要懂得促销的方法，否则就有可能适得其反。

1. 做好促销前的宣传工作

“酒香也怕巷子深”，再好的促销方式消费者不知晓，也只能“胎死腹中”。做好促销前的宣传工作是达到促销目的的前提。

一般而言，一个店面的辐射力因其自身实力的强弱也有大小之分，在店面辐射范围之外的宣传工作只能是浪费钱财，起不到什么实质性的作用。促销宣传要在店面的辐射范围之内，针对目标消费者进行。

2. 巧制促销政策

促销方式的合理与否直接关系到促销效果的好坏，在制定促销政策的时候，一定要先对目标顾客市场进行调查，有一个整体上的把握，然后有针对性地制定相关政策，这样才能收到较好的效果。

(1)低价吸引　“种子一条龙服务中心”的老板把一种售价为 6 元一斤的种子，以特低价 4.5 元出售，消息一传出人们便蜂拥而至，于是商店名声大振，生意兴隆，门庭若市。这种种子卖出去的越多，看上去是亏空越大，但实际上种子店盈利却达到了空前的水平。原因在于前来购买种子的人认为该店其他种子和种衣剂也是最便宜的，都顺便买了些，而种衣剂及农药的盈利远远抵消了种子的亏空。一亏多赢，既创出了知名度，又赚了钱，可谓名利双收。

(2)发挥附赠品的魅力　在武汉的一家农药店内每逢生产旺季都人满为患，这到底是什么原因呢？原来吸引农民的不单单是价格合适的农药，还有免费提供的草帽、扇子等附赠物品，这些赠品成本很低，但正好适应了农民的需求。

(3)集点消费　现在不少商场推出了会员制，发行优惠卡，当顾客在店里购物达到一定数量时就可以得到一定的返利。如累计购满 100 员返利 20 元，购满 200 元则返利 50 元，以实物或购物券的形式兑现，吸引了不少的消费者前来购买，并有效地培养了顾客的忠诚度。农资零售店也可以借鉴这种方式。

(4)注意创新　种子一条龙在开店之初，针对农民卖粮难的问题，联合饲料厂向农民承诺，凡在本店购买种子的，秋季按不低于市场价回收粮食，一时间销量大增。

如今，促销花样越来越多，但只有符合顾客的心理和需求的方式才可能收到良好的效果。一般说来，商店应结合产品的性质，不同促销方式的特点以及消费者的购物习惯等因素，选择合适的促销方式，以新取胜，并确定合理的期限。但不管是哪一种方式，促销过程中一定要杜绝虚假，否则损害了商店的信誉，只能“搬起石头砸了自己的脚”。同时，在促销的过程中，不要忽视中后期的宣传，一方面令消费者感到商家兑现行为的可信性，一方面引起更多消费者的注意和购买欲望，另外还可以提升商店的良好形象，形成良好的口碑，以此换来更多的顾客。

学以致用

选择一家农资零售商店与其老板交流采购和促销的体会，针对此店的做法提出合理化建议。

【课堂活动】

模拟农资产品促销

一、活动目的：通过分组模拟农资产品促销，使学生掌握农资产品促销方案设计和灵活运用常用的促销技巧。

二、活动内容：

1. 促销方案设计，学生以组为单位设计促销方案。

2. 课堂促销模拟，以促销方案为指导，各组进行农资产品促销模拟。

三、具体做法：全班分成3～4组。由老师提供某一农资产品，各组自行设计促销方案，之后各组以促销方案为指导选派组员进行促销模拟，模拟中要体现常用的促销技巧。老师做指导和点评。

【技能训练】

一、训练项目：进行零售店选址、经营模式策划。

二、训练目的：能够根据经营条件选择店址，确定经营运行的模式。

三、训练时间：利用课余时间。

四、训练内容：

1. 农资综合商店、专业商店怎么选址。

2. 不同类型的农资店应采用怎样的经营模式。

五、训练方法：老师在训练之前准备好训练内容和所需材料，学生每5人一组，合作完成，最后老师进行考核。

六、作业：选择一家企业进行走访，了解其经营运行经历和现状，针对存在的问题提出具体措施。

【复习思考题】

1. 对“旺季拉客户，淡季做服务；旺季冲业绩，淡季搞管理；旺季做销量，淡季做市场”怎么理解？
2. 作为零售商销售淡季应怎么安排？
3. 农资零售商店选址主要考虑哪些因素？
4. 农资零售商店商品采购的程序是什么？
5. 商店命名时一般要遵循什么原则？

【本章小结】

- 农资零售商
  - 农资零售商的形式
    - 独立经营型
    - 组织零售型
    - 代理型
    - 经销型
  - 设立农资零售店的条件与程序
    - 设立农资零售商店条件
    - 设立农资零售商店程序
  - 农资零售商店结构
    - 商品结构的分类与内容
    - 商品结构的完善与调整
  - 农资零售商店选址及店面设计
    - 农资零售店选址
    - 农资零售店店名及店面设计
  - 农资商品采购
    - 接洽供应商
    - 采价
    - 议定价格
    - 进货
  - 农资零售店营销策略
    - 产品策略
    - 价格
    - 促销

单元三　农资市场营销艺术

学习内容

本单元包括农资市场营销程序、农资市场促销和主要农资商品营销策略三章，主要讲授农资市场营销的一般过程（如农资营销队伍的组建、农资市场调研、农资营销网络与渠道建设、农资市场客户的建设与管理等）、农资市场促销技巧（如市场促销的方式与特点、农资主要促销技巧等）、主要农资营销策略。

学习目的

通过本单元学习，让学生了解作为一名营销员，怎样根据农资市场营销特点，掌握促销技巧，开展主要农资的营销工作。

第七章

农资市场营销程序

【学习导航】

理论知识 熟悉农资营销人员的要求和管理内容，了解农资市场调研的内容和方法，明确农资市场营销网络的构建及市场定位方法，掌握主要客户的管理方法。

技能要求 能够根据自己的特点正确选择企业，熟练运用农资市场的调研方法，找出目标市场并进行客户管理，能够构建合理的农资营销网络。

案例赏析

陈百是刚从农业院校毕业的大学生，应聘到一家农药企业从事销售工作，经过一段时间的培训后，被派往辽宁熊岳从事农药的销售和推广工作。由于正值销售旺季，在公司期间，小陈就跟老业务员了解了辽南地区的一些基本情况，从他们那里了解到辽南地区是辽宁著名的水果之乡，根据学校学的专业知识，小陈推断苹果树这几年的腐烂病非常严重，因此在到市场之前，他提前从公司组织了一批防治腐烂病的药剂。可是等到了熊岳后，小陈才发现这里主要种植葡萄，苹果种植非常少，防治腐烂病的药根本没有销路，只能将药重新调回公司，给公司造成了巨大的经济损失。

点评：农资市场营销一个很重要的工作就是市场调查，而市场调查时可以使用第二手资料，但一定要确定第二手资料的准确性，不然就可能由于调查资料的不准确导致调查结果出现巨大的偏差，从而带来巨大的经济损失。农资营销是一项复杂的工作，具有较高的艺术要求，那么怎么做才能取得更好的效果呢？

知识链接

一、农资营销队伍建设与管理

业务员小赵是个新手，一次经理为了锻炼他，让他为主去见一位客户。为了便于辅导，经理也跟着去了。

他们到了客户那儿，正好客户的采购处长也在，但小赵说话吞吞吐吐，向客户解释公司的产品时词不达意，客户听得一头雾水，拜访效果很差。

回来后经理把小赵臭批了一顿，批评内容主要是两点：一点是批评他的产品知识掌握得太差，另一点是批评他口齿不清，并且说："你搞砸了一次，我得去好几次才能挽回影响……"

提问思考

这次拜访效果差的原因是什么？本案例中有哪几点应该引起企业的重视？

（一）农资市场营销人员的要求

1. 自身素质要求

农资市场营销人员的素质是指完成和胜任营销工作所必须具备的思想道德、生理条件、职业道德、科学技术知识以及组织教育能力的综合表现。农资市场营销人员素质的高低，既决定着营销工作的业绩，又关系到营销事业的兴衰。抓住了农资市场营销人员素质的提高，就能带动农资市场营销工作的全局。

（1）良好的职业道德

①热爱本职，服务农民。农资市场营销是深入农村，为农民服务的社会性事业。它要求营销人员具有高尚的精神境界，良好的职业道德修养以及优良的工作作风，热爱本职工作，满腔热情地为我国农业现代化事业贡献自己的力量，全心全意地为发展农村经济服务、为帮助农民脱贫致富服务，争做农民的"智多星"和"贴心人"，要把全部知识献给农资营销事业。

②深入基层，联系群众。离开了农民就没有农资市场营销工作。营销人员必须牢固树立群众观点，深入基层同群众打成一片，关心他们的生产和生活，帮助他们排忧解难，作农民的"自己人"。同时，农资营销人员要虚心向农民学习，认真听取他们的意见和要求，总结和吸取他们的经验，与农民保持平等友好关系。

③勇于探索，勤奋求知。创新是农资市场营销不断发展的重要条件之一。要做到这一点，营销人员要勤奋学习，加速知识更新，拓宽知识面，不能满足前人已取得的成果，要不拘于现有的结论，争取在工作实践中有所发现、有所发明、有所创新、有所前进。

④尊重科学，实事求是。实事求是我们党一贯倡导的辩证唯物主义的思想路线和优良

作风，也是农资市场营销人员的基本道德原则和行为的基本规范。因此，在农资市场营销工作中注意做好两个坚持：一要坚持因地制宜“一切经过试验”的原则；二要坚持按科学规律办事的原则，在技术问题上要慎重对待，不可轻易按“长官意志”办事，敢于同传统习惯势力做斗争，敢于坚持科学真理。

⑤谦虚真诚，合作共事。农资市场营销工作是一种综合性的社会服务系统，不仅依靠农资市场营销系统各层次人员的通力合作，而且要同政府机构、工商部门、金融信贷部门、教学科研部门协调、配合，还要依靠各级农村组织和农村基层干部、农民技术人员、科技示范户和专业户的力量共同努力才能完成。因此，营销人员必须树立合作共事的观点，严于律己，宽以待人，谦虚谨慎，不骄不躁，同志之间要互相尊重、互相学习、互相关心、互相帮助，调动各方力量，处理好人际关系，共同搞好农资市场营销工作。

(2)较高的业务素质

①学科基础知识。目前，我国农资市场营销人员多为某单一专业出身，所学知识过细过窄，远远不能适应农村市场经济发展的需要。农资市场营销人员应具有大农业综合基础知识和实用技术知识，既要掌握种植业知识，还要了解林、牧、副、渔甚至农副产品加工、保鲜、储存等方面的基本知识和基本技能。不仅要熟悉作物栽培技术(畜禽饲养技术)，还要掌握病虫防治、家禽疫病防治、土壤农化、农业气象、农业机械，果树、蔬菜加工储存、遗传育种等基本理论和实用技术，同时还要掌握商品知识、财务知识、营销知识、法律知识、服务知识等才能适应农村和农民不断发展的需要。

②管理才能。农资销售的对象是成千上万的农民，而营销最终的目标是效益问题，所以农资市场营销人员做的工作绝不是单纯的技术指导，还有一个启动农民积极性和人、财、物的组织管理问题。因此，农资市场营销人员必须掌握教育学、系统论、行为科学和有关管理学的基本知识；要具有人员的组织、指挥、协调，物资的筹措和销售，资金的管理和借贷，科技成果的评价和申报等管理才能，方可更好地提高生产效益和经济效益。

③经营能力。在社会主义市场经济条件下，农资市场营销人员应有帮助农民群众尽快走上富裕道路的义务，使他们既会科学种田(养殖)，又会科学经营。“打铁先得自身硬”，这就要求农资市场营销人员必须学好经营管理知识和技术，加强市场观念，了解市场信息，学会收集、分析、评价、筛选经济信息的本领，以便更好地向农民宣传和传授。同时，还要搞好营销本身的产、供、销的综合服务，达到自我调剂和自我发展不断完善的目标。

④语言文字表达能力。文字是信息传递的主要工具之一，写作是市场营销工作进程的体现形式，也是成果评价和经验总结的最好手段。写作能力的高低，在相当程度上决定着营销效果的好坏。所以，农资市场营销人员必须具有较高的科技写作能力，要学会科技论文、报告、报道、总结等的写作本领。写作时要注意观点明确、文字简练、语言大众化、条理清晰、说服力强、容易被群众所接受。

口头表达能力和文字表达能力同等重要，是农资市场营销人员的基本功之一。在有些方面和某些场合，口头表达能力的高低，直接影响着营销进程和效果。特别是我国目前大部分农民文化素质低，口头表达能力就显得特别重要。因为，口头表达能力可以增强与农民群众的吸引力和启动力，使之更快地接受专业技术并转化为现实生产力。

⑤心理学、教育学、法律等基础知识。农资市场营销是对农民传播知识和传播技能的一种教学过程。农资市场营销人员是教师,就需要具有教育科学的知识和行为科学的知识,摸清不同农民的心理特点和需要热点,针对性地结合当地现实条件进行宣传、教育、组织、传授。农资市场营销人员懂得教育学、心理学、行为学、教学法等基本知识,才能更好地选择营销内容和采用有效的营销方法。现在是法制社会,做事要合理合法,农资营销人员作为企业的代表在工作时要有法律意识,并能运用法律知识为企业和农民服务。

2. 企业要求

(1)懂市场营销

①要求营销人员必须经过系统的市场营销方面的理论学习并要学有所长,学习方式可通过正规学习,也可以通过自学和自修来完成。

②要求营销队伍里的大多数人员要经受过市场营销实践经验的洗涤与磨炼,并且要求一定数量的营销人员有丰富的实践经验。

③作为农资行业的营销人员就必须熟知我国农资行业的发展现状与未来市场走势等。

(2)懂农资知识　农资营销人员既要掌握如病害的识别、虫害的发生规律、除草剂的使用技术等,也要掌握农业生产资料的相关专业知识,如什么是农药?农药"三证"指的是什么?农药的剂型都有哪些?农药安全使用包括哪些?

(3)具备一定的公关、广告、策划运作等方面的知识。

以上三者缺一不可,否则即认为不懂市场营销。

学以致用

对照农资营销人员要求,检查自己还有哪些不足,评估自己能否做一名优秀营销员。

(二)农资市场营销人员管理

1. 企业对农资市场营销人员管理

(1)营销人员招聘与引进　现代企业营销工作是整个企业工作的重中之重,因而组建一支得力的销售队伍是完成这项工作的基本保证和前提条件。在招聘人才时,企业首先要明确需要什么样的人才,其次要明确应聘人员应具备什么样的能力。要形成一支有一定数量营销人员组成的队伍,可以通过外部招聘和内部提拔两种方式来进行。一是对社会上有志于农资产品经营的,有一定文化知识的各界人士公开招聘,各大农业院校毕业生是企业招聘的重点对象。二是企业从内部员工中将那些工作积极、年轻力壮、思想品德高尚的优秀员工直接选拔到销售队伍中,这些选进队伍的员工对企业及产品情况了解全面,一般来说,稍加培训就可以成为得力的销售人员。

企业对人才的招聘与引进是一个双向选择的过程,农资企业想招到合适的市场营销人员,同时,农资市场营销人员也要相应地选择适合自己的企业,这样,双方才能达成一致,在工作上形成合力，合作才能长久。

一般情况下，农资营销人员在选择企业时可从以下三个方面考虑。

①企业的发展理念是否与自己的人生目标相一致。每个企业都有自己的发展理念，每个人也有自己的人生目标，当二者一致时，就是所谓的志同道合，员工有一个发挥自己才能的舞台，才能够实现自己的人生价值。

②企业的类型是否符合自己的兴趣、性格和爱好。人的工作不仅是生存的需要，同时也是一种人生乐趣的表现，个人所做工作最好和自己的爱好相一致，才能全身心地投入。农资企业是为农业生产提供生产资料的经营者，类型很多。按其产品的作用与功能可分为农药企业、种子企业、化肥企业、饲料企业、兽药企业等；依照农资产品的工作内容，可分为从事农资产品的科研与开发的科研型的、从事农资产品加工与生产型的、从事农资产品销售型的、集科研、生产、销售于一体的综合型企业；按照企业的规模可分为大企业和小企业；按照企业性质可分为国有企业、民营企业。随着社会的发展和农业科技的推广与应用，农业生产资料的种类越来越多，还逐渐出现了农业咨询公司、农业技术服务公司等。这些企业在农业生产中发挥着越来越大的作用。每个人都应根据自己的特点选择适合自己的企业。

③企业的产品是否符合自己的需要。企业营销的产品，不是一般的劳动生产物，而是指一个完整的产品，即产品整体，它包括三个方面的内容，即核心产品、形式产品和延伸产品。只有三个方面都有的产品才是一个完整的产品，三个部分都好的产品顾客才乐意购买。拥有完整意义上的产品才能具有市场竞争力，企业也才能具有可持续发展的能力。

人才是企业发展的根本保障，企业是人才发展其事业的平台，二者互为依赖。营销人员的招聘与引进关乎双方的切身利益，企业和人才应本着互惠互利的原则相互选择。

(2)农资营销人员的培训　营销部门是农资企业的重要部门，必须经常对营销人员进行认真培训，才能胜任企业的销售代表。原有的业务人员每隔一段时间就应组织集训，学习和认识企业新的营销计划、新的市场策略和新的产品知识等。企业要单列出专项培训经费，保证完成培训目标。

农资企业一定要严格培训选拔出来的营销人员。培训内容主要有两大方面：一是素质培训。主要对选定的人员进行基础理论、农资知识、企业知识、市场知识以及有关推销技巧和策略的综合培训，同时帮助他们树立积极进取的工作态度，以使他们具备合格的营销人员应有的素质；二是对他们进行有关法律法规、业务职责和工作程序的培训。对营销人员的培训是一项十分重要的工作，企业要高度重视，在每年的销售费用当中，一定要单列出一项营销人员的培训费用，并且这种培训要是经常的，不间断的，随时随地的，多变量的。

营销人员的培训一定要注重培训效果，这样训练方法就成为最为关键的因素。营销训练的方法有集体训练和个人训练两种。集体训练的方法有：专题教学和示范教学、分组研讨、职位角色互换演练等，训练后进行考试和考核。个人训练的方法有：在职实践训练、个别谈话、函授课程、采用工作手册或其他书面材料训练等。教学工具采用先进的视听器材效果更好。

(3)营销人员管理　多数企业在营销管理上都制定出营销人员管理硬件与软件两个部分。

硬件部分包括以下内容。

A. 销售额完成率＝回款总数/任务总数×100％

B. 回款率＝本年度回款总额/(本年度所发货物金额总数＋上年度存货金额总数)×100％

C. 市场占有率＝区域市场内拥有本公司产品二级经销商数量/区域市场内二级经销商总数×100％

D. 新市场增长率＝(本年度新开发一级客户总数/目前一级经销商客户总数)×100％

E. 销售增长率＝(本年度销售总数－上年度销售总数)/本年度销售总数×100％

F. 基层推广会数量:大省 20 次,中省 15 次,小省 10 次

G. 走访基层经销商数:每位业务员不少于 200 家,要求做到上门贴广告,挂条幅,热情咨询服务,热心指导销售,提升分销商对公司产品销售的积极性。并将走访分销商的单位、地点、负责人、电话等报营销中心备案。

H. 市场调研及信息反馈,包括当地主要作物、主要病虫害、主要用药种类、同类产品和主要竞争对手的销量、促销手段等。每次出差回来后填写《出差总结》。

I.《工作日志》的数量及质量。

工作日志

姓名:________ 推广地点:________县________镇 ____年____月____日

①本日行程路线:

②拜访主要客户情况:

姓名	电话	地址	畅销产品

③a. 主要病虫害:

b. 市场需求产品:

④客户对本公司产品的情况反映:

效果:

利润:

价位:

⑤市场上畅销同类产品:

名称	包装规格	含量成分	产地	价格/(元/瓶)	畅销原因

⑥市场经验总结及疑点、难点,需要公司客户支持解决的问题:

⑦费用报销统计:

车费	补助	住宿费	电话费	其他	合计/元

客户签字:________ 领导签字:________

软件部分包括以下内容。

软件考核部分比较繁杂，列表说明如下：

内容项目	软件考核内容	得分
业务制度执行状况	是否认真、严格、自觉地遵守公司规定的各项业务制度	0-5-10
财务制度执行状况	是否认真、严格、自觉地遵守公司规定的各项财务制度，对账单回收是否及时，账目是否及时走平，无烂账、呆账、死账	0-5-10
协调能力	是否具备与客户、领导、同事及下属的协调沟通能力	0-5-10
专业知识	是否具备营销与植保的专业知识，在实践中是否能灵活地运用专业知识为工作服务	0-5-10
服务能力	是否具有良好的学习能力，并能应用所学知识指导实践，是否有接受新知识的原动力	0-5-10
学习能力	是否具有良好的学习能力，并能应用所学知识指导实践，是否具有接受新知识的原动力	0-5-10
开拓能力	在开拓市场方面是否不断进取，并有所成就，新市场的开发速度是否明显高于其他片区	0-5-10
承挫能力	在挫折面前是否心平气和，勇于接受，并能总结经验教训，再接再厉	0-5-10
敬业精神	爱岗、敬业、遵纪守规，对公司有所关怀，对同事具有慈爱	0-5-10
进取精神	勤奋好学，不断进取，不断成长，知识更新快，进步显著	0-5-10

2. 农资营销人员的自我管理

所谓自我管理就是自己参与目标的制定与管理，并自控自律地去完成任务。自我管理要求业务人员进入“自控状态”，一是要知道自己应该做些什么？二是要知道自己正在做些什么？三是要知道自己将来要做些什么？四是若工作中出了偏差，知道应该如何解决或向谁请示，找到处理与解决问题的方法等。

营销人员的自我管理一般包括以下内容：一是目标管理，包括销售目标的设定与分解和销售目标的控制和管理。二是时间管理，包括：对自己所拥有的时间进行价值衡量，做一个优秀的时间管理者，学会做时间跟踪工作计划，坚定不移地做好工作日志。

二、农资市场调研

小郭是一家农药公司的营销员，刚被公司分配到辽宁南部地区做销售。公司以生产蔬菜杀菌剂和杀虫剂为主，由于小郭对辽南地区不太熟悉，他便向一个也在某农药公司的朋友打听辽南地区的农药销售情况，得知杀虫剂和杀菌剂的用药量都很大，他很高兴。春天一到，他便要求公司发了大批农药给经销商，结果到农药销售旺季，他们的农药却很滞销。他很不理解，责怪经销商不努力。经销商告诉他辽南地区以果树为主，蔬菜种植面积较小，他们的产品不太适合本地区，他问朋友公司的农药销售情况怎样，他朋友告诉他很好，原来他们生产的农药是以防治果树病害为主，小郭此时才后悔自己当初没有认真进行市场调研。

提问思考

小郭的销售额为什么没有上去？你认为怎么才能打开市场，提高销量？

农资市场营销调研是获取农资市场信息的重要手段，农资市场营销调研是运用科学的方法对农资市场的情报进行搜集、整理和分析，并写出调研报告的过程。

市场营销的目的是更好地满足市场需求，赢得竞争优势，进而取得合理的利润收入。要做到这一点，就必须从研究市场出发，了解农资购买者的购买行为及其规律，同时及时了解竞争者的最新动态，开展市场营销调研，广泛收集农业市场的营销信息，据此确定目标市场，选择正确的策略，制定市场营销战略决策。

（一）农资市场调研的主要内容

1. 农业资源调查

（1）农业自然资源　农业自然资源是指农业生产可以利用的自然环境，主要包括气候资源、土地资源、水资源和生物资源。

（2）农业社会资源　农业社会资源是指直接或间接对农业生产发生作用的社会因素，主要包括人口、劳动力、资金、物质技术装备、交通运输、信息、管理等。

2. 农业生产调查

（1）农业生产结构调查　农业生产结构是指农业生产内部各部门及其各生产项目的组成和比重。农业生产结构是由农业多部门和多种类、多项目组成的一个多层次复合体。从部门来说，一般分为农、林、牧、副、渔五大部门，称之为一级生产结构。在一级结构的内部，根据产品和生产过程不同，又可分为若干小的生产部门，称为二级生产结构，如种植业内划分成粮食生产部门和经济作物、饲料作物生产部门等；在二级作物内部，根据产品各业和经济用途不同，还可以再划分为若干种类，如粮食作物可以分为禾谷类作物、豆类作物和薯类作物等，称之为三级结构。它们之间的数量关系，一般用农业总产值构成、收入构成、农业用地等指标来反映。

（2）农村经济政策调查　农村经济政策包括党和国家各级政府关于农村经济的各项指导方针、政策、法令、法规，以及农村经济发展战略、保护措施和具体的实施方案。如一个地区为了调整种植结构，压缩粮食作物种植面积，增加油料作物面积，采取公司加农户的生产模式，保证大豆收购。同时政府给予种植大豆的农户一定补贴，鼓励农户发展大豆。此时，农资企业就应该适当加大大豆种子、相关化肥和农药的供应量，减少其他农资的数量。

（3）农业经营效果调查　农业经营效果调查一般借助于一系列统计指标，反映农业生产成果的生产经济效益。这些统计指标有三类：一是生产成果指标，主要有农作物的单产、总产量、总产值、利润等；二是资金利用效果指标，主要有土地生产率、劳动生产率、资金利用率等；三是生产效益指标，主要有单位耕地成本、单位农产品成本、农机具使用成本等。在分析农业生产经济效益时，重点分析各种农资在生产过程中的作用及其所占成本的比重，为选择经济效益好的作物品种、农药、化肥等产品的推广奠定基础。

3. 农资市场调查

农资市场调查就是采用一定的方法，有计划、有目的、系统地收集有关农资市场需求信息及与之相关的资料，以便为预测市场、确定营销方案、制定营销策略、编制营销计划等提供科学依据。农资市场调查主要包括以下几个方面的内容。

(1)农村社会购买力调查　农村社会购买力调查有三个方面：一是农村家庭构成及其变化。农村居民的家庭收入是形成购买力的基本方面，包括农业生产经营收入、打工收入、利息收入、租金收入、接受捐赠等，它决定农村居民购买力的大小。二是调查农村居民家庭的购买投向，调查农民的吃、穿、住、行以及文化生活等方面的需求比例变化等。三是农业生产方面的需求，主要调查农业生产需求的品种、数量、规格、质量、价格以及变化趋势和各种影响因素等。

(2)农资市场环境调查　主要调查一定地区已经颁布或者即将颁布实施的农业生产发展的方针政策和法规，国家和地方农业发展规划，与农资营销有关的价格、税收、财政补贴、银行信贷政策等。

(3)市场需求调查　主要调查一定地区范围内的各种作物种植面积和品种供应情况，所需各种农资种类的数量及变化趋势，对农资产品的质量、包装、运输、服务方式等方面的要求，本单位产品现有市场和潜在市场等。

(4)农资商品供应量调查　主要包括一定时间内能供应农资市场的商品的种类、品种、数量、质量以及潜在的供应能力等。

(5)农资市场销售情况调查　内容一般包括产品商业网点的数量、规模与网点周围农业人口密度、耕地面积、种植作物的种类、收入水平等，销售产品的方式和付款形式，农资产品的销售时间、种类以及销售人员的服务质量和水平等。

(6)新产品发展趋势调查　调查农民对新产品的认可程度，新农资在市场上有无销路、发展前途如何，调查消费者对新产品有哪些要求，调查新产品与老产品的区别及新产品的价格是否合理等。

(7)农资产品价格调查　主要包括农民对本单位和其他单位销售的农资产品价格反应，替代产品价格的高低，消费者、竞争者对价格变动的反应，在产品生命周期中各阶段的定价原则，价格策略对农资产品销售量的影响等。

(8)农资营销渠道调查　主要调查基层农业推广站、农资商店等单位的销售情况，如销售量、销售能力、利润等；农户对销售单位的评价；农资商品的储存、运输成本；进一步拓展销售网络、增设代理商或代销点的可能性等。

(9)竞争情况调查　主要调查农业科研所、农业大中专院校、各级各类农资公司等产品的生产经营单位数目、产品营销规模、产品市场占有率；竞争者的经营管理水平、销售方法、促销手段和供应能力；竞争者的产品成本、售价、利润等；竞争者的经济实力和市场竞争能力等。

(10)售后服务调查　主要调查本单位售出产品在农业生产中的综合表现,提供给用户的技术指导是否有针对性和适应性,用户对所购买的农资售后服务是否满意等。

除了上述外部资料的调查,农资营销人员还需要收集并使用的企业内部信息包括:

①营销活动有关的信息。产品系列、区域和顾客方面的销售情况,当前的销售额和市场占有率与历史上最好年份的比较等。

②产品存货量有关的信息。准确的存货信息对企业的销售及生产均有十分重要的作用,它涉及生产进度的安排和销售中与购买行为的衔接。

③产品成本有关的信息。由财务部门所提供的产品成本资料是企业进行产品定价时的重要依据。

④利润报告。各种产品、区域和顾客的销售利润表、销售费用水平等。

(二)农资市场调研的步骤

1. 确定问题及调研目标

确定调研问题和目标往往是营销调研过程中最困难的一步。营销人员可能已经知道营销中存在的问题,但找不出发生问题的具体原因。比如,某企业在一个时期内的销售额直线下降,管理人员以为是由于产品陈旧,质量较差所引起的,于是开始调研,寻找改变产品式样,提高产品质量的途径。但调研结果表明,并不是质量差、款式陈旧,而是同行竞争者多、竞争加剧、需求偏爱发生转移、价格不当引起的。可见,如果企业的管理人员能够在调研之前弄清营销中存在的实际问题,就可避免不必要的调研项目所造成的浪费,把精力集中到必要的调研项目上去。

在确定了营销中存在的问题之后,营销人员应确定调研目标。一个调研项目可能有三种目标:一是探索性调研;二是描述性调研;三是因果分析调研。探索性调研是指要调研的问题尚不清楚,无法确定调查哪些内容,因此只能收集一些有关资料并进行分析,找出症结所在,然后再作进一步调研。描述性调研是指通过调研如实地记录并描述诸如某种产品的市场潜量、顾客态度和偏好等方面的数据资料。因果分析调研是为了弄清原因结果之间的关系。总之,探索性调研所要回答的问题主要是"是什么";描述性调研所要回答的问题主要是"何时"或"如何";因果关系调研所要回答的主要是"为什么"。一般先进行探索性调研,然后再进行描述或因果关系调研。

2. 制订收集信息的调研计划

在明确了调研目标之后,营销人员便要拟定资料收集范围。为了得到所需要的信息,调研人员可以从现成的资料中收集,也可以通过实地调研获取原始资料。

(1)收集第二手资料　第二手资料即现有资料,是指经过他人收集或整理过的资料,它包括企业的内部资料和外部资料。

内部资料是指企业内部的各种记录、凭证(包括发票、订货单、提货单等)、财会资料、统计资料、报表和工作报告、用户来往信函、电函、购销合同、企业推销员和采购员甚至一般职工提供的情报资料以及企业编撰的行情动态和工作总结等；外部资料主要是政府的各类出版物、公开的各种报刊、书籍，各类咨询公司、信息中心提供的各种有关数据。调研人员一般可较迅速、全面地得到第二手资料，但在使用中营销人员应注意这些资料的可靠性、有效性和公正性。

(2)收集原始资料　原始资料又称第一手资料，是指营销人员通过实地调研得来的初始资料。这些资料能直接揭示市场活动过程的情况和问题，可直接感受和接触市场现象。原始资料的收集需要做出下述四个方面的决策：

调研方法	联系方法	抽样设计	调研工具
观察法	邮寄	问卷抽样单位	问卷
访问法	电话调查样本大小	电话	
实验法	面谈	抽样程序	机械工具

3. 执行调研计划，收集和分析数据

调研计划主要包括收集整理和分析信息等工作。收集信息的过程，可由企业内部的营销调研人员完成，也可委托外部的调研公司完成。企业自己收集信息的好处是，可加强对调研过程和信息质量的控制，但专业调研公司则可更快地完成调研过程，而且成本较低。

调研中的数据收集阶段是花费最大且最容易失误的阶段。因此，调研人员在计划实施过程中，要尽可能准确地按照计划要求去做，使所得到的数据尽可能接近事实。一个有经验的调查人员不会给被调查者造成压力，而会尽量创造一种轻松自如的气氛，同时又能控制住无关或枝节问题的干扰。

收集来的信息必须经过分析和处理。直接来自问卷或其他调查工具的原始资料往往是杂乱无章、无法使用的。营销人员利用标准的计算程序和表格将这些数据整理好，如计算一些主要变量的平均值和离散程度等。有时调研人员还要采用营销信息分析系统提供的更高级的统计技术或决策模型分析这些数据，以发现那些有助于营销管理决策的信息。

4. 编写调研报告

编写调研报告是市场调研的最后一步，是对问题的集中分析和总结，也是调研成果的反映。报告分专门报告和综合报告两类。

编写调研报告应掌握的原则是：内容真实客观；重点突出而简要；文字简练；应利用易于理解的图、表说明问题；计算分析步骤清晰，结论明确。

调研报告的内容是：调研过程概述，也称摘要；调研目的，又称引言；调研结果分析，这指调研报告的正文，包括调研方法，取样方法，关键图表和数据；结论和建议；附录。包括附属图表、公式、附属资料及鸣谢等。

学以致用

设计一份农资市场调研计划表。

三、农资市场细分与目标市场定位

山东某农药公司是以生物杀虫剂为主的小公司，有销售人员 5 人，产品以蔬菜杀虫剂为主，共有 8 个品种。2015 年，公司经研究决定面向全国展开销售，目标销售额 1 000 万元，具体工作由销售部李经理负责。李经理迅速制订了一套营销方案，将全国划分成 5 个大区，分别是东北区、华北区、南方区、西北区、东部沿海区，每个营销员负责一个区域，要求业务员做细做实，每个省都不能放过。为了提高利润，公司产品以高价位投入市场，并制定了严格的考核方案。迫于目标压力，每个业务员都选择了很多经销商，并且前期大量发货，几乎全年都在市场上工作。可是到了秋季结账时却发现，大量产品积压退货，公司实际销售额不足 500 万元，营销员们也个个怨声载道，说自己白白辛苦一年。

提问思考

公司的销售目标为什么没有实现？你认为问题出在哪里？

农资产品购买者是一个庞大而复杂的群体，由于消费心理、购买习惯、收入水平、资源条件及地理位置等方面的差别，他们都有不同的需要和欲望。因此，任何一个企业，即使再大的一个企业，也不可能全都予以满足，只能在对市场需求进行调研和预测的基础上，将购买者细分为需求不同的若干群体，结合特定的市场营销环境和自身的资源条件选择某些群体作为目标市场，并制定周密的市场营销战略去满足目标市场的需求。因此，掌握农资市场细分的方法，选择目标市场，制定市场定位战略是正确制定市场营销战略的前提和基础，也是决定农资经营单位整体营销成败的关键。

（一）农资市场细分

1. 农资市场细分的概念

所谓农资市场细分，就是农资企业根据消费者需求的多样性和购买动机行为的差异性，把整体市场即全部顾客和潜在顾客，划分为若干具有某种相似特征的顾客群（称为细分市场或子市场），以便选择确定自己的目标市场。换言之，市场细分实际上就是分辨具有不同欲望和需求的顾客群，把他们加以归类的过程。

农资市场细分的实质是细分农民的需求，而不是细分消费者和商品。企业进行市场细分，就是要发现不同消费者之间需求的差别，然后把需求基本相同的消费者归为一类，这样就可以把一个整体市场分成若干个细分市场。市场细分的最终目的是为了选择和确定目标市场，在此基础上，企业运用各种可控因素，实行最优化组合，以达到营销目标。

2. 农资市场细分标准

对农资市场的细分，是依据市场需求的差异性来划分的，并在此前提之下加上必要的标准来进一步细分。影响消费者需求的差异性的因素是多种多样的，大致可概括为四类：地理环境标准、人口状况标准、消费心理标准和购买行为标准。

(1)地理标准　指消费者市场所处的地理位置与地理环境。由于地理条件不同，会形成不同的消费习惯和偏好，消费者的需求就会有差异，他们对企业所采取的市场营销战略、产品价格、分销渠道、广告宣传等的反应也会有所不同。

地理环境是市场细分的一个最常用的标准，也是最明显、最易衡量和运用的细分标准。地理环境是一种相对稳定的静态因素，但它不是影响消费者需求的唯一因素，必须和其他许多因素综合起来考虑，才能选择出较为理想的目标市场。

(2)行为标准　按购买行为细分市场，就是企业按照消费者购买动机、购买时机、购买地点、购买频率等行为因素来细分消费者市场。按行为标准细分市场，只有透彻了解了行为因素的特点，才有利于采取措施在消费者心目中确定企业产品的地位；才有利于抓住营销时机开展营销活动:才有利于企业安排产品的合理投放和布局；才有利于开展有针对性的促销活动。

(3)人口标准　人们的需求，由于年龄、性别、民族、职业、文化程度、宗教信仰和收入水平等不同而呈现得丰富多彩、千差万别，为市场细分提供了重要依据。人口状况构成虽然复杂，但比其他标准容易测量，而且在一定程度上影响到农民的心理和行为，因而它是市场细分的一个依据，农资产品的包装要符合当地农民的个人喜好和宗教信仰。

(4)心理标准　随着经济的发展，人民生活水平的提高，消费者的个性、购买动机、消费习惯等对购买行为的影响将日益突出，尤其是购买非生活必需品。消费心理是个很难衡量的标准，运用起来比较困难，但它对企业却具有重要意义。

细分农资市场时，主要应从经济地理的角度来划分范围与选择目标市场，在目标市场内应细分出以下几个方面。

①该地区目前种植什么农作物？

②其种植面积分别有多少？

③这样的种植结构都发生什么样的病、虫、草害等？

④整体市场容量有多大？

⑤大概年需求我们的产品有多少吨？

⑥我们应该在目标市场上选几个点？都选谁？

⑦竞争对手在此地都投放了什么产品？价位如何？选的是什么渠道？选的谁？促销手段与势态如何？

⑧预计我们可以在此目标市场上上市几个品种？

⑨我们的营销政策与企划方案如何制定？

⑩我们的促销手段应如何定位等？

以上种种方面都要细分到每个目标市场上去，对农资市场进行复合细分。

实践调查

调查一家农资企业的市场细分方法。

(二)目标市场的选择

1. 目标市场的概念

所谓目标市场是指在市场细分的基础上,企业所确定的为之服务的最佳细分市场。企业的一切营销活动都是围绕目标市场进行的。选择和确定目标市场,明确企业的具体服务对象,关系到企业任务、企业目标的落实,是企业制定营销策略的首要根据和基本出发点。

2. 目标市场的选择

目标市场的确定,是在几个值得占领和可望占领的细分市场中进行的。因此,目标市场的确定,就是对几个有希望成为企业目标市场的细分市场进行分析和评估,然后根据企业的营销目标和资源条件选择最佳的市场细分的过程。分析评估细分市场,确定目标市场主要考虑以下几个方面。

(1)细分市场的规模和增长潜力　分析评估细分市场的规模和潜力,首先要调查细分市场的消费者的数量,它是构成市场容量的基础,其次要调查细分市场内消费者的购买力水平,因为市场需要具体表现为有支付能力的要求。市场规模的衡量指标是市场需求量,即目标市场上某一段时间内消费者购买某产品的数量总额。如果市场狭小,没有发掘潜力,企业进入后没有发展前途。

市场增长潜力的大小,关系到企业销售和利润的增长。其衡量指标是市场潜力,即指一定时期内,在消费者愿意支付的价格条件下,经过一定的营销努力,该产品在细分市场上的全部潜在消费者需求总量。

(2)企业在细分市场中的竞争能力　市场规模和潜力都很理想的细分市场未必就有利可图,因为市场规模及增长速度指标中包含竞争因素,而竞争是不可忽视的。换言之,决定市场利润潜力的因素是市场竞争结构,即市场中各类竞争者数目及竞争力强弱,据此判断细分市场的吸引力。

(3)市场特征与企业优势　企业对各细分市场要用易于识别和划分的细分标准来描述,目的是使各细分市场的特征明确具体。然后,依据各细分市场的特征,分析出各细分市场上的消费者对产品、价格、渠道和促销方面的要求。最后,结合企业的优势来选择细分市场。

企业所选择的目标市场应该能充分发挥自身优势。企业的能力表现为技术水平、资金实力、材料采购来源、经营规模、职工素质、管理能力、地理位置和气候条件等。所谓的优势是指企业的上述各方面能力较竞争者略胜一筹。如果企业选定的细分市场的特征与自身所特有的优势无缘,即使企业能够在其中生存发展,也会造成很大的浪费,而最可能的是无法在其中站住脚,最终被逐出该细分市场。

综上所述,被分析评估的个别或若干个细分市场若符合上述要求,即可确定为目标市场。

(三)市场定位

1. 市场定位的概念

所谓市场定位，就是企业根据市场竞争的状况和企业的实力，确定企业和产品在目标市场上与竞争者的相对位置或竞争地位。具体地说，就是要在目标顾客中，从各方面为企业和产品创造一定的特色，树立一定的市场形象，以求在顾客心目中形成一种特殊的偏爱。市场定位可以从企业在顾客心目中的形象反映出来。例如，北京长城饭店在顾客心目中就是个高层次的以接待外宾为主、设施一流、服务周到的国际饭店。所以，市场定位实质上就是企业设法建立的一种竞争优势，以便能在目标市场上吸引更多的消费者。市场定位的内容是多方面的，在市场营销学中，主要研究企业产品定位和企业形象定位。

2. 市场定位的方式

企业的目标市场定位并不是随心所欲的行为，它必须是在对消费者有全面的分析，对竞争对手有正确的了解，对企业自身有客观的评价之后做出的抉择。目标市场定位的方式基本上有三种：

(1)填空补缺式　寻找新的未被占领，但为许多消费者所重视的位置，即填补市场上的空位。填空补缺式的明显优势是企业可以避开激烈竞争的压力，但必须搞清三个问题：一是这一目标市场空白区是否有相应数量的潜在消费者。二是企业是否有足够的技术力量去开发目标市场空白区的产品。如果能够开发这种产品，那将独领风骚，可获得可观的经济效益；如果没有能力，只能放弃。三是企业开发新产品以填补市场空位，是否经济合算。

(2)针锋相对式　这种策略是把目标市场定在与竞争者相似的位置上，同竞争者争夺同一细分市场。实行这种定位战略的企业，必须具备以下条件：一是能比竞争者经营的产品更好。二是该市场容量足够吸纳两个竞争者的产品。三是比竞争者有更多的资源和实力。

(3)另辟蹊径式　这种策略是指企业在势力不太雄厚难以和强大对手抗衡时，可根据自身特点和优势，在产品某种属性上取得领先地位，强化宣传自己与众不同的特点。如美国百事可乐在20世纪30年代，瞄准饮料市场，并准备与历史悠久的可口可乐公司进行竞争，通过调研发现消费者对饮料这类产品来说，人们往往更注意的是数量。当时，可口可乐公司瓶装饮料仅6.5盎司，百事可乐就采用了瓶装12盎司，并进行广告宣传，用“百事可乐瓶装饮料多”的歌曲很快打入市场，赢得一定的消费者，并至今占有一席之地。

四、农资市场营销网络与渠道建设

辉隆农资集团前身为省供销社农资公司。改革开放以来，公司作为计划经济时期农资经营的主渠道，逐渐失去了农资经营的主导地位。面对严峻的形势，他们积极探索，大胆改革，引入现代流通理念，创新体制，重构网络，连锁经营，实现了“脱胎换骨”。引入现代流通方式，致力打造中国农村民族商业网络。根据农村“小农户、大市场”的特点，辉隆集团构建“供应商＋总公司＋子公司＋配送中心＋连锁店＋农户”的现代农资销售网络。辉隆从国内化肥和进口农药资源入手，与150多家化肥生产厂和进口农药、化工供应商建立了稳固的合作关系。同时，他们在全省60个县建设69个农资配送中心，对农资进行配送销售。通过直营、加盟等形式，吸引基层供销社、农业三站、个体农资经营大户加盟辉隆连锁经营，目前已发展连锁店820多家。辉隆集团还积极开拓河南、广东、广西、江苏、浙江、江西、东北三省等农资市场，大力构建国际营销网络，与20多个国家和地区有贸易往来。2004年实现进出口贸易3 800多万美元，在全国省级农资公司中名列前茅。该集团全面推行ERP信息管理系统，建立了商品管理、资金管理和业务流程管理预警体系。对连锁经营网点实行“六统一”，即统一采购、统一配送、统一标志、统一经营方针、统一服务规范和统一销售价格。

提问思考

辉隆农资集团都选择了哪些渠道作为自己的营销网络？为什么要这么做？

渠道策略是企业市场营销策略中的一个重要策略。因为企业生产出来的产品，只有通过一定的渠道，才能在适当的时间、适当的地点，以适当的价格供应顾客，从而克服生产与消费之间的矛盾，满足市场需求，实现企业营销目标。如何才能使分销渠道畅通无阻，高效率又低费用地把产品运送到顾客手中，就成为企业开拓市场、扩大产品销售的关键。

（一）市场营销网络的构建

营销网络是一个大体系，是销售网络、服务网络、商情网络、宣传网络、客户网络的有机集成。很多报刊都在高呼迎接知识经济时代的到来，走向网络制胜的时代。纵观当今市场做得好的企业无不具备良好的市场营销网络，今天我们的企业的确已经走进了无网而不胜的年代。

1. 确定农资营销主要渠道形式

目前，我国的农资渠道既有国有也有民营。在渠道的选择上可以选国营的，也可以选民营的。就目前为止，我国还是明文规定，个体、私人不允许经营农药、化肥、农膜之类的农资产品。而事实上，进入20世纪90年代以后，就农资流通体制而言，个体、集体的经销商便蓬勃而起，而国有主渠道农资公司则在新的流通体制的冲击下，相对衰落，逐步丧失了“主渠道”的地位。而辅助渠道如植保站、土肥站、农林推广中心要么名存实亡，要么转包经营，其性质也多有变化。对于农资工业来说，在营销渠道的选择上，到底是国营的好，还是民营的好，这也要因人因地而异。

2. 分销渠道发展成营销网络

分销渠道是从生产厂家开始，经过若干级中间商，最后到达最终消费者的一个个互不联系的孤立的通道。而营销网络是指通过营销网点布局、网线设计、网面覆盖、网员纽带、网流传输，把商品生产者和消费者联结起来，形成营销网点、网线、网面的覆盖，让信息、促销、物流、财流畅通传输的网络。营销网络是分销渠道质的飞跃，是现在以及未来的方向。目前，就我们农资工业而言，绝大多数的农资厂还是停留在分销渠道阶段，而拥有真正意义上的现代营销网络的企业一家也没有。

3. 自建网络

许多以“国有主渠道”分销为主的大型国有企业，在“主渠道”相对没落之后建设分销渠道(营销网络)的过程中，陷入了无方向的状态。产量、市场需求的激增与细小的分销渠道的尖锐矛盾使得农资工业不得不寻求新的出路。在经历了“大户策略”的挫折之后，很多企业开始重新考虑网络的修建问题。因此，自 1998 年开始，很多企业都显著加强了自身的网络建设。

自建网络显示了较强的生命力，对于资源较多，管理较好的企业是一种较好，甚至最好的选择，但是将其视为“放之四海而皆准”的法则也欠科学。理论上讲，自建网络这个历程实际上是一种倒退。按照合理的社会分工本应专心从事农药生产的工业企业，却在从事生产的同时，又从事商业活动，并和经销商一起瓜分利润。这种做法的弊端是显而易见的，主要表现在五个方面：一是工商不分势必牵涉企业很大的精力，削弱企业在工业的竞争优势和发展后劲。二是容易打击经销商的积极性。三是势必会增加营销费用。四是面临账务、税务等问题，容易与当地工商税务部门引起纠纷。五是营销网流难以有效利用。物流、财流、促销流和信息流是最重要的四种网流，自建网络成员出于利害关系的考虑可能歪曲或截留某些重要财流，使其在许多环节的有序流动受阻甚至无法流动。

要把握营销网络的建设方向，首先设立省级办事处，其次开辟县级营销客户，第三是开发乡、镇级消费市场。

4. 构建厂商双赢的战略伙伴关系

商界有句名言叫“店大欺客、客大欺店”，讲的是利益对立的买卖双方不平等的交易地位。在农资界，由于厂家的竞争或者是厂家的无能，已经到了经销商不担任何风险，而且少赚一分钱也不干的地步。有的经销商甚至变着法子坑骗厂家。有的小厂家只承诺不践诺，存在对中小客户迟迟不兑现返利等现象。有的小厂家更是不守信用，货调走之后，却不见了人影。这种不和谐的商业气氛对厂、商双方都是没有好处的。从本质上讲，厂、商的利益是一致的，双方都应该奉行双赢策略。

厂商首先要建立利益共同体，在此基础上再升为命运共同体，使双方结成同呼吸、共命运的战略伙伴关系，应该而且能够成为双方合作的最高境界。

5. 建设营销网络的注意事项

(1)不要把单纯的建网理解为销售网点的多少与稀疏上　营销网络是一个立体组合的交叉系统，它上至供应，下至销售，中间还要有与之相对应的人才、信息、财会、物管、后勤等系统。

(2)建网不是一朝一夕、一蹴而就、想建就建的　它不但要求企业在管理上要跟得上，要适应企业网建的发展，而且也要求企业坚持不懈，用时间去累加。

(3)企业人才与硬件设施跟得上　网建的硬件系统肯定少不了计算机的参与,企业营销网络的构建不但在农资界,就是在全国也是叫得很响的一个名词。

（二）农资营销渠道建设

1. 分销渠道的概念

“市场营销渠道”与“分销渠道”不同。市场营销渠道是指那些配合生产、分配和消费某一生产者的货物或劳务的所有企业和个人。也就是说,市场营销渠道包括某种产品的供产销过程中的所有企业和个人,如供应商、生产者、中间商、辅助商以及最终消费者或用户。而分销渠道是指某种商品或劳务从生产者向消费者转移的过程中,取得这种商品或劳务的所有权或帮助转移其所有权的所有企业和个人。一条分销渠道主要包括中间商(取得所有权)和代理商(帮助转移所有权)。此外,分销渠道还包括处于分销渠道起点的生产者和处于终点的消费者,但它不包括供应商和辅助商。

分销渠道在市场营销中起着重要的作用,它实现了产品、劳务从生产者向消费者的转移,调节着生产和消费之间的产品和劳务的数量、结构、时间、空间上的矛盾,渠道是否畅通,直接影响营销效益。

2. 分销渠道类型

农资商品分销渠道一般有以下四种形式:

(1)生产者—用户　即农资产品不经过任何中间商,由生产者直接向用户推销商品,这种形式是环节最少,流通费用最低的分销渠道,它适宜于单位商品价值高,技术性较强的农业生产资料和新品种推广。

(2)生产者—批发商—用户　这种分销渠道比前一种形式多了一个批发商的中间环节。这种分销渠道可以减轻生产企业销售商品的负担,集中精力搞好生产,充分发挥批发商的作用,加快商品流通速度。它适用于销售有季节性、周期性、连带性以及用户分散的商品。

(3)生产者—代理商—用户　这种分销渠道是生产者将其商品通过代理商这一中间环节转卖给用户。其特点是比用批发商转卖商品能减少费用,降低价格;有利于销售特种技术性能的生产资料,也有利于商品促销工作的开展。代理商对商品不拥有所有权,而是以生产者“代理人”的身份出现,向生产者收取“佣金”,其经济利益与生产者的利益是一致的。另外,代理商对所经营的商品质量、规格、性能等方面较为熟悉,因此,生产者如果没有推销机构或对市场情况不熟,或商品有特种技术性能,一般都采用这种分销渠道。

(4)生产者—代理商—批发商—用户　这种分销渠道是生产资料分销渠道中环节最多、最长、最复杂的分销渠道。对一些用户分散的商品,需要分散存货,销售批量小、生产者无力自己推销又急于销售的商品,往往采取这种渠道。

对于农业生产资料来说,由于品种、规格、型号复杂,有的商品技术性强,需要成套供应,而且生产资料往往需要由生产者提供各种服务。因而,农业生产资料分销渠道的最大特点是产需直接见面的购销方式。

3. 影响农资营销渠道选择的因素

分销渠道是渠道成员相互选择的结果。每一渠道成员在选择中都会受到一系列主客观因素的影响。生产者要有效地选择分销渠道，首先应依据企业的营销目标，对影响分销渠道选择的产品因素、市场因素、企业自身因素和社会环境因素进行全面的分析。

(1)产品因素

①产品单价的高低。一般来说，产品单价低，渠道宜长；反之，单价高，渠道宜短。

②产品的理化属性。对易碎、易失效、易腐坏的农资或容易淘汰的新品种，应尽量选择较短的渠道推销，以减少商品由于分销渠道中转手位移太多，时间太长而造成的破碎、失效、腐坏等损失。自然生命周期长的商品，其分销渠道可以长些，自然生命周期越短，分销渠道则越短。

③产品的体积和重量。体积大、沉重的产品，如农业机械或用种量较大的苗木、土豆等农业生产资料，运输比较困难，而且装卸搬运费较高，一般适宜选择最短的分销渠道，由生产者直接销售给用户，减少由于装运造成的损耗和费用；对于体积较小、较轻的商品，运输、装卸比较方便，宜于保管，费用较低，渠道长短的选择余地较大。体积较大、质量较重的商品，即使需要中间商，最好也选择代理商，尽量避免批发商，最大限度地减少重复运输。

④产品的技术复杂程度和服务要求。技术复杂程度较高的产品往往需要生产者派出专人去指导用户，以便提供服务和咨询，解除用户对使用其产品的忧虑。另外，有些对售后服务要求较多的产品具有一定的技术性，需要指导消费者如何使用并提供维修服务。因此其分销渠道应直接销售给消费者，或特约少许零售商经销，及时提供服务，减少因服务不周而引起消费者的不满。

⑤产品与用户的相关程度。由于农业生产资料是农民生产和生活的必需品，农资生产者选择较宽的分销渠道时，应形成辐射面较广的销售网点，方便农户购买，在企业能力许可的情况下，尽量增加销售网点。

⑥产品的市场寿命周期。当产品处于投入期，为使产品尽快为农户所接受，打开销路，可选择短而宽的分销渠道，争取时间，尽量缩短投入期。随着产品进入成长期，为加强竞争地位，可综合运用各种类型渠道，并巩固有效渠道，以扩大原有市场并进入新市场。当产品处于衰退期，由于出现销售困难，中间商不愿经营，分销渠道会逐步缩减。

(2)市场因素

①潜在消费者数量的多少和地区分布。潜在消费者少，市场小，企业可采用直接渠道推销产品；反之，潜在消费者多，市场大，生产者必须通过中间商推销产品，分销渠道则比较宽。

②消费者购买模式和习惯。如果消费者购买次数多而每次购买数量少，一般不使用直接分销渠道；对于消费者购买次数多，每次购买数量多的产品，生产者则可直接销售给消费者和用户，选择最短的分销渠道。

③市场规模和发展趋势。市场规模小，但其发展趋势大，分销渠道就有扩展和延伸的余地。现有市场规模大，但其趋势逐步缩小，产品进入衰退期，分销渠道必然随之收缩和转移。

④零售商规模大小和购买数量。就某一市场而言，如果市场上大多为进货量小的零售

商，这种情况下生产者只能通过许多批发商进行转卖，因而分销渠道较长且宽。如果市场上大型零售商多，进货数量较大，生产者则可直接将产品销售给零售商转卖，分销渠道宜短。

⑤竞争者使用分销渠道的种类。原则上应尽量避免和竞争者使用相同的分销渠道。但是，有些产品由于受消费者的购买模式的影响，消费者购买时往往需要比较品牌、价格、式样等，因此生产者必须将产品选择那些竞争者也使用的分销渠道推销产品，同时加强促销力度。

⑥季节性产品。农业生产资料多是季节性较强的产品，必须在季节和节日来临之前及时进入市场，若产品为常年生产，此时必须选择间接渠道，发挥中间商的调节、存储作用。若为季节性生产的，则适宜选择直接渠道，以保证及时供应。

(3)企业自身因素　在选择分销渠道时，除考虑产品因素、市场因素外，还必须考虑企业自身的条件、能力和需要。

①企业的实力和声誉。实力强、资金雄厚、声誉高的企业，在分销渠道的选择上有较多的余地，可自由选择各类渠道，也可建立自己的推销系统。实力弱、资金少的企业，一般都要依靠中间商推销其产品。

②企业自身销售力量大小和素质高低。企业自身的销售力量大，经验丰富，可少用和不用中间商，而充分发挥自身优势。自身销售力量小，缺乏销售经验，则要依靠中间商推销商品。

③企业愿意提供的服务。一般情况下，如果企业愿为消费者或用户提供更多的服务，则适宜选择较短渠道或直接渠道，便于服务到位。若企业为零售商提供的服务较多，以吸引销售商经营其产品，则把对中间商的选择放在零售商上。若企业为了吸引批发商经销其产品，而集中向批发商提供较多服务，则对中间商的选择必然以批发商为重点。

④生产企业对分销渠道的控制程度。如果企业要对产品的零售价格或产品的新鲜程度进行严格控制，则适宜选择短而窄的分销渠道。

(4)社会环境因素　政治、经济、自然环境以及国家的有关法律、法规，也是选择分销渠道时必须考虑的。对有些国家实行专卖的商品，对实行计划供应政策的商品，就会形成定点的单一渠道；对国家实行开放政策的商品，就会形成横向的开放型宽渠道。此外，经济形势的好坏，对分销渠道的选择影响较大，当经济萧条时，市场销售困难，生产企业必须减少不必要的流通环节，使用较短的分销渠道，避免提高产品的最终价格，影响产品的销路；反之，在经济繁荣时，市场销售旺盛，分销渠道选择的余地较大，生产企业可根据其他情况尽意选择分销渠道。

企业不能仅凭某个方面的因素或某一项因素来选择分销渠道，往往需要综合多种影响因素，分析利弊，从中择优，才能搞活企业，提高企业经济效益。

五、客户的建设与管理

小武在辽宁某种子公司工作多年，一直负责辽西地区销售，成绩比较突出，多次受到公司表彰。他和经销商的关系都非常好，经销商也都非常信任他。在公司的经验交流会上，他介绍自己的经验是在每个城市找一个经销商，建立经销商的档案资料，每天打一个电话，每周去一次，和经销商交朋友。

【观察思考】：你从小武的身上学到了哪些经验？

凡与企业有业务关系的购买者都是企业的顾客，根据顾客购买的目的不同可将农资客户市场分为中间商和最终用户两种类型。中间商又叫中间商市场，是指购买农资直接用于转卖的经营者，主要包括农资批发商、代理商、零售商和经纪人，他们不是产品的最终用户。最终用户即农户，又称农资最终市场，是指购买农资用于农业生产过程的农民买主，由于我国农资营销渠道大多以中间商代理为主，因此，中间商的管理便是客户管理的主要内容。

（一）选择中间商

1. 选择中间商的条件

确定了分销渠道模式，生产企业还必须选择渠道内（不包括直接渠道）具体的中间商。中间商的不同性质及其质量的高低，直接关系到生产企业产品的销路和经济效益。一般情况下，生产企业选择中间商应考虑以下条件和原则。

(1)能够选择的类型与数目　有可能与本企业协作的中间商是何种类型？是批发商，是代理商，还是零售商？能供本企业选择的各种类型的中间商的具体数目有多少？有能力且愿意与本厂合作的各类中间商的具体数目有多少？弄清这些问题是生产者选择中间商的第一步工作。

(2)销售对象　中间商的销售对象及其分布范围应与本企业的目标顾客及其分布范围基本一致。同时，中间商（尤其是零售商）所处的地理位置能方便订货或方便本企业目标顾客的购买，这是确定中间商基本的条件。

(3)商业信誉　中间商是否为本企业的目标顾客所信任和尊敬，中间商与相关企业（包括与本企业，与其他生产企业和商业企业）的关系是否融洽，资信程度如何，等等。

(4)经营能力　中间商是否有比较健全的销售网点，较强的销售能力和较好的营销技术。如推销员的素质、数量，过去的销售状况，运输存储能力，以及能否向顾客提供必要的技术指导、维修保养、零配件供应、送货上门等销售服务项目。

(5)竞争情况　要考虑中间商是否经销竞争对手的产品，本企业的产品能否与竞争者的产品相抗衡。当中间商已经经营竞争对手的产品时，如果本企业产品竞争力弱，需要避开强者的锋芒，就不应考虑这种中间商；如果本企业产品竞争力较强时，则应努力争取经营竞争对手产品的中间商，以加强本企业产品的声誉和市场竞争力。

除此之外，还要慎重考虑中间商的资金状况和经营农资的积极性。生产企业只有通过深入细致的市场调研工作，才有可能掌握上述中间商的准确情况。通过对中间商各方面情况的综合分析与比较，生产者可选择到自己满意的中间商，从而建立自己的商品分销系统。

2. 选择中间商的方法

中间商选择的合适与否决定着企业营销网络的销售量，所以采用合理的方法选择出最佳的合作伙伴，是农资营销的重要工作。针对新市场的开发与运作，对业务员来说要务必高度重视“望、闻、问、切”四项基本原则来选择中间商，以利于企业分销渠道的开发。

(1)望　我们在考察新市场和开辟新的网点时，“望”的内容主要是看其表象，也就是把你要选择的准经销商的店面与其他商家相比，看其规模如何，是否整洁，员工素质如何，行为是否规范，其竞争对手有几个在此设点同类产品，有没有特约经销的牌子等。

(2)闻　就是你在走访的过程中，与客户交谈，与客户的客户交谈，与其他厂家的业务代表交谈，与店面的营业人员交谈，与当地的新闻媒体、政府单位的管理员交谈，在交谈过程中，听他们对你将要选择的准经销商的评价，然后将所闻进行加工处理以便参考。

运用的问句、技巧和方法(与经销商交谈，通过问话了解其经营的思路)。

经营理念、价值观、行业信心

1. 你从事这行多长时间了？

____

____

2. 现在市场竞争越来越激烈了，你是怎么看的？你觉得该如何做才能继续发展壮大呢？

____

____

推广能力

1. 假如选择一个新产品，通常你会考虑哪些因素？为什么？

____

____

2. 如果一个产品出现窜货现象，通常情况下你怎么处理？

____

____

团队建设

1. ××老板，你现在手下有多少员工呢？

____

____

2. 你感觉你手下这些员工怎么样？当初你选择员工时，主要考虑了哪些因素？

____

____

3. 企业的发展离不开员工的共同努力，在调动员工积极性方面，你是如何做的？能指教一下吗？

____

____

技术力量

××老板，据我了解现在经销商的服务越来越到家了，他们会专门从农校和农大请一些高素质的业务员到下面去，为农户和零售商提供一些技术服务，你觉得这样做怎么样？你又是怎么做的呢？

财务能力

现在很多经销商在应收账款这方面出现很多坏账、呆账、死账，感觉很头痛，不知道你这边情况怎么样？

市场范围

你的市场范围主要在哪里？

存在问题

现在你的公司做得已经很不错了，但毕竟每一家公司都不是完美的，如果有不足的话，你认为有哪些呢？

第三者转介绍

×老板，我刚刚踏入销售行业，对市场还不了解，在不影响您销售的前提下，您能否给我介绍一到两个客户。

如果客户给你做第三者转介绍，请你当场打电话，先赞美对方，然后约定拜访时间。

假如客户最后没有接收你的产品，也不要立马起身就走。要尽可能地了解客户为什么没有接收你的产品，找出问题的所在，以便和下一个客户谈判时知道问题出在什么地方。

×老板，我想了解一下是什么原因使您没有接受这个产品？

(3)"问"　就是直接向你的客户、其他厂家的业务代表及店面的营业人员、新闻媒体、政府机关等直接提问。在必要的情况下，可以先列出询问提纲，然后把你的问题及所得到的答复一一记录下来，整理在案，进行加工与处理后以备参考。

您的主要供货商是谁？请您给我推荐三名好吗？

姓名________电话________

姓名________电话________

姓名________电话________

请您推荐当地最优秀的三家批发商(标准:①信誉好;②网络全;③有资金实力;④懂技术管理)。

姓名________电话________

姓名________电话________

姓名________电话________

为了调研收集到真实的信息,首先递上公司提前配备的小礼品。(中国有句俗话:吃别人的嘴软,拿别人的手短,只要对方不回绝你,接收你的小礼品,一般情况下,你问什么对方就会回答什么。记住一定要事先配备小礼品。目的:①求得对方的配合;②尽可能地让对方说实话。)

如果你能在一个镇上拜访3个零售商,一个县级市场拜访6~8个乡,通过综合评比,你就会知道这个市场谁做得最优秀,再拜访经销商时就会有一定的目的性,就不会再盲目了。

做市场调研的注意事项:①安全(行驶、住宿);②仪表与着装;③不能以点带面、一俊遮百丑、感情用事;④不说外行话、不不懂装懂、不拒绝回答;⑤挤出水分、分辨真伪;⑥避免用引导性的词句,不引导经销商和零售商回答问题;⑦访问者的反问要谨慎回答,不虚伪,不说假话,要客观。

(4)"切" 中医上讲"切者,切其六脉也"。我们这里讲的"切"也是在"望""闻""问"基础上的一个综合处理、加工信息,然后做出判断的一个审时度势的过程。你在经过了一系列的"望""闻""问"之后,在你的脑海中已形成了对你所访问群体的一个印象,在你的这么多的印象中可以从中进行决策,然后选出一个既有经济实力,又有推广与行销能力,同时又信誉良好的客户来。一般来说,在开辟新市场中,如果我们的营销人员能严格坚持"望、闻、问、切"的四项基本原则,保证能开辟一个成功一个。有很多业务人员之所以在业务往来中形成了大量的死账、呆账等,究其原因就是他们在开辟业务的当初,考察不严,轻率从事,以至于一失足成千古恨。

(二)客户管理

1. 资料管理

资料管理是客户管理的重要内容之一,它主要包括以下内容。

(1)客户资料卡片 客户资料卡片也叫往来账目,但又不同于往来账目,它是对客户管理的依据,主要包括:①购买量的大小;②客户的资信程度;③客户成长可能性的大小。

(2)掌握客户的动态状况 要经常与客户保持联络,把客户的动态变化与经营状况详细记录在客户资料卡片上。

(3)保存销售记录 把与客户发生业务的所有存根,除记录在案以外,还要保存,以便以后查账时备用。

(4)账目清晰 与客户要每一季度核对一次账目,如有差错,即刻找出原因或调整。每年度结束时,双方财务要对账一次,做到双方货、款、账对应,各自确认,并有双方账目余额结转下年的对账凭证。

客户调查表

姓名		公司名称			电话		
详细地址					邮编		
车辆		员工		主管会计		备注	
种植结构		种植面积			乡镇数量		
连续三年营业额		2017 年销量		2018 年销量		2019 年销量	
合作厂家	竞品	规格	合作年限		销量	营销策略	
公司年度销售目标计划		品种		导入时间		营销策略	

销售往来账目表

序号	产品规格	发货时间	生产日期	库存	备注

2. 防止窜货

所谓窜货，就是经销网络中的各级代理商、分公司等由于竞争对手的竞争、定点产品的畅销、产品价位的巨大落差等受利益的驱动，使所经销的产品跨区域销售，造成价格混乱，价格混乱会导致经销商无利可图，从而使其他经销商对产品失去信心，消费者对品牌失去信任的营销现象。

窜货的主要表现形式有经销商之间的窜货，营销人员之间的区域窜货，分公司之间的窜货，经销网点单位低价倾销的窜货，假冒产品的窜货等。

实践调查

中间商有哪些对企业不利的做法？他们之间有哪些窜货形式？

窜货的危害巨大，首先是经销商对产品品牌失去信心，其次是干扰市场上正常的价格营运体系，最后导致公司销售渠道受阻。

解决窜货问题的主要对策有：第一企业应从自身做起，堵住源头；第二是加强对销售通路的管理，确保通路科学、安全；第三是实行产品代码制，便于对窜货做出准确判断和迅速反应；第四是实行奖罚制度，对窜货严重的经销商可取消其经销权。

六、培养顾客忠诚

2004 年 12 月东北种子交易会在哈尔滨隆重举行，辽宁某蔬菜种子公司也参加了大会，展厅设在十楼。公司朱经理及员工们正和客户交谈时，一个农民模样的人手拿一张名片在展台前看了半天走了过来，询问该公司地址是否在辽宁某地，经理在哪。朱经理走了过去作了自我介绍，问他有什么事，这位农民模样的师傅看了半天，将信将疑，并要求朱经理拿出身份证核实，旁边的员工都纷纷证实他确实是朱经理。这位农民如释重负，不由感叹地说："我从一楼找到十楼，已经一个小时了，终于找到你们了，刚才有个公司和你们名称一样，种子也和你们的相似，他们说他们就是你们公司，原来是骗我的，你们才是真的。"原来这个农民过去用过朱经理公司的种子，感觉特别好，价格低，质量好，获得了丰收，这次趁开会特意直接来再买些种子。

提问思考

这位农民为什么坚持要买朱经理公司的种子？

（一）培养经销商忠诚

1. 利益驱动

对于经销商，无论是一级还是二级，他们之所以经销我们的产品目的只有一个，那就是为了赚钱，再往深里说就是在尽可能小的风险内，赚我们更多的钱。营销人员只要吃透了这个问题，就没有培养不出来的忠诚顾客。

有时候，由于主观与客观的双重因素，比如你的经销商没经验，或你的产品是新产品刚上市等，你的经销商赚不了钱怎么办？这就要求企业的营销人员怎样帮助客户赚钱，怎样去培训经销商，开发经销商，帮助你的经销商开发市场等。有时候需要经销商与企业去共同承担市场风险时，你怎样保证你尽可能多地承担风险，而让你的经销商尽可能少地承担风险，这也是培养顾客忠诚的秘诀之一。

2. 感情维系

在选择经销商时，尽量选择和自己有一定感情基础的经销商，并保持合作的持久性。对经销商及时培训，增加沟通机会，使经销商不仅成为事业上的伙伴，更是生活中的朋友，能让他感觉到你的真诚，最终实现双赢。

小案例：业务员小刘通过第三者介绍认识了一个经销商，这个经销商做得非常好，在当地的信誉、资金实力，团队建设和社会关系都不错。小刘去了几次，每次对方都热心接待，就是没接收产品。对方的借口就是：同类产品比较多，不能再接收了，就是接收了，上不了量，会耽误小刘的业绩的等之类的推脱之词。

小刘是一个不达目的不罢休的人，经常鼓励并告诫自己：不管干什么事情，只要有1%的希望，就要付出100%的努力，只要方法正确，总有一天会成功的。

虽然没有与这位经销商产生业务，一来一往小刘就跟经销商下面的员工比较熟悉了。有一天他忽然得知，经销商的母亲要过80岁大寿，小刘感觉机会来了，专程提前一天来到经销商那里，和经销商说："得知您母亲大寿感到非常高兴，这两天我就在这里帮忙，有什么需要我做的尽管吩咐……"

小刘忙前忙后的身影，经销商看得一清二楚，特别是酒场上敬酒的一番话深深地打动了经销商："今天是母亲的80大寿，我们总经理特意派我来给母亲祝寿。我代表我们公司的全体员工祝母亲身体健康，等到母亲90大寿，100大寿的时候，不管王总与我们合作不合作，我都要来给母亲祝寿，并祝愿王总的事业与母亲的大寿一样开心。因为只有心情好，母亲才长寿；只有心情好，王总的思路才好，思路好事业才好……"

第二天，小刘在与王总告别的时候，手里拿到了一份合作的协议……

3. 差异化服务

作为厂家，要为不同地区的经销商提供差异化服务。作为吸引经销商的内在因素，谁的差异化工作做得好，谁就能脱颖而出，如很多经销商都喜欢新品种，农药生产企业不妨考虑按他们的要求精心设计商品名、商品包装，做到与同类产品的差异，以此赢得经销商的心。

(二)培养农户与消费者忠诚

农民购买我们的农资产品目标只有一个，那就是实用、丰收等，能花最少的钱，获得最好的收成。另外，一些农民还有占小便宜的心理，总想着买不多的农资便能得到一个衬衫什么的。因此，从以上的分析我们可以知道，如何培养顾客的忠诚呢？对于经销商来说就是保证他们赚钱，保证他们以最小的风险赚最多的钱，在强化销售服务功能上下工夫。对于农民而言，就是降低农资产品成本，提高质量，多增加产品的附加值。

小案例：在河南豫东地区，农作物以小麦和棉花为主，每年到了麦收季节，由于气温高，棉花容易产生病虫害，尤其是红蜘蛛的危害较大。农忙收麦时，农民忙于收割无暇管理棉花，所以在收割之前，不管棉田里有没有害虫，都习惯性地喷施一遍农药，以防红蜘蛛的发生。零售商就抓住农民的这个用药习惯并结合其他营销手段展开促销活动。

零售商老王结合夏季天气热的特点，给农民免费发放草帽，每个草帽上都写上他门店的名字。他派两个人站在门店前，先免费发放30顶。农民去赶集都会遇到好多自己熟悉的人，看到别人头上戴着印有门店名字的草帽就会问："在哪里买的？"凡是戴着草帽的人都会说："老王那里免费发的。"人们一听是免费发的就纷纷前去领取，结果到了老王那里，只见有一张红纸上写着："买两瓶阿维菌素送草帽一顶。"因为是夏季，天气比较炎热，反正是要买药，买谁的都是买，还能得到一顶草帽，农民就纷纷主动购买，并相互传播：老王那里买产品还送草帽。老王的生意一时火爆。

【课堂活动】

农资中间商的选择

一、活动目的：让学生学会如何选择经销商。

二、活动内容：

1. 抽半天到一天的时间选择一个县或镇让学生进行市场调查。

2. 总结：如果你是营销人员选择哪一家做中间商。

三、具体做法：全班分成几组，每组3～5人，以小组为单位进行调查，派出代表讲解选择这家中间商的理由。

【技能训练】

一、训练项目：农资市场销售情况调查

二、训练目的：通过本次实训使学生了解如何开展消费行为调查，掌握调查数据的统计方法，能够对调查的数据进行分析并形成调查报告。

三、训练条件：每组有能够上网的计算机一台，调查表、计算器、纸笔等。

四、训练内容：以学校附近的农资市场为调查对象，制作和填写调查表；对收集到的数据进行统计分析；上网查询与本项目有关的资料；编写调查报告。

五、训练要求：本次实训以小组为单位，5～7人一组，每组调查对象不少于3家；相关的资料可以到图书馆、因特网上查询；教师也可以提供部分数据和表格样式；本报告可以在两周内完成。

六、作业：以小组为单位编写一份农资市场销售状况报告，并注明参加调查的人员和报告执笔人。

【复习思考题】

1. 优秀的营销员应该具备什么样的特征？

2. 市场调研分哪几步？农资企业常用哪些市场调查方法？

3. 目标市场应该具备什么样的条件？
4. 常用的市场定位的方法有哪些？
5. 农资企业组建营销网络应做好哪些方面？

【相关阅读】

1. 徐岚．市场营销学．北京：机械工业出版社，2010.
2. 卢敏．农业推广学．北京：中国农业出版社，2005.

【本章小结】

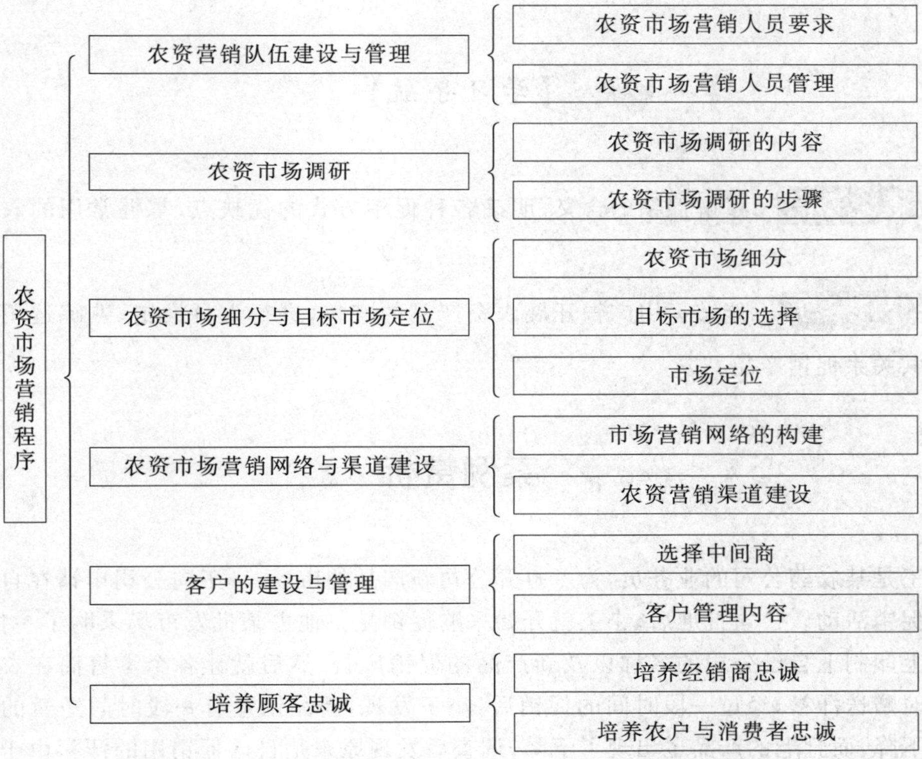

第八章 农资市场促销

【学习导航】

理论知识 了解促销的含义,明确各种促销方式的优缺点,掌握常用的农资促销技巧。

技能要求 能够运用广告开展农资产品的宣传,进行人员推销,熟练运用营业推广和公共关系促销产品。

案例赏析

小王是某农药公司的业务员,为了打开公司新产品的市场,小王向公司申请在自己的区域进行促销活动。公司批准后,小王就开始采购促销品。他去某批发市场采购了一批汗衫,在汗衫上印制上自己公司的名称以及新产品的促销广告,然后就让各个零售商在农民购买新产品时赠送汗衫,经过一段时间的促销后,小王发现,新品销量有一段时间短暂的上升后就急剧下降,而且老的产品也出现了下降,调查后发现原来是自己促销用的汗衫由于采购时没有注重质量,农民拿回去后,短期内就出现了破损,农民对赠品质量的怀疑进而怀疑公司产品的质量,使公司的产品遭到了严重的信任危机。

点评:促销本是销售的一种重要手段,但促销产品一定要精挑细选,不然就可能使农民由于对促销品的不满转移到对公司产品的不满。

知识链接

一、促销方式及特点

促销是企业市场营销活动的基本策略之一，简称销售促进。它是指企业采用各种手段和方式向消费者或用户传递商品或劳务的信息，从而引起消费者的兴趣，激发消费者的购买欲望和购买行为的活动。因此，促销实质上是卖方和买方之间进行营销信息沟通的过程，是把企业和消费者有机联系起来的活动。

在农资产品经营过程中，常用的基本促销方式有两大类：一是人员推销；二是非人员推销，包括公共关系、营业推广和广告三个方面。传递农资信息，开展农资促销，通常不是以单一方式来进行，一般是以促销组合的方式来提高促销效果。

提问思考

你认为的促销是什么？你见过哪些促销活动？农资产品在哪些广告媒体上宣传效果理想？

（一）人员推销

1. 人员推销的含义

人员推销是指企业派出推销人员或委托专职推销人员直接向目标顾客介绍和推销产品的经营活动。其作用是使顾客认识和了解企业及其产品，引起他们的兴趣，从而促使其采取购买行为。人员推销有三个基本要素：推销人员、推销品和推销对象。在这三要素中推销人员的素质高低直接关系到推销的效果，影响到企业营销目标的实现。因此，企业要认真选拔推销人员，严格培训和考核制度，加强对推销人员的管理，努力培养高素质的推销人员队伍。

2. 人员推销的方式

(1)上门推销　推销员走出去，到顾客的单位或家庭去推销。这种推销工作辛苦、费工、费时，但主动性强，效果显著。它是最古老、最重要的推销方式，所以至今仍受到相当的重视。农资行业的上门推销就是走到田间地头做试验，派发宣传单页，通过试验结果以及宣传单页上的图片，让农民看到产品的效果，引起农民的关注并购买。

(2)营业推销　企业直接面对顾客，在固定的零售店直接面对农民设立销售营业柜台或直接设立门面。这种推销工作主动性差，但是由于有固定的营销点，加上专业的推销人员易使顾客信赖，所费人力也较小，是一种重要的人员推销方式。营业推销的效果如何和营业场所的选择关系很大。地点选择得当，营业员素质高，是营业推销成功的重要保证。

(3)会议推销 会议推销是一对众的营销，推销人员通过订货会、交易会、洽谈会等会议的形式推销企业形象及产品。这种推销方式，用户相当集中，众多厂家、中间商、零售商、个体消费者集聚，便于在短期内进行大量洽谈活动，省时省钱。但这种推销方式，易受与会者数量范围的限制，而且竞争对手云集，如何在激烈的竞争中脱颖而出，需要推销人员精心准备和具有卓越的才能。

(4)电话推销 就是推销人员通过打电话或发短信息等现代通信手段与目标顾客交谈，以达到推销的目的。这种推销方式的优点是费用低，省时省力，推销范围广。缺点是对于一些复杂的问题电话里不太容易交谈清楚，往往要同面谈等其他形式配合使用。另外，打电话前无法预知顾客的状态和心情，影响推销效果。

接打电话的礼仪：

在现代的商务活动中，电话是必不可少的重要工具。特别是每次参加完大型的会议，收集到好多名片，大家在会议上仅仅是一面之交，有时在通电话时，对方是什么模样已经不记得了，手中仅有的一张名片，成为你的联系方式。如果公司将名片整理分类，将一部分名片给你，让你事先联系，然后再去拜访，这时的接打电话就尤其重要了。一次有礼貌的接听可能会将“准客户”变成“客户”，而一次失礼的电话也可能会让“客户”投入竞争对手的怀抱。

另外，我们在下市场前或下市场后，为了能见到客户，不白跑一趟，也要提前与客户联系一下。或者，市场上出现了反馈，比如产品出现了药害，当地主管部门出现产品查封，在问题没处理之前，经销商会事先通过电话与市场营销人员联系，或者发货、打款、产品销售结束以后，出现了退货、换货现象，都会通过电话联系的方式进行沟通。所以，接打电话的礼仪就成为市场营销人员商务活动中最重要的礼仪之一。

接打电话要注意以下事项。

①不要不分时间和地点与客户联系。

不适合的地点：汽车上、马路边、餐馆、娱乐场所，这些地方噪声太大，双方都听不清楚，浪费电话费，还容易出现理解错误，产生误解。

不适合的时间：早晨 6:00 以前、上午 11:30—12:00、晚上 22:00 以后。早上过早，晚上过晚，如果客户已经休息，易引起对方反感。上午 11:30 以后给客户打电话也是不礼貌的行为，如果是新客户 11:30—12:00 只有半个小时的时间，谈判是谈不透彻的，如果下午继续谈，中午客户是否请吃饭呢？如果业务没有谈成呢？如果是老客户，销量大的客户也许不会有什么想法，而销量小的客户就可能有想法了。本来销量就小，又没有挣到钱，况且你又没有给他过多的支持，那么，他内心是不欢迎你的。有些营销人员喜欢在 11:30 以后给客户打电话，如：“李经理，你现在在门市上吗？”如果对方回答“在”，业务员就会说：“李经理，我现在在车上，正往你那里赶，再有半个小时就到你那里了。”出于礼貌，尽管李经理内心不耐烦，也会说：“那好，我等你一起吃饭。”实际上这些营销人员这时的电话在通知对方，“给我准备着饭”。在现实生活中，不管是大客户或者是小客户，新客户或老客户，都是不情愿的，不如到了地方稳定下来，把要见面需要谈的问题理顺一下，客户可能会出现的异议考虑一下，吃完饭，下午再谈。如果客户询问什么时间到的，你不如真诚地回答，为了不给您添麻烦，我中午到的就没有给您联系。客户可能表面上责怪一两句，但却得到了客户内心里的敬重。另外，打电话应尽量避开客户可能用餐的时间。

②接打电话前准备要充分。接打任何电话都有一定的目的性。有些营销人员性子比较急，干起事来风风火火，不考虑后果，不管想起来什么事情，不管考虑的周全不周全，拿起电话就打。还有的由于准备不周，对方反问一些问题却不知道怎么回答，都会给客户留下不好的印象。接打电话时你与客户双方都无法看到双方的表情，但是你的语气、语速、微笑、懒散都会通过你的声音传递给对方，对方能够通过电话感受你是否拥有良好的职业素养和热情的态度，所以接打电话前要做好充分的准备。如果条件允许的话，可事先准备好笔和笔记本，简单记录谈话要点，并重复双方共同关注的焦点，来进一步引起双方的关注，以便兑现承诺和要求。如果平时习惯用左手写字，那么就用右手持电话听筒。

③接打电话时不可口中有物。有些人喜欢嚼口香糖或嗑瓜子，在给别人打电话时也是如此，这些都是不礼貌的行为。不管怎样，一边吃东西，一边接打电话，会让对方感觉到不受尊重，同时，你的职业形象也会大打折扣。

④不要在客户办公室里用固定电话接打电话。有些人私下认为跟客户关系较好，在客户办公室里接打电话，特别是私人电话，打起来没完没了，或者汇报其他市场上的业务情况，这些都是不妥的，会引起客户的不满。

接打电话要遵守的礼仪规则：

①电话铃响之后，一定要在三声铃响之内拿起听筒，否则会有怠慢客人之嫌。如果一时腾不出空来，让电话响了四声以上，拿起电话后应先向对方致歉："对不起，让您久等了。"然后不要等着人家问什么说什么，首先应报单位名称及所属部门。如果你另有电话要去接，要事先告诉他，不要让他在电话那边等待时间过长。一般要在15秒之内对搁置的电话有所回应，表明你时刻关注着对方。

②在接打电话时要主动通报自己的单位和姓名，避免出现寒暄几分钟了还不知道对方是谁、是干什么的尴尬局面。如："喂，你好，我是董三星培训公司的苏争艳，在公司负责内勤工作，请问您是刘经理吗？"在得到对方确认后，"刘经理，本月18号给您邮寄的《做一名优秀的业务员》，请问您收到了吗？"得到确认后，再对数据核实一下，"刘经理是10本，对吗？"最后，"刘经理，感谢您对公司的支持，欢迎到公司来做客，谢谢。""您还有其他事情需要我帮忙吗？"简明扼要，使对方一目了然。

③如果预计谈话时间可能较长，首先要询问对方现在谈话是否方便，给客户留下通情达理、善解人意的印象，会对谈话结果产生良好的影响，并可传播企业良好的形象。如："王经理您好，我是董三星培训公司负责后勤的王坤，请问您现在接电话方便吗？"

④如果外出做业务，或者节日放假，过星期日或有事外出，都要对公司内勤有所交待，随时将客户来电转告或留言，或者公司内勤统一转告口径，否则容易失去很多机会。

⑤电话拨通后，如果铃声三四声无人接听，不要急于挂断，要耐心地等到七八声后再挂断，避免对方刚好拿起电话时断线。有些电话属于长途，为了节省电话费，有些营销人员要么客户打过来不接电话，挂断以后打过去，要么打过去立即挂断，让客户打过来，这些都是不礼貌的行为。

⑥如果不小心拨错了电话，一定要说："对不起，打错了"，养成一种道歉或感谢的习惯，

并将这些习惯用语经常挂在嘴边。现在很多电话都有来电显示功能,不说话就挂断,也是一种不礼貌的行为,在接到打错的电话时也应该宽以待人,不要说一声“神经病”“烦人”或其他脏话然后就“砰”的一声挂断电话。

⑦如果你跟客户打固定电话,客户不在办公室,其他人接到电话,应该客气地说:“我是董三星培训公司的王颖,有点业务上的事需要同刘经理沟通一下,麻烦您帮我叫一下好吗?谢谢。”不可用命令的口气与对方讲话:“叫刘经理接电话”,这是不礼貌的。

⑧营销人员从市场上回到公司,如果你在办公室接听电话,客户找另一个区域的营销人员,当客户要找的人不在时,应当很礼貌地询问客户是否要留言转达,或者通知营销人员打过去,或者让客户十分钟后再打过来,不可盘问客户“你是谁,找他有什么事?”等等。

⑨接听电话时,切忌先问对方是谁,有什么事情,然后再告诉他:“您找的人不在。”这样会给客户造成误会,误认为你是“因人而是否接听电话”。

⑩如果在接听电话的过程中突然断线,一般由打电话的人重拨,但对于营销人员应立即给客户拨过去,应告诉客户,是因为信号的原因,或手机没电等出现了断话,并表示道歉。

⑪电话需要结束时,一般是由打电话的一方提出结束电话,不管如何,都要在最后询问对方是否还有其他事情需要办理或转达,确认客户没有其他事情后,然后等对方挂断电话后,再轻轻挂断电话,不可只管自己讲完就挂断电话。

⑫女士在做业务时,应当把手机放在手提包中,不要挂在脖子上、腰带上,如果铃声响起之后,撩起上衣或从腰带上取下手机,形象是不雅观的。

⑬在开会或学习时,必须关闭电话或将响铃模式转为“静音”状态,集体办公、集体宿舍或跟客户谈判,都要记住先“安置”自己的手机,不要让铃声干扰别人,不要因为铃声而中止谈判。这也是个人素质的一个体现,既尊重了自己,也尊重了别人。

⑭在与客户一起就餐或公司集体会餐时,如果实在有重要电话接听,在铃声响起之后,应向其他就餐人员说声“对不起”然后去洗手间或其他方便的、没有噪声的地方去接听,通话时间也不要太长,并及时返回。当着别人的面旁若无人地、大声地在电话里开玩笑、说脏话等都是不礼貌的行为。

⑮在公共场合接听电话,要尽量找人少的地方并控制自己说话的音量。要知道,除了和你通电话的人以外,其他人并不想听你大声喧哗。

⑯接电话时面带微笑。笑容不只表示自己的心情好坏与否,那种亲切明确的快乐会感染身边的每一个人。所以工作的时候不要把自己的不良情绪带给大家,即使生活中有很多的不如意,还是要以一个乐观的心态去面对,把快乐带给身边的每一个人。接电话也是一样的,即使对方看不到你的表情,但是愉悦的笑容会使声音自然、轻快、悦耳,可以留给对方很好的印象。由于脸部表情可以影响声音的变化,在通电话时也要抱着对方正在看着自己的心态去应对。

使用电话可以用以下礼貌用语。

打电话是彼此不见面的一种交际方式,对方以你打电话的言谈和语气中会对你产生好与坏的印象。

无论是哪个公司,都有可能接到抱怨电话,此时接电话的人更要注意自己的礼貌用语。

因为来电抱怨者一般都是带着一肚子怨气，所以，接电话的态度要诚恳谦和，要有技巧地迎合对方的抱怨，嘴里不断地说道："非常抱歉。"一定要耐心倾听对方的抱怨，待对方说完挂上电话，你才能放下话筒。使用礼貌用语绝不能忽视，否则既有损公司的声誉，又影响你个人的形象。

怎样正确使用电话的基本用语呢？这里举一些例子来对照说明。

不妥当用语	正确用语
"喂！"	"您好！"
"喂，找谁？"	"您好！这里是××公司，请问您找哪一位？"
"给我找一下××。"	"请您给我找一下××好吗？谢谢！"
"等一下。"	"请稍等一会儿。"
"他不在这儿。"	"他在另一处办公，请您直接给他打电话，电话号码是××。"
"他现在不在。"	"对不起，他不在，如果您有急事，我能否代为转告？"或"请您过一会儿再来电话。"
"你有什么事？"	"请问有何贵干？"
"你是谁啊？"	"对不起，请问你是哪一位？"
"你说完了吗？"	"您还有其他事吗？"或"您还有其他吩咐吗？"
"那样可不行！"	"很抱歉，恐怕不能照您希望的办。"
"我忘不了！"	"请放心！我一定照办。"
"什么？再说一遍！"	"对不起！请您再说一遍。"
"把你的地址、姓名告诉我。"	"对不起，您能否将您的姓名和地址留给我？"
"你的声音太小了。"	"对不起，我听不大清楚。"

手机礼仪。

无论是社交场所还是工作场合，放肆地使用手机已经成为礼仪的最大威胁之一，因此，手机礼仪越来越受到关注。在国外，已有电信公司向顾客提供"手机礼节"宣传册，宣传使用手机的礼仪。

注意使用手机的场合。

①在会议中以及和别人洽谈的时候，最好还是把手机关掉，起码要调到震动状态。这样既显示出对别人的尊重，又不会打断讲话者的思路。在会场上手机铃声不断，并不能反映你"业务忙"，反而显示出你缺少修养。另外，在开会前把手头的工作向同事交代一下也是较为妥当的。

②在一些场合，比如看电影时或在剧院看戏时打手机是极其不合适的，如果非得回话，采用静音的方式发送手机短信是比较适合的。

③在餐桌上，关掉手机或是把手机调到震动状态是必要的。

④无论业务多忙，为了自己和其他乘客的安全，在飞机上都不要使用手机。

其他应该注意的问题。

①选择适合的手机铃声。为了不让他人笑话，成年人请用正常铃声，这样万一在不适当的时候响起来，也不会让你尴尬。成熟的你要选择成熟的手机铃声，虽然当今社会推崇个性，但过于个性的电话铃声只会损害你的商务形象。

②上班时间不要频繁发信息。上班总是拿手机不停地发信息，并且时刻注意手机是不是响了，会让老板和同事认为你工作时精力不集中，心不在焉。

③发信息要文明。你发出的短信意味着你赞同或至少不否认短信的内容，这反映了你的品位和水准，所以不要编辑或转发不健康的短信。

④别滥用拍照功能。不要滥用手机的拍照功能，在办公室拍照更要小心。因为很多同事不喜欢“出镜”，如果你一时兴起绕着他们拍来拍去，同事明明心有不快，又不能倾吐，难免会影响同事之间的感情。

⑤打手机的时间。打对方手机时，尤其当知道对方是身居要职的忙人时，首先应想到的是这个时间他是否方便接听，并且要有对方不方便接听的准备。在打对方手机时，注意从听筒里听到的回音来鉴别对方所处的环境。如果很静，应想到对方可能是在会议上，有时大的会场能听到一种空阔的回声；当听到噪声时，对方很可能在室外，开车时的隆隆声也是可以听出来的。有了初步的判断，对能否顺利通话就有了准备。但不论在什么情况下，是否通话还是由对方来定为好，所以，“现在通话方便吗？”通常是拨打手机的第一句问话。其实，在没有事先约定和与对方不熟悉的前提下，我们很难知道对方什么时候方便接听电话。所以，在有其他联络方式时，还是尽量不打对方手机为好。

如果有人有紧急公事找你或你在等某个重要的消息，你可以带手机去开会，但是要注意以下几方面。

①在接听之前要小声说一句“不好意思”，然后低头接电话。

②你的电话只可设置震动，不要设置成铃声。

③只可听，不可讲。如果讲，也只可说“是、不是”或“好、不好”等。

④只能用超级简单的回答，最好在 30 秒钟内完成所有动作。然后笑一笑，若无其事地继续开会。

经常看到有人在公共场合打手机声音非常大，引来旁人侧目。在听不大清楚对方说话时，不由自主地弯腰、低头，不是很雅观。另外，在一切公共场合，手机在没有使用时，都要放在合乎礼仪的常规位置。无论如何，都不要在并没使用的时候放在手里或是挂在上衣口袋外。放手机的常规位置是放在随身携带的公文包里，开会的时候可以交给秘书、会务人员代管，不要放在桌上。

(5)书面推销　就是推销人员通过书信或发传真等方式向目标消费者邮寄或传送广告单、商品目录、订单等的推销方式。这种推销方式最大的优点是费用低，目标顾客明确。缺点是信件或传真的返回率低，必须辅以其他促销手段才能达到预期效果。如能结合电话推销和上门推销等方式效果会更好。

3. 人员推销的技巧

人员推销是一种对象各异、环境多变的促销手段，随机性很强，因此，推销人员的推销技巧对销售活动的成败有很大影响。推销技巧是一门艺术，变幻无穷，这里只介绍作为一个合格的推销人员必须掌握的一些基本技巧。

(1)把握时机　推销人员应能准确地把握促销时机，要因人、因时、因地开展推销活动。

所谓因人，就是要求销售人员选择正确的目标市场，找准推销对象。所谓因时，就是推销人员要善于把握最佳时机。一般来讲，应选择在对方空暇、心情舒畅、乐意与人交谈时开展推销，应当避免在对方比较繁忙或心情不好时开展推销。所谓因地，是要求我们的推销人员应选择恰当的推销地点。机不可失，失不再来，一旦出现对企业和产品有利的推销时机，推销人员应能及时抓住，努力实现交易的顺利完成。

(2)善于辞令　语言是推销人员最基本的推销工具，推销人员必须熟练掌握各种语言技巧，充分发挥语言对顾客的影响力。具体来说，在各种场合下，推销员要善于巧妙地寻找接近对方的话题，善于在谈话中把握方向，引导谈话内容逐渐转入推销正题。有时，一些积极的暗示语言可以使推销工作取得意想不到的效果。同时应注意语调的亲切自然，并有足够的耐心来解答各种问题。

(3)注意形象　推销人员在推销过程中同时扮演着双重角色：一方面是企业的代表。推销人员通过整洁、得体的衣着，礼貌、优雅的举止，亲切、自然的语言，首先展开一轮形象公关；另一方面，推销人员又是顾客的朋友，急顾客之所急，想顾客之所想，努力当好顾客的好参谋、好帮手，努力创造亲密和谐的推销环境，同顾客建立起朋友式的长期关系。因此要十分重视对自身形象的把握。在同顾客的接触中，应做到不卑不亢、礼貌周到，要给顾客留下可亲、可敬的好形象。同时，在交易活动中做到言必信、行必果、守信重诺。

推销人员拜访客户，第一印象最为关键，所以要保持良好的职业化外表。

男推销员要做到：①发型款式大方，不怪异，不留长发，头发干净整洁，长短适宜，无浓重气味，无头屑，无过多的发胶、发乳。②鬓角、胡须干净，鼻毛不外露。③脸部清洁干净。④耳部清洁干净，耳毛不外露。⑤手部清洁，指甲内无污垢，不留长指甲。⑥衬衣领口整洁，若不打领带，可留一个扣子不扣。⑦短袖或衬衣放入裤带内，不扭曲。⑧领带平整，端正，不变形。⑨衣服上没有脱落的头屑和头发。⑩裤子熨烫平整，裤缝折清晰，裤腿长及鞋面，拉链拉好。⑪鞋底鞋面干净，鞋跟无破损，鞋面擦亮。

女推销员要做到：①头发干净整洁，不要过多使用发胶，发型大方、高雅、得体、干练，前发不要遮眼、遮脸。②不化浓妆，不涂眼影，眼亮，粉薄，眉轻，唇浅红。③不喷过浓的香水。④夏天着衣，不太薄，不太透，不太露，短袖不过肩。⑤领口干净，脖子修长，衬衣领口不过于复杂和装饰，可用丝巾点缀。⑥饰品不过于夸张和突出，款式精致，材质精良，耳环小巧，项链精细，走动时安静无声。⑦公司标志要佩戴在要求的位置，私人饰品不与之争夺注意力。⑧衣袋中尽量不装其他物品，衣装轮廓不走样，可放少许纸巾。⑨指甲精心修理，不太长，不古怪，不太艳，不涂图案。⑩不穿超短裙，松紧适宜，拉链拉好，裙缝位正。⑪衣裤裙子以及上衣的表面无明显的内衣轮廓痕迹。⑫鞋整洁，款式大方，无过多的装饰和色彩，鞋跟不太高或过尖。⑬丝袜无勾丝，无破洞，无修补痕迹，包里要有一双备用丝袜。⑭衣服上没有脱落的头屑和头发。

(4)培养感情　推销人员应重视发展同顾客之间的感情沟通，设法同顾客建立起朋友式的亲密关系，甚至可超越买卖关系建立起同他们之间的个人友情，形成推销活动中的“自己人效应”，便于建立稳定的顾客群体。

(二)广告

1. 广告的概念

广义的广告是指一切借用传播媒体形式向公众传播信息的活动。狭义的广告就是商业广告,是指特定的广告主,以付费的方式,利用各种媒体向目标市场和广大公众传播商品和劳务信息,以达到特定目标的一种信息传播手段。营销活动中的广告仅指狭义的广告。

2. 五大主要广告媒体的特点

随着科学技术的进步和不断发展,广告可以利用的媒体越来越高,根据使用频率和影响范围,报纸、杂志、广播、电视和互联网成为公认的五大广告媒体。

(1)报纸　报纸是一种历史最长的大众传播媒体,最早诞生于17世纪的德国,至今仍然是非常重要的广告媒体之一。优点有:报纸发行量大,宣传面广,拥有稳定的读者群体;传播迅速,时效性强;有较高的可信度;读者可以反复仔细研究广告内容,广告信息保留时间长,具有保存价值;费用较低。缺点有:无强制接受效应,易被忽略;报纸易受纸张质量和印刷效果的影响,表现力差,吸引力弱。

(2)电视　电视事业的蓬勃发展为电视作为广告媒体的功能提供了广阔的发展舞台,是应用很广的广告媒体。优点有:综合色彩、声音和动作,富有感染力,表现手法多样,艺术性、表达力和吸引力强;具有传播的广泛性,深入千家万户;有一定的强制接受效应,它一般穿插在电视节目中,使观众在不知不觉中接受了广告信息。缺点有:广告对象难以选择,针对性差;价格昂贵,成本高;广告信息转瞬即逝;竞争者多。

(3)杂志　杂志与报纸同属印刷媒体,同样具有报纸的观众稳定,有保存价值等优点,但它有着自身独特的优缺点。优点有:杂志的专业性强,直接对目标读者展开广告优势,针对性强;有较长的时效性,可反复阅读;印刷精美,艺术表现力强;发行地域广、宣传面大。缺点有:发行周期较长,时效性差;专业性强,接触面不广,传播范围有限;版面紧张,无法保证。

(4)广播　在电视普及以前,广播是非常重要的传播媒体,但在电视开始广泛进入我国城乡人民的生活之后,有一段时期,广播的收听对象局限于农村,传播范围大大缩小。近年来随着电台的不断创新,广播频道越来越多:文艺台、交通台、金融台等的不断出现,广播媒体重新焕发出活力。优点有:传播迅速,时效性强;传播范围广泛;制作简便,借助语言、音乐发挥听觉效果,通俗易懂;播放时间灵活,成本低廉。缺点有:信息量小;听众过于分散;难以保存;相对于电视来说创新形式有所限制,只闻其声,不见其形,表现力有限;听众注意力不集中,记忆效果差。

(5)Internet 网络　随着信息技术的高速发展,互联网正在成为重要的广告媒体,为广告业拓展了新的天地。网络媒体一般发布文字和图文两类广告,具有特有的互动功能,很好的视觉和听觉效果以及三维动画效果,越来越受到广告业主的高度重视。优点有:信息可以在全球传播,传播范围广;信息表现手段多,图像、声音、文字都可以使用;信息可以双向传播,互动效果好;可以定制信息,针对性强;修改广告方便;可以精确统计出广告收视率;费用较低。缺点有：互联网的普及率偏低，有些产品不宜选择该媒体；被动传播多于主动传播。

3. 选择广告媒体应注意的因素

(1)商品的性质　商品的性能、用途、价值、使用者不同，应分别选择不同的媒体。一般而言，技术含量高，结构复杂的生产资料用品如兽药，宜用印刷广告，如专业杂志、报纸等，这些广告能详细地说明产品的性能特征。而使用相对简单的种子、化肥最好利用电视媒体或广播媒体，这些媒体能很好地诱发消费者的购买欲望。另外，产品生命周期的阶段不同，也会影响到广告媒体的选择方式的不同。

(2)目标群体(农民)接触媒体的习惯　做广告一定要考虑不同广告对象对媒体的偏好，最有效的广告媒体是那些能最准确、最迅速将广告信息传达到目标市场的媒体。不同的消费者对杂志、报纸、广播、电视等媒体有不同的阅读、收视习惯和不同的特殊偏好。

(3)广告媒体传播的效果　媒体传播的效果，是指媒体传播的范围和影响力的大小，以及广告信息的时效性。不同的媒体传播效果不同。企业选用媒体时应从广告媒体的传播范围、影响力等方面进行全面衡量，尽可能选择效果好，声誉高的媒体。如果广告传播目标是全国市场，则应选择全国性的报刊、电视等做广告，而地域性产品则可以选择地方性的广告媒体。

(4)媒体成本和企业支付能力　广告费用是选择广告媒体的重要制约因素之一，不同广告媒体的收费标准不同，同一媒体的不同时段，或不同版面，收费标准也不一样。所以，企业要考虑广告费用和自己的支付能力来选择广告媒体。

实践调查

调查你所在的省级电视台农资广告数量和时间。

(三)营业推广

1. 营业推广的概念

营业推广又称销售促进，它是指能够刺激消费者或中间商做出强烈反应，迅速促进短期购买行为的促销方式。人们所说的促销一般是指营业推广。营业推广是指人员推销、广告和公共关系以外的，用以增进消费者购买和交易效果的那些促销活动，如商品陈列、展示会等不规则的非周期性的销售努力。其促销对象主要是消费者、中间商和推销人员。营业推广可以诱发消费者和中间商迅速、大量购买，从而促进企业产品销售额的迅速增长。但是与广告、人员推销、公共关系等带持续性、常规性的促销方式不同，营业推广往往只能在特定时期，且只在短时期内有效，如果长期使用营业推广会使消费者产生逆反心理。甚至可能被看作是在推销劣质商品，容易使企业形象受到损害。

2. 营业推广的主要方式

(1)对消费者的营业推广　各企业营业推广的方式五花八门，农资企业对农户常用的推广方式主要有四种。

①赠送样品,指企业、经销商或零售商在新产品推广时,把一部分产品当作样品免费赠送给消费者,使其试用。样品可直接赠送,也可以附在其他产品上赠送。企业在介绍新产品,拓展新市场时,赠送样品是一种最有效也是最昂贵的促销方式。

②示范推广,企业、经销商或零售商派人将自己的产品在使用地进行试验示范使用和示范服务,通过试验示范让消费者看到产品效果,从而引起消费。或把一些技术性较强的产品的使用方法介绍给消费者,如下乡讲课、门店推荐。

③有奖销售,指消费者在购买某种产品后,向他们提供赢得现金、旅游或物品的获奖机会,奖励的对象可以是全部购买者,也可以用抽签或摇奖的方式奖励一部分消费者,还可以凭该商品中的某种标志(如瓶盖)等方式。这种方式常用来推销一些品牌成熟的日用消费品。

④增量包装,是指一种加量不加价的包装销售。这种方法一般适合有一定市场基础的、消费者已经认可的产品,见效较快。

(2)对中间商的营业推广 大多数农资产品的销售是由中间商来完成的,所以加强对中间商的促销是提高企业销量的重要措施,主要方式有:

①批发回扣,指企业为争取批发商或零售商多进自己的产品,而采取的营业推广活动,即在某一时期中如果中间商的购买量达到一定的数量就给予一定的回扣,或者实行累计销售。

②推广津贴,指企业为促使中间商购买本企业产品,并帮助企业推销产品,支付给中间商一定的推广津贴,以答谢和鼓励中间商在推销本企业产品方面所做的努力。

③销售竞赛,指通过销售竞赛活动,奖励经销本企业产品成绩优异的中间商。奖励的幅度可根据经销量的多少来确定。通常是由制造商采用现金、实物或旅游等形式来刺激经销商以达到促销的目的。

④交易会或博览会,指企业举办或参加各种交易会或博览会,以此传递产品信息,加强双向沟通,也便于中间商集中采购,是对中间商进行营业推广的好形式。

目前,营业推广成了众多企业吸引消费者的一种经常性的手段,也收到了较好的效果,消费者得到了实惠,各个企业也从中赢得了利润。但并不能因此以为营业推广就是一把万能的钥匙。使用营业推广时必须有明确的目标,并且要同企业整体发展战略相配合,比如同企业的品牌策略相配合,要选择使用恰当的营业推广方式,提高营业推广的促销效果。

(四)公共关系

1. 公共关系的含义

公共关系是指企业通过一系列社会活动,增进公众对企业的认识、理解与支持,在公众中树立良好的形象和信誉的经营管理活动。公共关系作为一门经营管理艺术,越来越为现代企业管理界所重视,它是一种特殊的促销活动,又称为“隐性促销”。

2. 公共关系的主要方式

(1)新闻宣传　利用新闻媒介宣传企业及产品是企业常用的公关手段。新闻宣传不用支付费用,而且具有客观性和真实感,消费者在心理上往往不设防,能取得比一般商业广告更为有效的宣传效果。但是新闻宣传的重要条件是,所宣传的事实必须具有新闻价值,即具有时效性、接近性、奇特性、重要性等特点。企业应学会与传媒树立良好的合作关系,善于发现和创造对企业或产品或公司人员有利的新闻。一次成功的新闻宣传活动,可以使企业分文不花,却能做一个惊天动地的大广告,起到意想不到的良好效果。

(2)社会公益活动　赞助和支持各项公益活动,对企业是极好的宣传机会。因为这些活动往往万众瞩目,新闻界会争相报道,企业会在其中得到特殊利益,能够向公众表明自己的社会责任感,从而赢得公众的好感和信任。

(3)专题活动　企业通过举办一些专题活动,来吸引公众对企业自身和企业产品的注意。如:召开新闻发布会、招待会、展览会、举行庆典活动、主办有奖竞赛等。

(4)广告宣传　公共关系中的广告宣传和一般的商业广告不同。公共关系中的广告具有含蓄性,宣传的是企业的整体形象,而一般的商品广告单纯以促销某种产品或劳务为目的,是显性广告促销。企业在公共关系中通过广告宣传向公众致意,或倡导某项活动,提倡某种观念,如提倡亲情、提倡环境保护等方式树立企业形象。

(5)企业文化　企业形象的传播,一个重要的方面是要通过全体员工的言谈举止来进行的。社会各界从与之交往的企业员工身上,可以感受到该企业的形象。因此,企业应结合实际,有计划、有步骤、有重点地建设企业文化,全面提高企业职工素质,活跃企业文化氛围,美化企业环境,从深层次有效地进行公关活动。

学以致用

县级农资经销商可利用哪些公关活动形式促销其产品?帮助该经销商在当地找到最佳广告组合宣传产品。

二、农资市场促销技巧及训练

每当你坐车飞奔在华北大地的时候,便随处可见"宣化农药——缔造中国除草剂名牌"的大牌子,此举可谓是宣化的得意之作。据广告媒体调查数据显示,公路广告牌的能见度为80%以上。也就是说,经过的每100个人中,就会有80个人看到此广告,无怪乎宣化农药每年光公路牌的广告费投入都在百万元之上。

宣化农药还抢占与农药相关杂志的封面与封底,因为农药方面的杂志都是办给农药界同仁看的,因此,可以在同行业中提高企业的知名度,并起到一个传颂的结果。因此,宣化每年在《农药市场信息》《中国农药工业:营销与策划》等相关杂志上的投入都在10万元以上。

宣化农药每一个品牌的上市都要匹配一定数量的条幅与宣传画,并且条幅都是在深圳彩印的,这也首开全国农药之先河。宣传画的设计制作与创意也是一流的。也无怪乎,一个厂家在全国植保会上花50元钱从一个小商贩手中买了一条宣化的条幅作为参考，还有一个农村小伙子要结婚，拿着宣化的宣传画去装点新房。

每年的销售旺季一到来，便可看到全国各地内容不同、诉求各一的宣化广告，宣化农药的每一则广告都可以说是精品，他们不但请专业的广告公司创意、策划，而且还请专门的广告公司监播。

在广告创意上，宣化农药主要有三个方面：一是专家型，画面一开始，便走出一位专家，对产品的性能娓娓道来，谈得你口服心服。二是功能型，主要诉求点是这个产品是干什么用的，都有什么特点，向消费者讲个明白。三是科普型，以向农民传授知识为出发点，同时配之必需的产品，当然产品都是宣化的品牌。

在媒体投入上，宣化农药从中央7台、中央2台，到河南、山东、河北三家卫视，及销售产品的县级台等，几乎家家都有，家家都做。让你不看也得看，看了还想看，看了就想买，不买觉都睡不香。

提问思考

试问河北宣化农药公司使用了哪几种促销方式促销其产品？

（一）农资市场常用促销活动形式

1. 新闻采访

对于营销单位和个人，除了经常去访谈农民外，还要积极地争取和安排与记者会见，做好与媒介公众的联络沟通工作。促销人员与新闻媒介人员的紧密合作是新闻宣传成功的关键，所以营销单位和个人要熟悉新闻界的组织机构、工作程序、不同报刊电台的特性和要求、截稿时间等，甚至对主要编审、记者的工作范围、个性及选稿的偏爱都要有相当的了解。为了加大新闻采访对企业产品的促销力度，促销人员应做好以下几个方面。

(1)新闻采访的地点应设在双方熟悉的环境里，或有特殊意义的场所，如办公室、试验示范基地、农户家庭等。

(2)营销人员和采访人员配合准备有关材料，充分了解采访的主题。

(3)对被采访者进行训练，设想可能会提出的问题，对一些棘手问题应有所准备。

(4)协助采访者在当天写好新闻采访稿，并安排尽快与公众见面。

2. 新闻发布

营销人员广泛宣传某一项目的最好工具莫过于举行新闻发布会或记者招待会，必要时也可以举行有针对性的答记者问，这种传播方式的最大优点是所公布的信息真实，可信度高。农业营销人员、记者可以根据着重点提问，针对农民可能提出的问题进行定向性回答。

新闻发布，要做好以下几项工作：把握时机，地点合适，确定好主持人和发言人，准备新闻发布稿，准备各种宣传辅助材料，做好费用预算。

3. 制造新闻

制造新闻又叫谋划新闻事件，它不是无根据地编造假新闻，而是指有意识地、有目的地、有计划地根据新闻事件的特点，有效地开展宣传并引起新闻媒介的报道。制造新闻必须是真实的，符合新闻事件的每一项要求，只是其发生是人为推动的，是经过营销机构精心策划、组织和控制的行为过程。制造新闻必须同时满足四个条件：具有新闻价值；事件的发生、发展是人为推动的；事件策划的目的是为了引起新闻媒介的宣传报道；是真实发生的事件。

制造新闻是极其有效的新闻宣传方法，能吸引媒介主动地关注和报道，要善于利用自然发生的各种重要题材，巧妙地形成新闻事件。制造新闻从以下几个方面着手。

(1)必须正确选择农民或某一群体的兴趣点，即所谓的热门话题。

(2)善于进行舆论准备，使公众对活动的举行产生期待感，延长产生社会影响的时限，从而起到事半功倍的效果。

(3)必须做到"新、奇、准、好"。

(4)选择适当的时机，善于捕捉各种随机事件，抓住各种千载难逢的机会。

(5)制造新闻要自然得体，顺理成章，尽管是在演新闻，但不能给接受者留下看戏的感觉。

(6)调动新闻媒体的积极性。

4. 视听材料的组织和运用

在促销过程中，视听材料是使用最多的自控媒介，它的范围很广，包括电影、电视片、幻灯、投影、录像、录音等。视听材料的设计和录制要精美、实用、便于学习，要符合农民的知识水平和接受能力。

5. 直接邮寄资料

这种促销活动方式是由营销机构采用弹性形式，定期或不定期地向特定农民群体提供各种信息和知识。采用的主要形式是内部刊物、信息、手册、传单、画册等。这些资料是由营销组织自行编辑、印刷和发行的，往往针对特定的读者而编写，内容专一，针对性强，读者稳定，成本低廉。

6. 召开会议

会议是短距离地面对面交谈和交流信息的群体传播方式，在农资营销体系中是有效的促销媒体。就一般原则而言，召开会议要注意以下几个问题：会议要围绕农资营销的主题，开会前，应让与会者了解主题，有所准备；要提供双向沟通的机会；会议要开得有新意；会议要开得生动，富有人情味；尽量降低会议成本。

7. 培训教育

培训教育是农资营销有别于其他营销的突出特点之一，这种方式对农资营销具有独到的效果。培训教育要获得成功，必须进行周密地组织。

(1)根据营销项目选择讲授专家　专家的选择有以下几个标准。

①一定是本领域内的专业人员，能讲清项目的技术。由于农民的接受特点，不一定是本学科的前沿专家。

②有一定的鼓动才能，能运用课堂讲授技术的同时，鼓动农民的情绪，激发农民的需求。

③与当地农民有一定的相容性，包括地理、语言、风俗等，便于课后的交流。

④要有稳定的性格，给农民以权威、严谨、可信的印象，既要热情又要稳重。

(2)教学场地的选择　充分考虑农民的作业特点和经济实力，尽可能把培训地点放在农民居住生产地。大村和乡镇是比较好的场所，既能照顾农民的交通半径，又有一定的听众规模。

(3)教学对象和人数　在目标群体中，选择接受能力强，经济实力强，承担风险能力强，社会影响力比较强的专业户和青年农民。具体人数因地制宜，灵活确定，以实现良好的交流和沟通。

(4)教学内容　包括营销项目及相关的配套知识，市场经济理论与操作，农民态度的转变技巧等内容。由于营销项目实施前的这种培训是无偿的、免费的，所以涉及关键内容和技术问题不应完全讲透，应起到能引起需求为止。

(5)教学时间　应避开农民的农忙季节，配合农事节气来进行不同的培训。选择特定的时间和事件作为培训的契机，整个培训时间不宜过长，随推广项目的性质和情况而定，一般 2～3 天。

(6)培训的联系与组织　由当地政府出面或由公司牵头组织，充分利用讨论和课下交流。

(7)注意培训后的信息反馈　对提问题较多和较尖锐苛刻的农民应特别留意，并对其重点辅导，因为根据培训经验，这些人最有可能率先采用。这种免费培训工作组织得好，能给目标受体留下很好的印象，对公司的实力、可信性和企业形象均有意想不到的、用其他方式难以达到的宣传效果，能为以后的营销工作打下很好的基础。

8. 利用农民意见领袖

农民意见领袖是指在当地农村公共事务上具有一定影响力的当地人士，属农民内部系统的人。任何地区都有地方农民领袖，他们可能是长老、村长、转业军人、专业户、回乡知青等，若能借助他们的言行和力量对其同伴农民加以劝导，参与营销行动，则效果比外部人员要好，且更经济。随着农民理性的消费，现在的农民已倾向本地的科技种田大户，他们的推荐使用会更有说服力。

9. 开展服务营销

服务营销，是以终端用户和潜在客户为对象，通过服务形式进行的营销活动。其实质是以全心真诚的服务意识寻找用户，以真诚的投入赢得用户，以真心的交流得到忠诚的用户，建立终端市场网络，或建立经销户共享资源网络，与用户形成利益共同体，推动公司的持续、高速发展。

10. 科技示范户的建立

有价值的科技示范户标准有以下几个方面：一是具有良好的品行，社会公德，能被人尊敬及有良好的人际关系；二是善于帮助别人，影响他人，争做致富的带头人；三是具有初中以上文化程度，能重视和采用科学技术；四要拥护企业科技示范工程，接受技术专家和服务营销人员的业务指导，并积极支持做好科技示范工程和各项工作；五是有一定的经营经验和生产技术水平。通过集团的技术服务，能够较快地提高生产水平和经济效益；六是具有一定的资金实力或融资能力，在当地享有较好的信誉。

实践调查

你所熟悉的农资企业，促销活动中的突出问题有哪些？

(二)农资市场促销的常见技巧

从理论上讲，农资市场促销的技巧可概括为唤起注意的技巧，激发兴趣的技巧，消除疑虑的技巧和促进购买的技巧。常见也是常用的具体促销技巧有以下几个方面。

1. 现状分析技巧

在开始阶段，利用调查表或通过调查，针对以下的问题与了解情况的人士进行充分的讨论。所要调查了解的问题归纳起来通常有以下内容。

(1)题目　调查的题目有很多，分析农资市场现状常常需要了解的题目有：

①目标对象对事件的熟悉程度。

②能否清楚地说明问题的起因和提出实际的解决办法。

③过去是否尝试过，结果是什么。

④农民能从问题解决中得到什么好处。

⑤通过农民自己，能否很好地解决这一问题。

(2)农民　农民是农资产品使用者，开展农资的促销，做好农资销售必须了解影响他们的购买因素，农民在购买产品前相信谁，主要有：

①相信他的亲戚、邻居和朋友。当地里病虫草害发生的时候，他的邻居在地里打药施肥，以及他在走亲访友的时候，看他的亲戚、邻居和朋友用的什么药，施的什么肥，他就会问：打的什么药，施的什么肥，在哪买的，效果如何，多少钱一瓶或一袋。如果他的邻居、亲戚或

朋友告诉他，效果还可以，在老张那买的，10 元一瓶或 120 元一袋，他就会按照亲戚、邻居或朋友的介绍到指定的门店去购买。因为农民相信他们，对他们没有戒心，这是农民在购买产品时的口碑传播。口碑传播胜于一切广告。

②部分农民相信广告。农民购买农资产品时虽然不像以前那样盲目，但是盲从心理还是有的，主要原因还是不专业。当他上当受骗、防不胜防的时候，还是相信广告。通过调研知道仍然有 40％的农民说："广告还能有假吗？做广告说明厂家有钱，没钱能做广告"，盲目相信专家讲座，盲目相信名人效应，盲目相信农资产品广告上说如何如何好便去购买、使用，或经营者是某人的亲属朋友，或听说谁家买的某种农资产品好等，大家便一哄而上全去买这个产品。

③喜欢占便宜。通过对零售店的老板的调研可以知道，农民在购买产品的时候是喜欢购买便宜的产品，还是喜欢购买效果好和价格高的产品？多数消费者喜欢购买的是"便宜"的产品。便宜的产品如果不能让消费者有"占便宜"的感觉，他也不会购买。

④赊销。农资行业赊销还是比较严重的，在做市场调研的时候，几乎所有的经销商和零售商都提到过赊销。当地里病虫草害发生的时候，有一部分农民家里确实没有钱，家里有学生，农副产品没有卖掉，或者家里有病人，手头就相对的比较拮据，这部分农民认为能在哪个门店赊销，就去哪个门店购买。

⑤随从心理。一般的消费心理就是：别人买什么我也买什么。如果在一个村子里有种田大户，庄稼种的不错，菜棚管理的比较好，或者果园管理的很好，就有一部分农民在观察他们在打药、施肥的时候用的什么，就认为他们的庄稼好，说明打的药好，施的肥好，他们用什么，跟着购买什么。

还有的农民观察田间地头井边，看看别人丢掉的农药瓶子、小包装袋，哪个包装比较多，自己也去寻找这样的产品，因为大家都在用。

还有就是到了零售店里，看看别人都购买的是什么产品，如果一个店里有 10 个农民在买药，其中 8 个农民购买的是同一个产品，他就会问是打虫的还是防病的，如果跟自己的庄稼得的是一个病，就会出现别人买什么，他也买什么。

⑥凭感觉购买。还有一部分农民是凭感觉购买产品的，他们到了零售店，先自行观察，看看产品的摆放和陈列，然后拿起产品自己看，感觉好了，就购买。这部分人群在消费的过程中比较理性，但是不管他们怎么看，有一点大家应该明白，他们看不懂。产品的效果是用出来的，是看不出来的。只要是正规厂家的产品，标签都比较正规。就是小厂家的产品，标签说明写的也比较好，什么注意事项、使用方法、稀释倍数、防治对象等写得都非常明白，里面一个标点符号都不会错，错了就不会排版印刷，都是专家和专业的技术人员写出来的，哪个厂家都不会写"此药无效，请你不要"。

⑦相信零售店的老板。如果一个零售店做的时间比较长，老板又懂技术，守信用，产品从来没有出现过问题，深得农民的信任，那么他卖什么，农民就买什么。

对农民购买行为的分析包括有多少农民受到这一问题的影响；他们的年龄、性别、教育程度、家庭经济状态；他们对该题目的了解和掌握程度；他们是否认为该问题对他们生活影响很大；他们的生活方式是否导致了该问题和加剧了该问题；他们是否具备了解决该问题所必备的知识和技能;他们所处环境的风俗习惯是否会对问题的解决有正面影响;他们是否有解决这一问题的愿望;他们主要从哪里、通过什么渠道获得各种信息;他们对推广组织的信任程度如何。

得到这些资料将有助于营销组织做出正确决策,如销售方式是否合适,销售对象主要是谁,销售的前期工作如何开展,销售的持续时间等。如果农民对某一个问题不认识,不感兴趣,或这种销售方法、过程、结果与农民的传统习俗格格不入,那么这一销售计划无论花费多少时间和金钱,都不可能成功。

2. 销售地区农民个体的兴趣和需要分析技巧

营销组织在某地区经过现状分析和分层分析后,可以基本确定营销的思路,但要使营销的思路被农民接受还必须进行更精细的个体分析。在进行个体分析前,要明了以下几个问题:这一营销工作试图达到什么目标?要试图接近哪些人?他们对问题有多少了解?他们对这一问题和目标有没有兴趣?要使他们对哪些问题感兴趣?

农民个体特别感兴趣的问题可能是生产上的,也可能是生活上的,可能是产中的,也可能是产前、产后的,况且这些兴趣点会随着需要的满足和位置的变化而变化。农业营销机构和人员应掌握一个判断工作对象兴趣点的基本原则:对本人、家庭和朋友有直接关系或直接影响的内容;发生在农民认识的人或同类人身上的事;发生在农民附近的事件;老年人谈经历,年轻人谈前景;成功的典例;超自然、越常规的事件。

快捷、准确地找出工作对象的兴趣点,是营销人员开展工作的前提,是口头交流、书面交流、恳谈进入程序的先导。如果营销人员与农民交流时抓不住对象的兴趣点,交流就很难展开,在他夸夸其谈或苦口婆心讲解时,农民已厌倦了。

3. 开场、接近和言谈技巧

根据总体分析、层次分析和个体分析,把握工作对象的现实需要,用关切、入微、真诚的语言谈他们最感兴趣或最想知道的事,然后以此事为引子,平滑而自然地过渡到营销项目上。开场白和接近的方式、方法很多,营销人员在运用时要依据环境、对象、自身的条件和特征等而有所变化。在农资营销中,访谈是常用的且有效的促销方式,下面是访谈中的一些技巧。

(1)访谈时间的确定,尊重农民的生活习惯,分析将要访谈农民的近期心情,在情绪好时,访谈的切入点比较多。

(2)访谈者应控制但不是垄断整个访谈时间过程,把握方向。

(3)明白访谈的目的,以及访谈后可能得到的结果。

(4)把握访谈的风格和方式。

(5)保持平静,要有耐心,要公正和谦虚,并对情绪紧张的人进行安慰。

(6)允许自由讲话和发表观点,不能把访谈当作显示采访人知识、权力、能力的场所。

(7)运用听的艺术,改善人际关系,加深理解。与农民沟通,听是一门艺术,它要求积极地听,集中精力去听,听出真正意义;它要求自我控制,不要随意打断发言,要让农民敞开心扉,乐于改进。

(8)在适当的时候,有礼貌地结束访谈,并表达感谢合作,可能的话可赠送小的纪念品等。

4. 异议处理技巧

与物质产品的营销一样,在营销过程中,不可避免地也会出现农民对销售项目的质疑,甚至对营销人员主张的销售项目持反对意见。最好的办法是事先准备以下问题:来自不同层次可能提出的问题;针对销售项目的技术经济、自然社会效益及操作可能提出的问题。如果在促销过程中,农民提出了营销人员原来没有预料到的问题,此时营销人员不要紧张,更不要上火,要耐心地听,系统地分析,弄清提出异议的真正动机。从营销心理角度讲,对货挑剔的人,可能是购买者,如果不能当时解决异议,一定要礼貌地记下农民的名字、地址,留下自己的联系方式,在较短的时间内予以回复。

5. 劝说与建议的技巧

在多数场合,农资营销人员都在试图影响农民接受某种观点或让其采取某种行动。建议和劝说农民改变行为的关键取决于三个基本因素。

(1)项目的质量。一项产品要被农民接受,必须将农民的理性和非理性统一起来。理性是人的智力、判断力,非理性是人的情感态度和偶然倾向性。人并非总是理性的,在许多情况下是处于非理性状态而做出决定的,特别是对于农民更是如此。因此,一项产品要产生说服效力,就必须既符合农民的理性要求,又符合非理性的即时变化。这就要求营销机构在确定项目时,一定要注意该项目的内在实用价值,同时又便于做农民的心理工作,符合农民的情感和心理。

(2)要把握住说服和建议的时机。

(3)具体的建议和说服技巧,如丑化相反的行为,美化要营销的东西,可以使用现身说法、时髦及潮流趋向、负向防疫等。

6. 重复度和时间安排技巧

在很多情况下,农民的决策不是在一次交流中形成的,而是一个评价、反馈、加强评价、决策的过程。对某一营销项目多次的耳濡目染,会加速其决策过程,但这一频率也不可太高,要给农民一个消化的过程,免得使农民产生一种被迫的感觉,而产生逆反心理,所以要根据项目特点、地区特点、农民素质设计好访谈、传媒、新闻等方式的配合及时间频度,以加速农民的态度和行为改变。

7. 谈判的技巧

谈判是人们为了满足需要,为了改变相互关系而交换观点和利益,并试图取得一致而进行的磋商过程。谈判是一种特殊的传播活动,是寻求解决分歧和冲突的途径,是各方争取达到互惠互利而寻找最佳利益均衡点的过程。谈判不只是输或赢的单利性结果,而是彼此都要有赢的互利性结果。在冲突中合作，在合作中冲突，就是谈判的特点。任何谈判都是互惠的，但都不是均等的，也不可能达到利益均等的结果，因为谈判各方的实力和技巧不同，各自所争取到的利益大小也不等。

谈判是一个过程，一般有以下几个阶段。

(1)导入，介绍认识。

(2)概说，介绍谈判的基本思想、意图目的。

(3)明示，各自的态度观点。

(4)交锋，为满足自身利益而努力。

(5)妥协，互相作适度让步。

(6)协议，拍板签字。

营销谈判过程中要注意运用以下各种技巧和战术。

(1)知己知彼，应详尽地了解自己和对方的优劣势、意图、需求以及可能做出多大的让步等。

(2)设法选择对自己有利的时间。

(3)选择有利于自己的地点。

(4)制定谈判纲领，包括对各种可能情况的预测、假设和模拟对策，谈判期限、内容、临界点等。

(5)攻心为上，以事实推理和情感为推进方式。

(6)学会察言观色，判断对方的心态，用特殊的体态来表明自己的态度。

(7)听与说，要立即进入角色，集中精力倾听陈述，领会意图，做到人到、耳到、眼到、心到、脑到，在"听懂"的基础上，巧妙地发问。

(8)要善于引诱，防止陷阱。

在农资营销机构与经销商的直接交往中，运用好谈判艺术，既可以保证自己的利益，又能够将某一项目快速有效地推销出去，以实现科研成果的转化。

(三)农资市场促销技巧训练

1. 促销技巧训练内容

促销的技能主要应从公关技能和专业技能加以训练。

(1)公关技能　公关技能是农资从业人员基本技能。训练内容包括：

①强烈的公关意识，时刻不忘树立单位和个人的形象，同农民进行经常的沟通和传播，不失时机，发掘一切可能机会，最大限度地宣传营销组织和项目。

②高度的法律意识，知法、守法、护法。

③较强的组织管理能力，善于自如地组织各种公关活动，如庆典会、新闻发布会、座谈会、展览会、宴会等，并设计会场、会议程序和主持会议。能恰当地运用各种组织手段，如集权、分权、授权、赏与罚、激励等。

④较强的社交能力，有效地协调疏通各种社会关系，创造良好的人际关系环境，广结善

缘，搞好四方关系，争取农民理解。社交能力是各种能力和技巧的综合表现，是人的性格、学识、口才、阅历、经验各种因素的融合。

⑤具有心理分析技巧，自信豁达的风度，开朗和善的性格，广泛的兴趣爱好，并且能快速了解农民的心理需求。

⑥表达能力，做到信息丰富，言能达意，富有幽默，反应灵敏。

⑦创新应变能力，要解放思想，打破框框，想他人不敢想，做他人没有做的事，要有超前预测和临场应变能力，能临阵不惊，保持理智。

(2)专业技能　专业技能是农资营销人员必不可少的促销技能，训练内容包括：农业知识；农产品加工及农产品生产资料市场、信息及行情；国家农业政策及产业导向；新闻传播、广告设计、摄影技巧等。

2. 促销技巧训练方法

促销技巧的训练方法主要有课堂及书本学习和实地经验积累。课堂及书本学习可采用讲授、角色扮演、录像观摩、纠正偏差等模式，教材可涉及中国社会主义建设、关于"三农"的政策方针、伦理学、法学、公关理论、公关语言、公关心理学、传播学、新闻学、广告学、谈判学、管理学、社会学、市场学、民俗学、美学、农学等课程。经验的积累来自实践和悟性。实地经验积累需要在工作过程中用心体会，积累促销经验，提高工作效率。市场促销技巧是实践性很强的艺术，因此必须在实践中去形成自己的风格。

【课堂活动】

课堂活动一　农资营销人员接打电话礼仪

一、活动目的：通过此次活动让同学了解农资营销人员接打电话时应该如何给客户打电话。

二、活动内容：

1. 营销人员打电话。

2. 营销人员接听电话。

三、具体做法：老师将学生分成两组，一组为老板组，一组为营销人员组，两人一组，分别设置不同的电话场景，让同学观察他们打电话过程中，营销人员是否有不当的地方，并组织同学进行讨论，使学生毕业后在从事农资营销工作时，能够正确地接打电话。

课堂活动二　农资促销

一、活动目的：通过这次课堂活动使学生能够熟练应用常见的农资促销方法。

二、活动内容：课堂模拟农资促销活动。

三、具体做法：准备几种不同类型的农药以及准备一些促销品，将同学分成几组分别组成一个促销团队，让他们分别选择一种农药及设计一些促销品来进行新产品的促销，并组织同学对各组的促销活动进行讨论，老师进行点评，选出促销活动进行得比较成功的团队。

【技能训练】

一、训练项目：种子或农药销售合同的签订。

二、训练目的：通过本次实训使学生熟悉种子或农药营销合同的条款，掌握种子或农药营销合同起草和签订的技能。

三、训练条件：种子或农药的购销合同格式等。

四、训练内容：由学生扮演种子或农药的经销、购买商和市场公证人员，熟悉各个岗位的职能；草拟一份种子或农药的销售合同。

五、训练要求：

1. 全班按每3人一组分为若干个实习小组，分别扮演需方、供方、公证方角色，按各自角色需要通过图书馆、因特网上查阅种子或农药的地理分布、价格信息、供求信息等有关资料。

2. 起草种子或农药购销合同。根据农产品购销合同格式，分别由供方、需方起草种子或农药的购销合同，并向对方发出要约，对方在研究基础上发出承诺，在公证方监督下签订合同。

3. 教师与当地农资市场、摊商联系后，让学生扮演某种子或农药企业的推销员到农资市场、摊商经营处推销产品并模拟签订购销合同。

六、作业：以小组为单位草拟一份完整的种子或农药销售合同。合同起草要规范、各项条款填写要齐全，产品的销售价格要符合当时、当地的价格规律。

【复习思考题】

1. 怎样理解促销组合？常用促销组合方式有哪些？
2. 如何做好农技示范推广？
3. 人员推销应掌握哪些技巧？
4. 如何开展服务营销？
5. 常见农资市场促销技巧有哪些？

【相关阅读】

1. 徐岚．市场营销学．北京：机械工业出版社，2010.
2. 卢敏．农业推广学．北京：中国农业出版社，2005.

【本章小结】

- 农资市场促销
  - 促销方式及特点
    - 人员推销
    - 广告
    - 营业推广
    - 公共关系
  - 农资市场促销技巧及训练
    - 农资市场常用促销活动形式
    - 农资市场促销的常见技巧
    - 农资市场促销技巧训练

第九章 主要农资商品营销策略

【学习导航】

理论知识　了解种子、农药、肥料的营销特点，掌握种子、农药、肥料的营销策略。

技能要求　设计和选择种子、农药、肥料的营销渠道，熟练地运用种子、农药、肥料的各种策略。

案例赏析

广西安泰化工有限责任公司是一家私营企业，创建于1994年，现已发展成国家化工部、原农业部定点的农药原药和制剂加工生产企业。其产品从单一的杀虫剂发展到杀虫、杀菌、除草多品种、多剂型。另外，公司还拥有杀虫葳、扑虱葳、杀虫好、好禾保、无草乐、克百螨、高绿宝、蛾英宝等十多项省级科研成果，其中，仅杀虫葳一项就实现年销售收入过亿元，综合经济效益在全国同行业中位居前30强。安泰商标在广大的农村地区已成为名牌农药的代名词。

安泰化工不失时机地在销售市场发起题为"把经验送到田头"的科技兴农活动。每天，安泰的科技下乡专用车辆奔驰在乡间的公路，把安泰的产品、安泰的杀虫防病技术带到市场的第一线，给农民朋友带去经验技术，给农民朋友解答疑难。他们还时常做做促销，把利益回馈农民朋友；有时现场试验展示杀虫防病效果，让农民用得放心，用得开心。

通过有效的整合营销活动，即由"安大叔的经验"通过广告在空中拉动，通过地面科技兴农活动推动购买的"拉推"配合的营销整合，使得新千年安泰农药系列产品，无论在宣传造势上还是在销售业绩上都达到了一定的效果。由于主旨在介绍"安大叔的经验"带来的广告效应,有关的营销活动的具体操作分为两方面,一方面借力造势,另一方面又参与了安泰整体品牌累积。可以说,安大叔提升了安泰广告效应的凝聚力,也为安泰农药未来的可持续发展打下深厚的基础。

点评:安泰的成功,首先得益于过硬的产品质量、超前的广告意识以及成功的营销策略。

知识链接

一、农资营销特点

(一)季节性

多数农资是按季节生产和供应的,农业生产也是以季节进行的,农资营销也就有了淡、旺季。农资营销要按着季节不违农时地组织调动和供应。

(二)地域性

农业生产是在广阔的土地上进行的,各地的土质状况、气候条件不同,形成了不同生产地域的农资。所以应根据地域性特点有选择地进行营销。

(三)先布点示范

目前,中国农民对农资品牌的认知度还很不够,他们往往喜欢"保姆式"的农化服务。大多数农民对企业产品的广告宣传半信半疑。他们最关注的是邻近农户所用农资的效果,是什么品牌的农资,如果效果好,就跟着买,且一旦使用某一品牌后,轻易不会改变。所以,可以选择一个村中的种田能手或者技术能手布点示范,让农民跟随购买。

(四)营销规模小而分散

中国农业生产是一家一户的经营模式,尽管农村人口众多,但人们散居在不同的地域,以户为种植单位,每家每户只有一到几亩地不同,而且,每家每户根据自己对未来的估计和需求种植着不同的作物。这就要求零售商和农技推广服务要面对众多的服务对象,并深入到农村基层乃至每家每户,根据不同的作物营销不同功能和品牌的农资。

二、主要农资营销策略

2005年,山东省某县种子公司与内蒙古自治区某旗种子公司签订了种子营销合同。合同规定,在2006年2月10日向山东某县种子公司提供品牌、标签、包装齐全的袋装掖单种子50万千克,每千克单价3元,并交定金10万元,其余货到付款。在2006年2月10日到货40万千克,山东某县种子公司付款110万元,山东某县种子公司又将购来的种子重新打包20万千克,以本公司自繁的种子加注品牌标签出卖。剩余10万千克种子在2006年4月5

日到货，山东某县种子公司拒收，并要求双倍返还定金。内蒙古自治区某旗种子公司向本旗法院诉讼，山东某县种子公司将购买的种子重新打包并加注品牌标签是一种侵权行为，应赔偿侵权损失 20 万元。山东某县种子公司向本县法院诉讼，理由是 10 万千克玉米种子 4 月 5 日到货，已过了农民购种期，标的物已属不必要物，给公司已造成了经济损失。内蒙古自治区某旗种子公司已经违约，一应双倍的返还定金，二应赔偿经济损失 20 万元。

提问思考

两家公司违反了我国哪些法律？

(一)种子营销策略

1. 种子销售的策略和竞争机制

(1)正面竞争营销策略　即在种子畅销期和饱和期，在市场上销售同一品种，要靠种子质量和优质服务竞争，但有的采用削价扩大销路，这种竞争是以消耗种子部门的财力为代价，是不可取的，也不公平。

(2)种子商品多样化策略　即种子部门销售粮、棉、油、瓜菜、花卉等多种作物的多种种子品种，因而进入不同的目标市场，这种竞争策略是可取的。

(3)以快取胜的策略　即产、购、销各环节立足一个“快”字，时间就是金钱，速度就是优势。

(4)优质取胜的策略　以质量求生存、以质量求发展，在激烈的市场竞争中，凭借优质而立于不败之地。

(5)联合营销策略　除种子部门之间横向联合外，还应与科研育种部门进行纵向联合，并向纵深发展，即与乡镇种子部门联营，与村组结合，服务到户。

(6)优质服务策略　增强农民的安全感和信任感，优质服务，重点抓播前讲技术、中期讲管理、收后听反映三个环节。

2. 销售广告

种子销售要借助于各种媒介对用户进行广泛宣传，以促进销售或扩大服务。广告的基本功能是传递种子信息、沟通种子产需，特别是帮助用种户认识种子的特征特性、栽培要点、购种手续等的广告还能够唤起生产者的注意，导致生产者的购买行为，从而激发购买需求增加销售。

3. 销售包装

销售包装具有吸引力，能引起用户注意，也便于用户识别、选购、携带和使用。种子销售包装要与种子的质量、稀有程度相适应，要避免包装自贬其值。包装上图案和文字应美观大方，能回答购买者最知心的问题，消除其疑虑。销售包装应标准化，并有不同的规格，方便购种者。

4. 标牌供种

种子销售作为商品流通，必须用标牌公告生产者、经营者的责任。从我国目前种子生产经营和使用来看，应将种子的作物品种、名称、特征特性和纯度、净度、发芽率、含水量、产地、经营单位等都详细标明。为使种子运输、储存和销售顺利进行，还要在包装物上做出特定标记，按照种子特性用图案或简易文字标出运、储、销应注意的事项，如种子防雨、防潮应使用伞形图案表示。

5. 种子的名牌战略

种子作为名牌是指质量表现优异，内在性能超群，增产幅度大，社会化服务好，在广大农户中享有很高的信誉。名牌是一种无形资产，它不仅包含科学技术，而且还包含市场营销力，市场信誉度，知名度以及企业形象。实施名牌战略是种子企业发展中增添后劲的唯一出路。

学以致用

你认识的人中有从事种子营销的吗？他做得是否成功？分析他成功或失败的原因，并为他制定一份营销策略。

（二）农药营销策略

提问思考

你了解推与拉的销售战略吗？

1. 渠道逆向重构策略

实践调查

当地农药营销渠道以哪些为主？

渠道逆向重构策略："逆向"的含义就是建设渠道顺序和传统建设渠道顺序相反。企业不是先向总经销商推销产品，再由总经销商向二级批发商推销……这是顺向"顺序"，而"逆向"是反方向的从渠道的金字塔底部基础层开始工作，先向零售商推销产品，当产品销售量达到一定数量后，二级批发商就会被调动起来，主动要求经销该产品，接着是二级经销商、总经销商，因为产品销售量的扩大和价格稳定使经营产品变得有利可图，经营规模较大的经销商纷纷加入到营销渠道体系中。这样，一层层逆向建设渠道结构的体系就完成了。

制造商不按照原来旧的渠道结构来设计自己的渠道结构，而是按照自己设定的分销目标和计划，对渠道资源进行重新布点和分配，使流通渠道达到高效率、低成本的状态。渠道的逆向重构策略是适应目前市场环境而产生的一种竞争策略。现在多数农药企业，特别是新企业、新产品进入市场时，市场领先者和经销商结成的利益同盟会排斥新进入者。对经销商而言，承接新产品必须承担起经营失败的风险，所以经销商会抬高市场进入门槛，提出"市场准入"的条件，如赊销、降价、退货和不得供应给其他经销商等条件。不答应这些条件又难以获得经销商，很多新企业、新产品的失败就在于此。相反，消费者并没有强烈拒绝新产品的意愿，越是距离消费者越近的流通环节，消费者越是容易认同新产品，他们总是希望更多的创新产品。另外，小型的批发商不是市场先入产品的既得利益的获得者，他们对新产品的热情较高，要求的"市场准入"的条件也很低。所以制造商的渠道建设就应最先从这些层面展开突破工作，以向零售环节直接供应产品的经销商为突破点，然后再选择、吸引更高层次的经销商加入，最后形成完整的流通体系。

2. 营销渠道建设的推拉策略

推销策略，是产品生产者通过销售人员把产品推销给批发商，批发商把产品推销给零售商，零售商通过全方位的营销方法把产品推销给最终消费者。运用推销策略，生产者基本上依赖于人员推销及 SP，依次地将产品由生产者推向中间商到最终消费者。推动力量是代表生产厂家的推销人员、批发商或零售商。推力的大小产生于这些人员的语言、交际和促销手段及能力。

拉销策略是生产者通过大量而具有广泛影响的传播媒介把产品信息跨越中间商环节直接传达给消费者，从而刺激消费者的购买欲望和行为，于是消费者向零售商求购这种产品。在这种情况下，消费者首先表示出购买需求，起到相对于推销相反的作用力，即拉销效应，拉力来自消费者的购买需求。因为采取拉销策略的生产厂家最注重刺激最大的消费者的兴趣，使之产生需求。于是，由消费者把产品从零售商，再由零售商到批发商，由批发商到生产者，逐次拉入销售渠道，完成销售过程。

3. 农药差异化营销制胜策略

(1)产品差异策略　农药产品的实体在差异化上变化很多，可以排列出很多差异化来。第一是产品形式，即农药产品的剂型，是否适合目标市场消费者的需求。第二是产品质量。真正的产品质量与公司的投资回报率存在着正相关性，也就是生产高质量产品的企业所赚取的利润比低质量产品的企业高得多，前者之所以能赚取更多是因为优质产品使其能高价销售，还可以使老百姓认可你的产品，从而产生更多的重复性购买。第三是产品卖点。同样的产品，同样的质量，好多产品都高度同质化，产品销量不一样、价值不一样，产品的卖点使消费者购买心理产生好感或信任感，从而使消费者感觉这个产品就是我所需求的而产生购买。第四是产品方便性。农药产品虽然是个特殊的商品，但也拥有商品所固有的属性。对于产品来说，产品的方便性，能为消费者提供便利，这也是对产品人性化的导入，产品已由产品导向进入顾客需求导向，生产的产品包装规格、产品计量都要满足消费者的需求。第五是农药产品特色。可以与其他农药区分开来，也是农药销售的一个亮点。如有的农药公司使用具有透明小洞的产品包装袋，可以使消费者看到产品质量外观，让其产生质量好，有信心给买者看的感觉。如市场上的许多白色多菌灵产品、白色甲托产品，都是采用如此策略，形成自己的特色，能提高产品销售 20%以上。

(2)渠道差异策略 首先是覆盖面。农药产品的销售，其渠道主要是农药公司—地区总经销商—各地零售商的方式。对于目标市场，农药企业应该多派驻营销人员，帮助和协助经销商尽力完善其销售渠道，使其市场覆盖面广，提高其运营效率和绩效，从而提高农药产品的市场占有率而赢得市场。其次是高绩效。农药企业应该在现有的销售渠道上建立一条反应迅速、信息化畅通的平台，提高厂—商、商—消费者、厂—消费者之间的信息交换与传输，以利于掌握消费者需求动向、经销商产品销售与库存的动态、商品信息、价格动向等。掌握了信息动向，提高了决策，促进了产品销售，避免了信息不畅而造成产品积压或缺货的现象，同时也对公司新产品策划提供了市场信息，为领导决策提供依据。再次是专长化。农药产品属于特殊产品，销售农药需要一定的知识与能力。这就需要营销人员在挑选客户资源的时候，一定要对其市场资源、资金实力、人力情况、团队能力、资格资力、仓储能力等方面进行考察，打造一支渠道资源广、资金实力雄厚、团队能力强、销售技能好的客户来进行产品销售，需要客户专长化进行市场开发、产品推广、渠道建设、广告促销等。

(3)人员差异策略 首先是人员能力。做好农药销售工作，需要有较强的销售技能，还要有一定的农药知识、植保技能、作物种植知识、病虫草害识别能力等，对于产品解说、人际交往等方面还需要有良好的沟通能力，才能胜任农药产品的销售工作。其次是诚信度。做销售，需要的不仅仅是销售技能，更需要营销人员的诚信度。对经销商的产品发货及时性、人员推广、广告支持、产品价格让度等方面的承诺一定要及时兑现。再次是责任心。从事农药营销工作，不仅仅要对公司负责，还要对经销商负责、对基层消费者负责，营销人员就是产品质量、产品销售、产品满意度等方面的监督员，对于不合格的产品坚决不发货到市场，对于经销商的合理要求尽可能答应，对于能提高消费者满意度的事情一定做好。如何提高人员的差异化，需要提高营销人员的素质和业务水平，积极培养其良好的竞争意识，使其负责，诚信。

(4)企业形象差异策略 农药企业进行产品销售时，更多的消费者越来越注重企业的形象。形象就是公众对公司和它的产品认知的方法。竞争导向需要企业进行企业形象的差异化，使消费者对品牌、标志、口号、公益活动等方面进行传播与接触。首先是品牌。农药企业的品牌建立不是一蹴而就的，需要长期的积累。消费者能从企业的品牌得到一种与众不同的感觉，是对企业的长期信任而产生的。其次是标志口号。企业标志能给人以深刻的印象，如江苏苏化集团新沂农化有限公司新益农药的口号是“科技铸造精品、创新成就经典”就可以给人留下深刻印象。再次是公益活动。一是公司可以资助各类活动来营造某个品牌形象。二是以广告语言塑造企业和品牌形象，同时也点明了企业主要的产品功能。

4. 农化服务策略

从服务的角度将企业视为一个服务的主体，强调企业对内对外的全面服务系统的建构，其中，顾客服务是服务营销的核心内容。服务营销在一定程度上能够获得较为理想的企业美誉度和顾客满意度，并起到一种口碑的效果。首先是送货及时性。对于客户需要的产品应该尽快发货，避免产品送到经销商手里时，错过了季节，贻误了时机。其次是客户服务。客户服务包含对经销商的服务、对消费者的服务等。农药企业提供产品登记查询、含量分析报告、技术服务与支持、产品应用指导等，以便更好地满足经销商与消费者的需求，及时有效地与客户沟通，提高顾客满意度。再次是调换货。由于市场突变、营销人员发货过多、经销商推广能力等问题而产生的货物积累，需要对产品及时调换，避免经销商抱怨而导致以后客户关系的破裂。其实调换货，及时为经销商服务，是可以提高客户的满意度的。

5. 网络营销策略

通过 Internet 网络进行的生产、营销、销售和流通活动，它不仅是基于 Internet 上的交易，而且指所有利用电子信息技术解决问题，降低成本，增加价值和创造商机的商务活动，包括通过网络实现从原材料查询、采购、产品展示，订购到出库、储运以及电子支付等一系列的贸易活动。

学以致用

有一个农药公司新生产一种生物杀虫剂，请你设计一份营销策略。

(三)肥料营销策略

提问思考

为什么购买同一种二铵产品，不同渠道价格不一样呢？

A 农民到乡农业生产资料公司购买化肥二铵，价格是 2.82 元/千克。B 农民到乡农业推广站购买化肥二铵，价格是 2.8 元/千克。C 农民到化肥厂设在本乡的直销店购买化肥二铵，价格是 2.7 元/千克。D 农民到县生产资料公司购买化肥二铵，价格是 2.72 元/千克。

1. 企业市场发展战略

(1)密集性增长策略　密集性增长策略是指企业以快于过去的增长速度来增加某个业务单位的现有产品或劳务的销售额、利润率及市场占有率，常在企业现有产品和现有市场还有发展潜力下采用。实行这种策略有三条途径。

①市场渗透，即企业采取种种更积极的措施在市场上扩大现有产品的销售。一是在维持现有消费者的基础上通过各种营销手段，如价格策略、促销方式、渠道的变更等，使原有的顾客更多地购买本企业的产品。二是用各种竞争手段把竞争企业的顾客争取过来，转而购买本企业的产品。三是刺激和促使未曾购买过本企业产品的顾客的购买行动。

②市场开发，即企业为原有产品或改进产品寻找新的市场，争取新的顾客，增加销售量

的一种战略。一是拓展市场区域，即从一个市场区域扩展到另一个市场区域，或从地区市场扩展到全国市场，从全国市场扩展到全球市场。二是进入新的细分市场，即根据新的目标市场需求，改进现有产品的设计，利用新的销售渠道和其他营销组合策略满足新市场尚未满足的需求。

③产品开发，即企业在现有市场领域以开发推广新产品或改进产品满足顾客的需求，从而提高销售额的发展战略。一是发展新产品或改进产品满足现有市场的需要。二是发展产品边缘化，即企业生产或提供同时具有两个以上行业特点的产品，也就是在两个行业的交叉地区开发产品。三是发展产品差异化，即发展同质产品在款式、规格、包装等方面有差别的产品，主要是要求对产品略作改动，与竞争对手的同类产品稍有区别，从而更好地吸引顾客。

(2)一体化增长策略

①后向一体化，即企业购买、合并或兼并本企业的原材料供应商，实行产供联合。

②前向一体化，即企业通过购买、合并或兼并本企业的后续生产或经销企业，实行产销结合，或延伸自己的产品。

③水平一体化，也叫横向一体化，即企业通过购买或兼并同行业中的企业，或者在国内或国外与其他同类行业合资生产经营。

(3)多元化增长策略　企业尽量增加经营的产品种类和品种，使自身的特长得以充分发挥，人力、财力、物力资源得以充分利用，且减少风险，提高整体效益。

①同心多元化，指企业运用原有的技术、特长、专业经验等开发与本企业产品有相互关系的新产品。

②水平多元化，指企业仍面向过去的市场，通过采用不同的技术开发新产品，增加产品种类和品种。

以上三种策略各有不同：第一种是在企业现存的行业和现有的基础上更进一步的确认发展机会；第二种是确认某些市场机会，以建立和寻求与企业目前经营有关的目标；第三种是确认市场机会后，建立和增加与本企业目前经营无关的，但有吸引力的经营目标。

2. 目标市场策略

(1)无差异市场营销策略　无差异市场营销策略就是企业不考虑细分市场的差异性，把整体市场作为目标市场，对所有的消费者只提供一种产品，采用单一市场营销组合的目标市场策略。无差异市场营销策略适用于少数消费者需求同质的产品；消费者需求广泛、能够大量生产、大量销售的产品；以探求消费者购买情况的新产品、某些具有特殊专利的产品。

采用无差异市场营销策略的企业一般具有大规模、单一、连续的生产线、拥有广泛或大众化的分销渠道，并能开展强有力的促销活动，投放大量的广告和进行统一的宣传。

(2)差异市场营销策略　差异市场营销策略是在市场细分的基础上，企业以两个以上乃至全部细分市场为目标市场，分别为之设计不同产品，采取不同的市场营销组合，满足不同消费者需求的目标市场策略。差异市场营销策略适用于大多数异质的产品。采用差异市场营销策略的企业一般是大企业，有一部分企业，尤其是小企业无力采用，因为采用差异市场营销策略必然受到企业资源和条件的限制。较为雄厚的财力、较强的技术力量和素质较高的管理人员，是实行差异市场营销策略的必要条件，而且随着产品品种的增加，分销渠道的多样化，以及市场调研和广告宣传活动的扩大与复杂化，生产成本和各种费用必然大幅度增加，需大量资源作为依托。差异市场营销策略优点是能扩大销售，减少经营风险，提高市场占有率。因为多品种的生产能分别满足不同消费者群的需要，扩大产品销售。由于某一两种产品经营不善的风险可以由其他产品经营所弥补；如果企业在数个细分市场都能取得的较好的经营效果，就能树立企业良好的市场形象，提高市场占有率。

(3)集中市场营销策略　集中市场营销策略是企业以一个细分市场为目标市场，集中力量，实行专业化生产和经营的目标市场策略。集中市场营销策略主要适用资源有限的中小企业或是初次进入新市场的大企业。中小企业由于资源有限，无力在整体市场或多个细分市场上与大企业展开竞争，而在大企业未予注意或不愿顾及而自己又力所能及的某个细分市场上全力以赴，则往往容易取得成功。实行集中市场营销策略是中小企业变劣势为优势的最佳选择。

集中市场营销策略的优点是目标市场集中，有助于企业更深入地注意、了解目标市场的消费者需求，使产品适销对路，有助于提高企业和产品在市场上的知名度。集中市场营销策略还有利于企业集中资源，节约生产成本和各种费用，增加盈利，取得良好的经济效益。

集中市场营销策略的缺点是企业潜伏着较大的经营风险。由于目标市场集中，一旦市场出现诸如较强大的竞争者加入、消费者需求的突然变化等，企业就有可能因承受不了短时间的竞争压力，而立即陷入困境。因此，采用集中市场营销策略的企业，要随时密切关注市场动向，充分考虑到企业对未来可能意外情况下的各种对策和应急措施。

学以致用

分析肥料营销渠道的优缺点，企业如何选择目标市场战略？

三、网络营销

网络营销产生于20世纪90年代。90年代互联网媒体的新型营销模式，以新的方式、方法和理念，通过一系列网络营销策划、制定和实施的营销活动，可以更有效地促成交易。

(一)网络营销的概念

网络营销是基于互联网络及社会关系网络连接企业、用户及公众，向用户及公众传递有价值的信息和服务，为实现顾客价值及企业营销目标所进行的规划、实施及运营管理活动。网络营销不是网上销售，不等于网站推广，网络营销是手段而不是目的。它不局限于网上，也不等于电子商务。它不是孤立存在的，不能脱离一般营销环境而存在，它更应该被看作传统营销理论在互联网环境中的应用和发展。

网络营销是以现代营销理论为基础，借助网络、通信和数字媒体技术实现营销目标的商务活动，它由科技进步、顾客价值变革、市场竞争等综合因素促成，是信息化社会的必然产物。网络营销根据其实现方式有广义和狭义之分。广义的网络营销指企业利用一切计算机网络进行营销活动，而狭义的网络营销专指国际互联网营销。

网络营销也指组织或个人基于开发便捷的互联网络，对产品、服务所做的一系列经营活动，从而达到满足组织或个人需求的全过程。网络营销是企业整体营销战略的一个组成部分，是建立在互联网基础之上，借助于互联网特性来实现一定营销目标的营销手段。

实践调查

当地有多少家农资企业从事过网络营销？

（二）网络营销特点

1. 跨时空性

农资企业营销的最终目的是在农资加盟市场占有一席之地，由于互联网能够超越时间约束和空间限制进行信息传递，使得营销可以脱离时空限制提供全球性营销服务。

2. 多媒体性

互联网被设计成可以传输多种媒体的信息，如文字、图像、视频等，例如现在的农资招商网站、电商等网络平台为达成交易进行信息交换它能以多种形式存在和交换，可以充分发挥营销人员的创造性和能动性。

3. 交互性

互联网通过展示商品图像、商品信息，来实现供需互动与双向沟通；它还可以进行产品测试与消费者满意调查等活动。互联网为产品联合设计、商品信息发布，以及各项技术服务提供了最佳工具。此外，互联网上的信息交流是一对一的。企业、农资代理商、加盟商和消费者之间可以通过互联网进行深入沟通，是一种低成本与人性化的促销，它能避免推销员强势推销的干扰，并通过信息提供与交互式交谈，与消费者建立长期良好的关系。

4. 个性化

可以根据个人特点和要求设计网络营销。

5. 成长性

互联网使用者数量快速增长且使用者多为受过高教育人群，且年轻人较多。由于这部分群体购买力强，因此互联网销售是一项极具开发潜力的市场渠道。因此，农资企业、农资加盟商、代理商要善于利用农资招商网、电商等网络平台进行产品营销。

6. 高效性

计算机可储存大量的信息，农资代理商和消费者可以进行查询，因此可传送的信息数量与精确度，远超过其他媒体，并能因市场变化及时更新产品或调整价格，因此互联网能及时有效了解并满足代理商和消费者的需求。

7. 经济性

通过互联网进行信息交换，代替以前的实物交换，实现无店面销售，免交租金，可以节约水电与人工成本；另一方面可以减少由于迂回多次交换带来的损耗。由于网络营销的这种特点，很多农资加盟商开始利用电商平台进行产品营销，并取得了一定成果。

8. 技术性

网络营销大部分是网上工作者，通过专业的农资招商网站、企业自己的网站或者其他第三方平台进行一系列宣传、推广，对于客户来说是小成本大产出的经营活动。

（三）网络营销方式

1. 搜索引擎营销

即 SEM（通常以 PPC 为代表），通过开通搜索引擎竞价，让用户搜索相关关键词，并点击搜索引擎上的关键词创意链接，进入网站/网页进一步了解他所需要的信息，然后通过拨打网站上的客服电话、与在线客服沟通或直接提交页面上的表单等来实现自己的目的。

2. 搜索引擎优化

即 SEO，指的是在了解搜索引擎自然排名机制的基础上，使用网站内及网站外的优化手段，使网站在搜索引擎的关键词排名提高，从而获得流量，进而产生直接销售或建立网络品牌。

3. 电子邮件营销

电子邮件营销是以订阅的方式将行业及产品信息通过电子邮件的方式提供给所需要的用户，以此建立与用户之间的信任与信赖关系。

4. 即时通讯营销

利用互联网即时聊天工具进行推广宣传的营销方式。

5. 病毒式营销

病毒营销模式来自网络营销，是利用用户口碑相传的原理，通过用户之间自发进行的，是费用低的营销手段。

6. BBS 营销

这个应用的已经很普遍了，尤其是对于个人站长，大部分到门户站论坛灌水同时留下自己网站的链接，每天都能带来几百 IP。

7. 博客营销

博客营销是建立企业博客或个人博客，用于企业与用户之间的互动交流以及企业文化的体现，一般以诸如行业评论、工作感想、心情随笔和专业技术等作为企业博客内容，使用户更加信赖企业，可以深化品牌影响力。

8. 微博营销

微博营销是指通过微博平台为商家、个人等创造价值而执行的一种营销方式，也指商家或个人通过微博平台发现并满足用户的各类需求的商业行为方式。

9. 微信营销

微信营销是网络经济时代企业营销模式的一种创新，是伴随着微信的火热而兴起的一种网络营销方式。微信不存在距离的限制，用户注册微信后，可与周围同样注册的“朋友”形成一种联系，用户订阅自己所需的信息，商家通过提供用户需要的信息，推广自己的产品，从而实现点对点的营销，比较突出的是体验式微营销。

10. 视频营销

以创意视频的方式，将产品信息移入视频短片中，被大众化所吸收，它不会造成太大的用户群体排斥性，也容易被用户群体所接受。

11. 软文营销

软文广告顾名思义，它是相对于硬性广告而言，由企业的市场策划人员或广告公司的文案人员来负责撰写的“文字广告”。与硬广告相比，软文之所以叫做软文，精妙之处就在于一个“软”字，好似绵里藏针，收而不露，克敌于无形。

等到你发现这是一篇软文的时候，你已经冷不丁地掉入了被精心设计过的“软文广告”陷阱。它追求的是一种春风化雨、润物无声的传播效果。如果说硬广告是外家的少林功夫，那么，软文则是绵里藏针、以柔克刚的武当拳法，软硬兼施、内外兼修，才是最有力的营销手段。

12. 体验式微营销

体验式微营销以用户体验为主，以移动互联网为主要沟通平台，配合传统网络媒体和大众媒体，通过有策略、可管理、持续性的 O2O 线上线下互动沟通，建立、转化和强化顾客关系，实现客户价值的一系列过程。体验式微营销站在消费者的感官(sense)、情感(feel)、思考(think)、行动(act)、关联(relate)五个方面，重新定义、设计营销的思考方式。

此种思考方式突破传统上“理性消费者”的假设，认为消费者在消费时是理性与感性兼具的，消费者在消费前、消费时、消费后的体验，才是研究消费者行为与企业品牌经营的关键。体验式微营销以 SNS、微博、微电影、微信、微视、微生活、微电子商务等新媒体形式，为企业或个人达成传统广告推广形式之外的低成本传播提供了可能。

13. O2O 立体营销

O2O 立体营销，是基于线上(Online)、线下(Offline)全媒体深度整合营销，以提升品牌价值转化为导向，运用信息系统移动化，帮助品牌企业打造全方位渠道的立体营销网络。即根据市场大数据(Big Data)分析制订出一整套完善的多维度立体互动营销模式，实现全面的营销效果，从而，即针对受众需求进行多层次分类，选择性地运用报纸、杂志、广播、电视、音像、电影、出版、网络、移动在内的各类传播渠道，以文字、图片、声音、视频、触碰等多元化的形式进行深度互动融合，涵盖视、听、光、形象、触觉等人们接受资讯的全部感官，对受众进行全视角、立体式的营销覆盖，帮助企业打造多渠道、多层次、多元化、多维度、全方位的立体营销网络。

14. 自媒体营销

自媒体又称个人媒体或者公民媒体，自媒体平台包括个人博客、微博、微信、贴吧等。

15. 新媒体营销

新媒体营销是指利用新媒体平台进行营销的模式。在 web2.0 带来巨大革新的年代，营销思维也带来巨大改变，具有体验性(experience)、沟通性(communicate)、差异性(variation)、创造性(creativity)、关联性(relation)，互联网已经进入新媒体传播 2.0 时代，并且出现了网络杂志、博客、微博、微信、TAG 、SNS、RSS、WIKI 等新兴的媒体。

(四)网络营销对农资企业的三大优势

1. 网络营销的发展为中小企业参与竞争提供了有利的武器

在互联网上，信息资源共享，中小企业进入市场的门槛降低，中小企业在网络营销业务模式中具有较小的规模，削弱了实力薄弱的劣势，在资源共享中与大型企业站在同一个起点上。互联网具有信息量大、速度快、信息增长多倍的高速发展。互联网在这个虚拟市场中有着极其广阔的市场资源。另外，网络信息具有平等性，它不同于传统的商业模式，信息和资源都受到资金和规模的限制，进入门槛对于任何企业来说，都是平等的。此外，网络没有时间和国界，可以通过网络营销模式找到更多的客户，更多的机会，相对而言，就是降低竞争的强度，使网络营销的发展为中小企业参与竞争提供了有利的武器，实现了资源的优化配置。

2. 通过网上营销更容易开拓国内和国际市场

在传统贸易中，由于资金、品牌和技术实力的限制，中小企业无法与大型企业竞争，只能利用市场上的一切可用空间。然而，网络资源的广泛性使得中小企业拥有了更大的市场。这个市场不仅是一个国内市场，而且是一个没有国界的虚拟市场。因此，这是对相当数量的企业减少国内订单的巨大补充和有力支持。中小企业可以简化营销流程，提高营销效率，解决跨省、跨国订单问题。

3. 网络营销可减低中小型企业的成本

网络营销可以有效地节约企业的运营成本。中小企业按照传统的营销方式，需要消耗大量的人力、财力、物力等。通过网络营销和虚拟销售，中小企业节省了店铺租金、劳动力成本等有形成本，对降低企业成本起到了重要作用。国内中小企业通过资源共享网络交易平台，发挥其“小、快、智能”的优势，专注于某一领域，具备与大企业竞争的初步机会。

（五）农资网络营销的成功策略

有一个 80 后小伙子叫邹超，他靠着一个淘宝网店在线卖农资、做农技咨询，3 年的时间竟然卖出 5 000 多万元的农资产品，其中，拜耳公司、巴斯夫公司、美国杜邦公司、广东诺普信公司等农资巨头的产品都得到许可并在他的淘宝店铺开卖。

提问思考

分析邹超成功的原因是什么？

其实，任何一个生意，不是网上销售难，难的是我们是否拥有开放性的思维。分析邹超成功的策略，大致可以总结为以下几个方面。

1. 服务大户

随着返乡创业政策推进和土地新政的影响，中国种植大户越来越多，同时这群人不仅拥有一定的辨识能力和技术基础，还具有一定的互联网思维。

把种植大户当作自己的核心用户，因为这群用户不用太多的科普与教育，他们需要的是优质优价的产品服务，满足他，就能得到用户认可。

2. 全产品线

永远记住互联网是没有边界的，即使你做单品，也要做一条线上的全品类。

种植大户具有丰富的农资产品需求，而且喜欢一站式购买。因此经营者要用丰富的品类满足种植大户的需求。

3. 找价值相同的合作伙伴

其实，农资电商曾遭遇传统农资经销商抵触或农资电商封杀的事件。因为，他们担心农资电商抢了线下的生意。对此，经营者就是找认同线上销售的农资企业，这些企业都想依靠线上打品牌、卖产品。只要是厂家封杀电商的，都会主动把他们的产品下架。

其实农资产品可以替换的同类产品太多，农资电商的核心竞争力是可以提供足够丰富完整的产品线，而不是某一个厂家的产品。

4. 找大牌背书

早期，作为一家没有名气的淘宝店，需要大牌供应商来背书，当然，前提就是自己“有价值”。

前期的产品可以是中小型农资企业，随着流量和口碑扩大之后，必须找大牌合作。在大牌农资巨头的背书下，网络销售更有底气，也提升网店的知名度。

5. 技术服务

目前，很多农资经销商纷纷转型成为“作物专家”，这是比较正确的一条路。借助淘宝店帮助农资企业开展品牌推广，比如举办线上产品发布会，同时还借助直播或是短视频开展技术指导和课程，帮助用户提高农技水平。这一招，可以帮助店家赢得大批用户和粉丝，也促进了网店的销量。

【课堂活动】

农资企业营销策略案例分析

一、活动目的：通过此次活动让同学了解常见农资产品的营销战略。

二、活动内容：让学生在课堂上分析和讨论某些农资企业的农资产品的营销战略，分析其优点和缺点以及对自己以后工作中可以借鉴的地方。

三、具体做法：老师通过找一些知名企业的营销视频或者资料给同学看，然后让每个同学分析其所用到的营销策略。

【技能训练】

一、训练项目：设计农资产品的各种营销渠道，制定营销战略。

二、训练目的：根据营销特点设计农资产品的各种营销渠道。

三、训练时间：利用课余时间。

四、训练内容：

1. 根据不同的农资产品特点设计不同和相同的营销渠道。

2. 根据不同的营销渠道制定营销战略。

五、训练方法：拟定训练提纲，在老师的指导下学生分组进行社会调查，写出调查和设计报告。

六、作业：从校园网上了解知名的农资企业是怎样建立营销渠道和制定营销战略的，并写出新的体会。

【复习思考题】

1. 种子营销中你怎样灵活地运用种子促销六法？
2. 农药和兽药营销中怎样进行逆向渠道的建设？
3. 什么是品牌？品牌策略与商标策略的区别和联系有哪些？
4. 定价策略如何与其他营销组合策略相配合？
5. 如何看待农资产品市场目前出现的价格战？

【相关阅读】

1. 农博网：http：//www. aweb. com. cn
2. 中国农资网：http：//www. ampcn. com

【本章小结】

- 农资商品营销策略
  - 农资营销特点
    - 季节性
    - 地域性
    - 先布点示范
    - 营销规模小而分散
  - 主要农资营销
    - 种子营销策略
    - 农药营销策略
    - 肥料营销策略
  - 农资网络营销
    - 网络营销的概念
    - 网络营销特点
    - 网络营销方式
    - 网络营销对农资企业的三大优势
    - 农资网络营销的成功策略

单元四　农资市场自我营销

学习内容

本单元包括当今企业需要什么样的人才，世界500强企业如何招聘人才，大学生如何营销自己，如何与上级相处等内容。

学习目的

通过本单元学习，让学生了解什么样的大学生受企业欢迎，掌握初入岗位的大学生如何顺利通过试用期并成为企业重用人才，并为今后实现自己成功创业奠定基础。

第十章

企业需要的人才类型

【学习导航】

理论知识 了解企业有用人才的类型，500强企业如何招聘人才，掌握大学生营销自己的途径、措施。

技能要求 掌握应聘技巧，能顺利应聘，掌握自我营销技巧。

案例赏析

某农资生产企业几年来公司业务发展一直很好，销售量逐年上升。每到销售旺季，公司就会到农业院校大批招聘销售人员，一旦到了销售淡季，公司又会大量裁减销售人员。就这件事，销售经理陈某曾给总经理蒋某提过几次意见，而蒋总却说：人才市场中有的是人，只要我们工资待遇高，还怕找不到人吗？一年四季把他们"养"起来，这样做费用太大了。不可避免地，这个农资公司的销售人员流动很大，包括一些销售骨干也纷纷跳槽，蒋总对销售骨干还是极力挽留，但没有效果，他也不以为然，仍照着惯例，派人到学校中去招人来填补空缺。

终于出事了，在去年公司销售旺季时，跟随蒋总多年的陈某和公司大部分销售人员集体辞职，致使公司销售工作一时近乎瘫痪。这时，蒋总才感到问题有些严重，因为在农业院校可以招到一般的销售人员，但不一定总能找到优秀的销售人才和管理人才。在这种情势下，他亲自到陈某家中，开出极具诱惑力的年薪，希望他和一些销售骨干能重回公司。然而，不菲的年薪依然没能召回这批曾经与他多年浴血奋战的老部下。

点评：企业的竞争说到底是人才的竞争，留住人才不只是高薪，也要有好的企业文化，还要为人才提供发展空间，这样才能占领人才高地，在竞争中立于不败之地。

知识链接

一、当今企业必须拥有的人才类别

提问思考

据你所知目前什么样的人才最受企业欢迎?

(一)当今企业必须拥有的几方面人才

我国人才供需矛盾将存在相当长的一段时期。很多大学生认为,只要有了大学文凭,工作就应该好找,殊不知文凭只是一纸知识水平证明而已,如果没有真才实学,即使拿到文凭,跨进了企业的招聘门槛,迟早也要被企业所淘汰。有的大学生频繁换工作,原因之一恐怕就在于此。据调查,以下几方面的人才是企业必须要有的。

(1)生产、技术方面　生产、技术、工程开发、动力设备、品质检验等。

(2)市场营销方面　市场开拓、管理、销售、服务、调研、广告宣传等。

(3)人力资源方面　人事、劳资、培训考核等。

(4)行政后勤服务方面　行政、办公、保卫、后勤服务等。

(5)其他方面　采购、仓储、运输、公关、法律、参谋顾问等。

(二)企业欢迎的人才类型

“什么样的大学生企业最欢迎呢?”董三星企业管理咨询有限公司通过对150多家国有大中型企事业单位、民营及高新技术企业、合资企业的人力资源部门和部分高校进行的调查问卷显示,以下十类求职的大学生更容易得到用人单位的青睐。

1. 在最短时间内认同企业文化

企业文化是企业赖以生存和发展的精神支柱,是企业成员共同的价值观念和行为规范。通俗地讲,就是每一位员工都明白怎样做是对企业有利的,而且能自觉地这样做,久而久之便形成了一种集体习惯;习惯成了自然,成了人们头脑里一种牢固的“观念”,而这种“观念”会作用于(约束)员工的行为,逐渐以规章制度、道德公允的形式成为众人的“行为规范”。员工只有认同企业文化,才能与公司发展休戚与共,才能与公司共同成长。企业在招聘时,一般都会重点考查大学生求职心态与职业定位是否与公司需求相吻合,个人的自我认识与发展空间是否与公司的企业文化与发展趋势相吻合。

大学生求职前,要着重对所选择企业的企业文化有一些了解,并看自己是否认同该企业文化。如果想加入这个企业,就要使自己的价值观与企业倡导的价值观相吻合,以便进入企业后，自觉地融入这个团队中，在最短的时间内认同企业文化，以企业文化来约束自己的行为，为企业尽职尽责。企业文化能使大学生很快地与企业成员之间产生心理共鸣。企业文化中的积极向上的价值观和行为规范能够产生强烈的使命感和驱动力，促进企业的发展及个人的成长。

2. 有强烈的进取心和责任感

现在很多公司的老板越来越不喜欢雇用那种只知道每天固定朝九晚五，缺乏独立思考能力和进取心、责任心的员工。用“那又不关我的事”作为推托之辞来逃避责任，可能在十几年前的生产线上还有用。可是到了今天，在企业中，不管是否是你的责任，只要关系到公司的利益，你都应该毫不犹豫地去维护。要想让老板知道你是一个可靠之材的话，那么你最好、最快的方法就是积极地寻找并抓住每一个可以促进公司发展的机会，哪怕不是你的责任，你也要这么做，因为公司的事情就是你的事情。

如果你是一个把自己的职责范围划分得很小，对公司的事务缺乏热情的人，这样你将永远难以在老板心中留下好印象。

假如你总是推卸自己的责任，老板也许会看到你有某方面的才华而暂时不会辞退你。但是在老板心中，你一定是一个不能够委以重任的人。

在任何时候，“公司的事就是我的事”都不应该是一句简单的口号，而是有责任感的员工的自我意识。

当我们毕业以后进入企业作为一名员工，如果你能忠诚于你的公司，对工作负责，那么你肯定是一个容易成功的人。因为由于你的忠诚和不断的努力工作，公司得到了长足的发展，作为老板，最先赏赐的自然就是你。你为公司付出你的忠诚，公司也会用忠诚来回报于你。如果你把进取心以及担当责任当作一种生活态度，你将会得到领导的赏识，这样你自然就能脱颖而出了。

3. 对企业忠诚，有团队归属感

问卷调查显示，国有企业、外资企业、民营企业的人力资源人士都一致认为，宁可要一个对企业足够忠诚、哪怕能力差一点的员工，也不愿意要一个能力非凡但却朝三暮四的员工。员工对企业忠诚，表现在员工对公司事业兴旺和成功的兴趣方面，不管老板在不在场，都要认认真真地工作，踏踏实实地做事。他的忠诚最终会让他达到理想的目标，从而成为一个值得信赖的人，一个老板乐于雇用的人，一个可能成为老板得力助手的人。

企业在招聘员工时，除了要考查其能力水平外，个人品行是最重要的评估方面。没有品行的人不能用，也不值得培养。品行中最重要的一方面是对企业的忠诚度。那种既有能力又忠诚于企业的人，才是每个企业需要的最理想的人才。

4. 不苛求名校出身，综合素质是关键

学生的综合素质包括适应能力、生存能力、社交能力、创新能力、实践能力等。大多数公司在招聘的时候不苛求学生名校和专业对口，即使是比较冷僻的专业，只要学生综合素质好，学习能力和适应能力强，遇到问题能及时看到问题的症结所在，并能及时调动自己的能力和所学的知识，迅速释放出自己的潜能，制定出可操作的方案，同样会受到欢迎。因此大学生应努力提炼和升华自己的综合素质，在人类已经迈入的知识经济社会中实现个人价值。

随着企业竞争的加剧，企业更加关注人才的质量。因为人才是创造产品、提供服务，为企业赢得利润的主要因素。有些企业，尤其是技术含量不高的企业，不是只看重学生的学习成绩，而更看重学生的综合素质，这是现代企业的用人特点，个人综合素质比学历更重要。

5. 有敬业精神和职业素质

敬业精神体现在员工具有责任感、主人翁意识、为做好工作而主动学习、注重细节、先付出后回报等方面。敬业和职业素质是成就事业的基石。曾经有一个年轻人，早晨上班迟到的理由居然是晚上看电视节目看得太晚了。刚进入企业的大学生在工作中遇到问题或困难，不及时与同事沟通交流，等到领导过问时才汇报，耽误工作的进展，这些都是敬业精神和职业素质差的表现。企业希望学校对学生加强社会生存观、价值观的教育，加强对学生职业素质、情商、适应能力和心理素质的培养。有了敬业精神，其他素质就相对容易培养了。高素质、忠诚负责的员工是一个企业最宝贵的财富。

6. 富有创造性

有一家建筑公司到了月底，总经理忽然收到一份购买两只小白鼠的账单，不由好生奇怪。他仔细一问，原来这两只白鼠是他的一位主管买的。他把那个主管叫到办公室，问他买两只小白鼠做什么用。主管解释说："上星期我们公司去修的那所房子，要安装新电线。我们要把电线穿过一根 10 米长、但直径只有 2.5 厘米的管道，管道砌在砖石里，并且弯了 4 个弯。我们当时谁也想不出怎么让电线穿过去。最后我想了一个主意。我到商店买来两只小白鼠，一公一母。然后我把一根线绑在公鼠身上并把它放到管子的一端。另一名工作人员则把那只母鼠放到管子的另一端，逗它吱吱叫。公鼠听到母鼠的叫声，便沿着管子跑去救它。公鼠沿着管子跑，身后的那根线也被拖着跑。小公鼠就拉着线和电线跑过了整个管道。"总经理听完以后点点头，很快升了这位主管的职位。

上面这个例子启示我们：人必须学会进行创造性的思维，所谓创造性思维，就是人类在探索未知领域过程中，能够打破常规，寻求获得新成果的思维活动。

7. 有很好的团队精神

美国著名的西点军校日常流行一句话："精诚团结直到毕业"，也就是说你代表的不是个人，而是一个团队。

西点军校毕业的学员之所以能够得到世界的青睐，不仅仅他们有着较强的执行力，而且他们还拥有高度的团队意识。200 年来，西点军校为美国培养出了 3 位总统，5 位五星上将，3 700 名将军及无数精英人才。第二次世界大战以后，在全世界 500 强大企业里面，西点军校培养出来的董事长有 1 000 多名，副董事长有 2 000 多名，总经理、董事有 5 000 多名。

有这样一个故事：一个老人不久将离开人世，他把三个儿子召唤到病榻前说："亲爱的孩子，你们试试能否把这捆箭折断，我还要给你们讲讲它们捆在一起的原因是什么。”

长子拿起这捆箭，使出了吃奶的力气也没折断，说：“把它交给力气大的人才行”，他把箭交给了老二。二儿子接着使劲折，也是白费力气。小儿子想来试试也是徒劳，一捆箭一支也没折断。

“没有力气的人，”父亲说，“你们瞧瞧，看看你们父亲的力气如何？”三个儿子以为父亲在说笑，都笑而不答，但他们都误会了。老人拆开这捆箭，毫不费劲地一一折断。

“你们看，”他接着说，“这就是团结一致的力量。孩子们，你们要团结，用手足情意把你们拧成一股绳。这样，任何人、任何困难都打不垮你们。”老人感到自己就要撒手归西了，又对孩子们说：“孩子们，记住我的话，你们要始终团结，在临终前我要得到你们的誓言。”三个儿子一个个都哭成了泪人，他们向父亲保证会照他的话去做，父亲满意地闭上了眼睛。

三兄弟清理父亲的遗物时，发现父亲留下了一笔丰厚的财产，但留下的麻烦也不少，有个债主要扣押财产，另一个邻居又因为土地要和他们打官司。开始时，三兄弟还能协商处理，问题很快解决了。然而，各自的利益又促使他们吵着要分家。此时，债主和邻居都提出申诉，重新翻案。不团结的兄弟内部分歧更大了，互相使坏，最后他们丢失了全部家产。当想起被捆在一起又被拆散的箭和父亲的教诲时，他们都后悔莫及。

这个故事告诉我们一个道理：很多时候，别人尊重你或对你有所忌惮，并不是因为你本身，而是顾虑你所在的强大团队。如果你脱离了所在的团队，可能就会发现原来自己其实是非常弱小的。

8. 沟通能力强，有亲和力

善于沟通的人，能够从整体形象到言谈举止都能发挥其优秀能力，给别人留下积极深刻的印象。大学生最需要提高的能力是沟通能力。企业需要的是能够运用自己良好的沟通能力与企业内外有关人员接触，能够合作无间、同心同德、完成组织的使命和目的的人。

企业特别需要性格开朗、善于交流、有一个好人缘的员工。这样的人有亲和力，能够吸引同事跟他合作，给予他人帮助，通过他的努力，能够赢得更多的客户，使企业财源滚滚。

沟通能力似乎就是一种能说会道的能力，实际上它包罗了一个从穿衣打扮到言谈举止等一切行为的能力。一个具有良好沟通能力的人，他可以将自己所拥有的专业知识及专业能力进行充分地发挥，并能给对方留下“我最棒”“我能行”的深刻印象。因此建议大学生不管是将来踏入企业或走进社会，都要注意仪表，不能蓬头垢面，要充满自信。

与别人沟通的时候，需要注意如下问题。

(1)沟通目的　每次沟通，都会有一个目的或目标，就是想通过这次沟通达到或实现什么，在沟通中也必须时刻检查是否符合这一目的。

(2)沟通主题　在区分沟通主题的时候，除了要注意沟通双方的身份之外，还应该要考虑到谁是这次沟通的发起者。一般说来，沟通是为了实现信息的传递，而要传递信息给对方的人就要负责将沟通保持在正确的渠道上，避免偏离。

(3)沟通媒介　这里讲的沟通媒体，除了选择最恰当的交流方式，比如电话、面谈等，更主要的是指采用什么介质，比如图片、文字，还有就是用什么方式，比如介绍、演示等。

(4)沟通语言　语言毫无疑问是最重要的，除了要避免使用方言外，还要注意使用双方理解一致的词，在有专业词汇的时候，一定要使用专业词汇，但要注意对方的反应，适时地给予解释。

9. 善于学习的能力

英国著名哲学家培根说过："天生的才干如同天生的植物一样，需要靠学习来培养。"如果你不想在世界上虚度一生，那就要学习一辈子。人的一生就是一个不断学习的过程。只有在工作、生活中不断地主动学习，有目的地学习，你才能一直保持这种强大的竞争力。歌德曾经说过："人不光是靠他生来就拥有一切，而是靠他从学习中所得到的一切来造就自己。"培根在《论读书》中论述："读史使人明智，读诗使人聪慧，演算使人精密，哲理使人深刻，伦理学使人有修养，逻辑修辞使人善辩。"

如果一个人不读书、不求知、不上进，那他的生活将会是怎样的呢？林语堂先生在《读书的艺术》里就有这样的一段论述："那个没有养成读书习惯的人，以时间和空间而言，是受着他眼前的世界所禁锢的。他的生活是机械化的、刻板的；他只跟几个朋友和相识者接触谈话，他只看见他周围所发生的一些事情。他在这个监狱里是逃不出去的。"

在当前竞争日益加剧的社会里，等到对手碰面时，胜负其实早已定了。就像武林高手格斗，最终拼的是内功，是靠武学的修为和领悟而决胜负的。因此竞争早就开始，比的就是"准备"，比的就是日积月累。

10. 带着激情去工作

企业需要带着激情去工作的人！一个企业在对外招聘时，特别注重人才的基本素质。除了要求求职者拥有扎实的专业基础外，还要看他是否有工作激情。一个没有工作激情的人，企业一般不会录用。

激情是一种强劲的激动情绪，一种对人、对工作和信仰的强烈情感。一个没有工作激情的员工，不可能高质量地完成自己的工作，更别说创造业绩。只有那些对自己的愿望有真正激情的人，才有可能把自己的愿望变成美好的现实。带着激情去工作，才能品味到工作的价值及真谛。记住一句话：没有激情你能感动谁？

二、世界500强企业是如何招工的

实践调查

你所在地区有几家世界500强企业，它们是怎么招工的？

任何一家企业都希望找到最优秀的人才，只有优秀的人才才能研发优秀的产品，找到优秀的客户，开发优秀的市场，优秀的市场才能创造良好的效益，良好的效益才能推动公司快速地发展。

(一)企业招工时测试的主要内容

为什么企业在招工方面层层把关,反复筛选,即使招工之后,试用期后,还要淘汰一部分不适合企业发展的员工,原因就在于此。世界500强企业在招工方面更为严格,想进入这样的企业发展,如果没有真正的真才实学是很困难的,但是一旦进入这样的企业,那么个人的发展也是很快的。下面介绍一下世界500强企业招工的必须经过的十关。

第一关测试你的智力。智力犹如一把刻度尺,用来衡量工作,是反映你胜任日常巨细工作的能力程度。你的这种能力越突出,你就越能承担重大的,尤其是复杂的工作使命,而少遭受挫折的风险。这显然对职场的规划有着明显的作用。一位世界500强企业的著名CEO提醒说:“人的平均智商为100,虽然足以为其开拓职场奠定基础,但如果没有智力的再提高,就无法系统和持久地成就其职场的辉煌。”

第二关测试你的情商。情商是一个人重要的生存能力,是一种发掘情感潜能、运用情感能力影响生活的各个层面和人生未来的关键性的品质要素。心理学的研究证实,情商是一种能洞察人生价值、揭示人生目标的悟性;是一种克服内心矛盾冲突和协调人际关系的技巧;是一种可在顺境和逆境中穿梭自如的能力。世界500强企业对员工是很挑剔的,情绪控制能力的高低直接影响到职场的位置。董三星企业管理咨询有限公司总裁董三星认为:“所有事情的成功都是人际关系的成功,人际关系的好坏直接反映了你情商的高低,做人际关系就是做情商。”

第三关测试你的个性与职场。尽管你会根据你所处的环境和所打交道的人采取不同的行为方式,但不管怎样你都有一个保持不变的个性。关于个性,你可以问自己:“我的个性特征是否适合这种职业?”你还可以问自己:“我所喜欢的职业是否与自己的个性特征相匹配?”个性是一个复杂的问题,但就是微软、IBM这样优秀的企业也不会忽略员工的个性问题,用他们的话来说:“个性测试是帮助你更好地了解自己,并思考什么才是自己更适合的岗位而非其他岗位的感觉和行为方式。”

第四关测试你的职场应对能力。你是否具备协调、委任、管理、磋商、组织、说服、销售和监管的能力?你能顺利走过面试关吗?你现在该跳槽了吗?你能抓住升迁的机会吗?这诸多的问题都是你职场开拓中必须面对和迫切需要弄清的问题。美国著名的企业管理专家詹姆斯·哈伯雷对此说:“这些问题的解答,直接反映了你职场应对能力的强弱。”

第五关测试你的工作效能。在现在这个“一刻千金”的时代,效能是每个人追求的目标。效能是竞争最有力的资本。无论是谁,都应想方设法提高自己的工作效能。因为这就意味着生存,意味着职场开拓拥有一片美好的前景。世界500强企业要求员工具有高的工作效能:较强的执行力、自动自发工作的好习惯、良好的敬业精神、较高的时间利用率和对工作充满热忱。

第六关测试你的人生经验。有许多很有前途的青年,在学校里的表现非常出色,工作能力也很强,但进了大公司以后却不久就辞职,问题到底出在哪里了呢?经过对世界500强企业的200位人事部门经理的询问,80%的人事经理认为:是因为他们不善于与职场中其他人相处,处处表现得很有傲气,结果上司、同事都不喜欢他们,最后只好辞职。也就是说人生经验的匮乏直接导致了本应大有作为的青年失去了竞争能力，这实在让人惋惜！

第七关测试你的心理素质。心理学家说："境由心生，有什么样的心境，就有什么样的人生。"世界500强企业家说："一个人连小小的人生打击都承受不了，又怎能在今后艰难曲折的奋斗之路上建功立业。"心理素质的好坏，往往决定了你在职场中是否能取得成功。其实，拥有良好的心理素质并不难，只要你在工作中多点激情，少点埋怨；多点关爱，少点冷漠；多点坦诚，少点虚伪；多点勇气，少点懦弱；多点活力，少点惰性……那么你的人生就会充满勃勃生机，你的职场开拓必然有一片美好的前景。

第八关测试你的领导能力。领导者应具备领导和管理能力，正如一位世界500强企业的CEO所说："你要想成为领导者，你就应像牧羊犬一样能干。"良好的亲和力，较强的识人、管人、用人能力，优秀的决策力，都是世界500强企业要求领导者具备的基本能力。你是否具备这些能力，在很大程度上决定了你未来职场的开拓。

第九关测试你的合作能力。团结才有力量，只有与人合作，才能众志成城，战胜一切困难，产生巨大的前进动力。有了合作，才有了团队伟大的业绩，才有了个人辉煌的成就。世界500强企业没有哪一个企业会无视合作，相反，它们更懂得合作的意义，将合作能力作为员工招聘、员工培训、人才识别、人才使用、业绩考评的重要参考标准之一。

第十关测试你的创业能力。为何你有创业的欲望？你真的想为自己工作吗？走上创业这一条路一定要有正面的理由，还要有自信能够满足市场的需求。除此之外，你是否问过自己：我的创业能力如何呢？我具备创业者的素质吗？我该自己创办企业吗……自主创业的确是一个很有吸引力的选择，尽管如此，你仍应该在慎重思考之后再做决定。

（二）招工面试时的常见问题

在应聘的时候，由于学生缺乏社会经验，没有工作经历，在回答招聘单位的问话时往往无所适从。我们现将有关企业的应聘问话总结如下，供即将步入社会的学子们参考。

1. 请你自我介绍一下你自己

回答提示：一般人回答这个问题过于平常，只说姓名、年龄、爱好、工作经验，这些在简历上都有。其实，企业最希望知道的是求职者能否胜任工作，包括最强的技能、最深入研究的知识领域、个性中最积极的部分、做过的最成功的事，主要的成就等，这些都可以和学习无关，也可以和学习有关，但要突出积极的个性和做事的能力，说得合情合理企业才会相信。企业很重视一个人的礼貌，求职者要尊重考官，应该在回答每个问题之后都说一句"谢谢"。企业喜欢有礼貌的求职者。

2. 你觉得你个性上最大的优点是什么？

回答提示：沉着冷静、条理清楚、立场坚定、顽强向上、乐于助人和关心他人、适应能力和幽默感、乐观和友爱。如可以回答：在学校期间我曾参加过两年的培训及项目实战，加上实习工作，使我适合这份工作。

3. 说说你最大的缺点

回答提示：这个问题企业问的概率很大，通常不希望听到直接回答的缺点是什么等，如果求职者说自己小心眼、爱忌妒人、非常懒、脾气大、工作效率低，企业肯定不会录用你。绝对不要自作聪明地回答“我最大的缺点是过于追求完美”，有的人以为这样回答会显得自己比较出色，但事实上，他已经岌岌可危了。企业喜欢求职者从自己的优点说起，中间加一些小缺点，最后再把问题转回到优点上，突出优点的部分，企业喜欢聪明的求职者。

4. 你对加班的看法

回答提示：实际上好多公司问这个问题，并不证明一定要加班，只是想测试你是否愿意为公司奉献。

回答样本：如果是工作需要我会义不容辞加班，我现在单身，没有任何家庭负担，可以全身心地投入工作。但同时，我也会提高工作效率，减少不必要的加班。

5. 你对薪资的要求

回答提示：如果你对薪酬的要求太低，那显然贬低自己的能力；如果你对薪酬的要求太高，那又会显得你分量过重，公司受用不起。一些雇主通常都事先对求聘的职位定下开支预算，因而他们第一次提出的价钱往往是他们所能给予的最高价钱，他们问你只不过想证实一下这笔钱是否足以引起你对该工作的兴趣。

回答样本一：我对工资没有硬性要求，我相信贵公司在处理我的问题上会友善合理。我注重的是找对工作机会，所以只要条件公平，我则不会计较太多。

回答样本二：我受过系统的软件编程的训练，不需要进行大量的培训，而且我本人也对编程特别感兴趣。因此，我希望公司能根据我的情况和市场标准的水平，给我合理的薪水。

回答样本三：如果你必须自己说出具体数目，请不要说一个宽泛的范围，那样你将只能得到最低限度的数字。最好给出一个具体的数字，这样表明你已经对当今的人才市场作了调查，知道像自己这样学历的雇员有什么样的价值。

6. 5年内你的职业规划

回答提示：这是每一个应聘者都不希望被问到的问题，但是几乎每个人都会被问到，比较多的答案是“管理者”。但是近几年来，许多公司都已经建立了专门的技术途径这些工作地位往往被称作“顾问”“参议技师”或“高级软件工程师”等。当然，说出其他一些你感兴趣的职位也是可以的，比如产品销售部经理、生产部经理等一些与你的专业有相关背景的工作。要知道，考官总是喜欢有进取心的应聘者，此时如果说“不知道”，或许就会使你丧失一个好机会。最普通的回答应该是“我准备在技术领域有所作为”或“我希望能按照公司的管理思路发展”。

7. 你朋友对你的评价

回答提示:想从侧面了解一下你的性格及与人相处的问题。

回答样本一:我的朋友都说我是一个可以信赖的人。因为,我一旦答应别人的事情,就一定会做到。如果我做不到,我就不会轻易许诺。

回答样本二:我觉得我是一个比较随和的人,与不同的人都可以友好相处。在我与人相处时,我总是能站在别人的角度考虑问题。

8. 你还有什么问题要问吗?

回答提示:企业的这个问题看上去可有可无,其实很关键,企业不喜欢说“没问题”的人,因为其很注重员工的个性和创新能力。企业不喜欢求职者问个人福利之类的问题,如果有人这样问:贵公司对新入公司的员工有没有什么培训项目,我可以参加吗?或者说贵公司的晋升机制是什么样的?企业将很欢迎,因为体现出你对学习的热情和对公司的忠诚度以及你的上进心。

9. 如果通过这次面试我们单位录用了你,但工作一段时间却发现你根本不适合这个职位,你怎么办?

回答提示:一段时间发现工作不适合你,有两种情况:一是如果你确实热爱这个职业,那你就要不断学习,虚心向领导和同事学习业务知识和处事经验,了解这个职业的精神内涵和职业要求,力争减少差距;二是你觉得这个职业可有可无,那还是趁早换个职业,去发现适合你的、你热爱的职业,那样你的发展机会也会大点,对单位和个人都有好处。

10. 在完成某项工作时,你认为领导要求的方式不是最好的,自己还有更好的方法,你应该怎么做?

回答提示:原则上我会尊重和服从领导的工作安排,同时私底下找机会以请教的口吻,婉转地表达自己的想法,看看领导是否能改变想法;如果领导没有采纳我的建议,我也同样会按领导的要求认真地去完成这项工作。还有一种情况,假如领导要求的方式违背原则,我会坚决提出反对意见,如领导仍固执己见,我会毫不犹豫地再向上级领导反映。

11. 如果你的工作出现失误,给本公司造成经济损失,你认为该怎么办?

回答提示:我本意是为公司努力工作,如果造成经济损失,我认为首要的问题是想方设法去弥补或挽回经济损失。如果我无能力负责,希望单位帮助解决。分清责任,各负其责,如果是我的责任,我甘愿受罚;如果是一个我负责的团队中别人的失误,也不能幸灾乐祸,作为一个团队,需要互相提携,共同完成工作,要安慰同事并且帮助同事查找原因,总结经验教训。一个人的一生不可能不犯错误,重要的是能从自己的或者是别人的错误中吸取经验教训,并在今后的工作中避免发生同类的错误。要认真检讨自己的工作方法、分析问题的深度和力度是否不够,以致出现了本可以避免的错误。

12. 如果你做的一项工作受到上级领导的表扬，但你主管领导却说是他做的，你该怎样？

回答提示：我首先不会找那位上级领导说明这件事，我会主动找我的主管领导来沟通，因为沟通是解决人际关系的最好办法，但结果会有两种：一是我的主管领导认识到自己的错误，我想我会视具体情况决定是否原谅他。二是他变本加厉地来威胁我，那我会毫不犹豫地找我的上级领导反映此事，因为他这样做会造成负面影响，对今后的工作不利。

13. 谈谈你对跳槽的看法？

回答提示：正常的跳槽能促进人才合理流动，应该支持。频繁的跳槽对单位和个人双方都不利，应该反对。

14. 工作中你难以和同事、上司相处，你该怎么办？

回答提示：我会服从领导的指挥，配合同事的工作。我会从自身找原因，仔细分析是不是自己工作做得不好让领导不满意，同事看不惯。还要看看是不是为人处世方面做得不好，如果是这样的话我会努力改正。如果我找不到原因，我会找机会跟他们沟通，请他们指出我的不足，有问题就及时改正。作为优秀的员工，应该时刻以大局为重，即使在一段时间内，领导和同事对我不理解，我也会做好本职工作，虚心向他们学习。我相信，他们会看见我在努力，总有一天会对我微笑的。

15. 假设你在某单位工作，成绩比较突出，得到领导的肯定，但同时你发现同事们越来越孤立你，你怎么看这个问题？你准备怎么办？

回答提示：成绩比较突出，得到领导的肯定是件好事情，以后更加努力。检讨一下自己是不是对工作的热心度超过同事间交往的热心了，如果是，那么就应该加强同事间的交往及共同的兴趣爱好。工作中切勿伤害别人的自尊心，也不在领导前拨弄是非。

16. 你最近是否参加了培训课程？能否谈谈培训课程的内容，是公司资助还是自费参加？

回答提示：自费参加，就是董三星企业管理咨询有限公司的培训课程(可以多谈谈自己学的技术)。

17. 你对于我们公司了解有多少？

回答提示：在去公司面试前上网查一下该公司主营业务。如回答：贵公司有意改变策略，加强与国外大厂的 OEM 合作，自有品牌的部分则通过海外经销商。

18. 请说出你选择这份工作的动机？

回答提示：这是想知道面试者对这份工作的热忱及理解度，并筛选因一时兴起而来应试的人。如果是无经验者,可以强调"就算职种不同,也希望有机会发挥之前的经验"。

19. 你最擅长的技术方向是什么?

回答提示:说和你要应聘的职位相关的课程,表现一下自己的热诚没有什么坏处。

20. 你能为我们公司带来什么呢?

回答提示:假如你可以的话,试着告诉他们你可以减低他们的费用——"我已经接受过企业两年专业的培训,立刻就可以上岗工作"。企业很想知道未来的员工能为企业做什么,求职者应再次重复自己的优势,然后说:"就我的能力,我可以做一个优秀的员工在组织中发挥能力,给组织带来高效率和更多的收益。"企业喜欢求职者就申请的职位表明自己的能力,比如申请营销之类的职位,可以说:"我可以开发大量的新客户,同时,对老客户做更全面周到的服务,开发老客户的新需求和消费。"等等。

21. 最能概括你自己的三个词是什么?

回答提示:我经常用的三个词是:适应能力强,有责任心和做事有始有终,还可以结合具体例子向主考官解释。

22. 你的业余爱好是什么?

回答提示:找一些富于团体合作精神的项目来回答。这里有一个真实的故事,有人被否决掉,因为他的爱好是深海潜水。主考官说,因为这是一项单人活动,我不敢肯定他能否适应团体工作。

23. 作为被面试者给我打一下分?

回答提示:试着列出四个优点和一个非常非常小的缺点(可以抱怨一下设施,没有明确责任人的缺点是不会有人介意的)。

24. 你怎么理解你应聘的职位?

回答提示:把岗位职责和任务及工作态度阐述一下。

25. 你喜欢这份工作的哪一点?

回答提示:相信其实大家心中一定都有答案了吧!每个人的价值观不同,自然评断的标准也会不同。但是,在回答面试官这个问题时可不能太直接就把自己心里的话说出来,尤其是薪资方面的问题,不过一些无伤大雅的回答是不错的考虑,如交通方便,工作性质及内容颇能符合自己的兴趣等都是不错的答案。不过自己如果能仔细思考出这份工作的与众不同之处,相信在面试上会大大加分。

26. 为什么要离职?

回答提示:回答这个问题时一定要小心,就算在前一个工作受到再大的委屈,对公司有多少的怨言,都千万不要表现出来,尤其要避免对公司本身主管的批评,避免面试官的负面情绪及印象。建议此时最好的回答方式是将问题归咎在自己身上,例如觉得工作没有学习发展的空间,自己想在面试工作的相关产业中多加学习,或是前一份工作与自己的生涯规划不合等,回答的答案最好是积极正面的。

回答样本:我希望能获得一份更好的工作,如果机会来临,我会抓住。我觉得目前的工作,已经达到顶峰,没有升迁的机会。

27. 说说你对行业、技术发展趋势的看法?

回答提示:企业对这个问题很感兴趣,只有有备而来的求职者能够过关。求职者可以直接在网上查找对你所申请的行业部门的信息,只有深入了解才能产生独特的见解。企业认为最聪明的求职者是对所面试的公司预先了解很多,包括公司各个部门发展情况,在面试回答问题的时候可以提到所了解的情况,企业欢迎进入企业的人是“知己”,而不是“盲人”。

28. 对工作的期望与目标何在?

回答提示:这是面试者用来评断求职者是否对自己有一定程度的期望、对这份工作是否了解的问题。对于工作确实有学习目标的人通常学习较快,对于新工作自然较容易进入状况。这时建议你,最好针对工作的性质找出一个确实的答案,如业务员的工作可以这样回答:“我的目标是能成为一个超级业务员,将公司的产品广泛地推销出去,达到最好的业绩成效。为了达到这个目标,我一定会努力学习,而我相信以我认真负责的态度,一定可以达到这个目标。”其他类的工作也可以比照这个方式来回答,只要在目标方面稍微修改一下就可以了。

29. 说说你的家庭

回答提示:企业面试时询问家庭问题不是非要知道求职者家庭的情况,探究隐私,企业不喜欢探究个人隐私,而是要了解家庭背景对求职者的塑造和影响。企业希望听到的重点也在于家庭对求职者的积极影响。企业最喜欢听到的是:我很爱我的家庭,我的家庭一向很和睦,虽然我的父亲和母亲都是普通人,但是从小我就看到我父亲起早贪黑,每天工作特别勤劳,他的行动无形中培养了我认真负责的态度和勤劳的精神。我母亲为人善良,对人热情,特别乐于助人,所以在单位人缘很好,她的一言一行也一直在教导我做人的道理。企业相信,和睦的家庭关系对一个人的成长有潜移默化的影响。

30. 就你申请的这个职位,你认为你还欠缺什么?

回答提示:企业喜欢问求职者弱点,但精明的求职者一般不直接回答。他们希望看到这样的求职者:继续重复自己的优势,然后说:“对于这个职位和我的能力来说,我相信自己是可以胜任的，只是缺乏经验，这个问题我想我可以在进入公司以后以最短的时间来解决，我的学习能力很强，我相信可以很快融入公司的企业文化，进入工作状态。”企业喜欢能够巧妙地躲过难题的求职者。

31. 你欣赏哪种性格的人？

回答提示：诚实、不死板而且容易相处的人，有“实际行动”的人。

32. 你通常如何处理别人的批评？

回答提示：沉默是金，不必说什么，否则情况更糟，不过我会接受建设性的批评；我会等大家冷静下来后再讨论。

33. 怎样对待自己的失败？

回答提示：我们大家生来都不是十全十美的，我相信我有第二个机会改正我的错误。

34. 什么会让你有成就感？

回答提示：为贵公司竭力效劳，尽我所能，完成一个项目。

35. 眼下你生活中最重要的是什么？

回答提示：对我来说，能在这个领域找到工作是最重要的，能在贵公司任职对我说最重要。

36. 你为什么愿意到我们公司来工作？

回答提示：对于这个问题，你要格外小心，如果你已经对该单位作了研究，你可以回答一些详细的原因，像“公司本身的高技术开发环境很吸引我”“我同公司出生在同样的时代，我希望能够进入一家与我共同成长的公司”“你们公司一直都稳定发展，近几年来在市场上很有竞争力”“我认为贵公司能够给我提供一个与众不同的发展道路”等都显示出你已经做了一些调查，也说明你对自己的未来有了较为具体的远景规划。

37. 你和别人发生过争执吗？你是怎样解决的？

回答提示：这是面试中最险恶的问题，其实是考官布下的一个陷阱，千万不要说任何人的过错，应知成功解决矛盾是一个协作团体中成员所必备的能力。假如你工作在一个服务行业，这个问题简直成了最重要的一个环节。你是否能获得这份工作，将取决于这个问题的回答。考官希望看到你是成熟且乐于奉献的。他们通过这个问题了解你的成熟度和处世能力。在没有外界干涉的情况下，通过妥协的方式来解决才是正确答案。

38. 你做过的哪件事最令自己感到骄傲？

回答提示：这是考官给你的一个机会，让你展示自己把握命运的能力。这会体现你潜在的领导能力以及你被提升的可能性。假如你应聘于一个服务性质的单位，你很可能会被邀请去午餐。记住：你的前途取决于你的知识、你的社交能力和综合表现。

39. 新到一个部门，一天一个客户来找你解决问题，你努力想让他满意，可是始终达不到令其满意，他投诉你们部门工作效率低，你这个时候怎么做？

回答提示：首先，我会保持冷静。作为一名工作人员，在工作中遇到各种各样的问题是正常的，关键是如何认识它，然后积极应对，妥善处理。其次，我会反思一下客户不满意的原因。一是看是否是自己在解决问题上的确有考虑的不周到的地方；二是看是否是客户不太了解相关的服务规定而提出超出规定的要求；三是看是否是客户了解相关的规定，但是提出的要求不合理。再次，根据原因采取相对的对策。如果是自己确有不周到的地方，按照服务规定作出合理的安排，并向客户作出解释；如果是客户不太了解政策规定而造成的误解，我会向他作出进一步的解释，消除他的误会；如果是客户提出的要求不符合政策规定，我会明确地向他指出。再次，我会把整个事情的处理情况向领导作出说明，希望得到他的理解和支持。我不会因为客户投诉了我而丧失工作的热情和积极性，而会一如既往地牢记为客户服务的宗旨，争取早日做一名让领导信任、公司放心、客户满意的职员。

40. 对这项工作，你有哪些可预见的困难？

回答提示：不宜直接说出具体的困难，否则可能令对方怀疑应聘者不行。可以尝试迂回战术，说出应聘者对困难所持有的态度——工作中出现一些困难是正常的，也是难免的，但是只要有坚韧不拔的毅力、良好的合作精神以及事前周密而充分的准备，任何困难都是可以克服的。一般被问这个问题，面试者的希望就比较大了，因为已经在谈工作细节，但常规思路中的回答，又被面试官"骗"了。当面试官询问这个问题的时候，有两个目的：一是看看应聘者说出的困难是不是在这个职位中一般都不可避免；二是想看一下应聘者解决困难的手法对不对及公司能否提供这样的资源，而不是想了解应聘者对困难的态度。

41. 如果我录用你，你将怎样开展工作？

回答提示：如果应聘者对于应聘的职位缺乏足够的了解，最好不要直接说出自己开展工作的具体办法。可以尝试采用迂回战术来回答，如"首先听取领导的指示和要求，然后就有关情况进行了解和熟悉，接下来制订一份近期的工作计划并报领导批准，最后根据计划开展工作。"

这个问题的主要目的也是了解应聘者的工作能力和计划性、条理性，而且重点想要知道细节。如果像思路中所讲的迂回战术，面试官会认为是在回避问题，如果引导了几次仍然是回避的话，此人绝对不会被录用了。

42. 你希望与什么样的上级共事？

回答提示：通过应聘者对上级的"希望"可以判断出应聘者对自我要求的意识，这既是一个陷阱，又是一次机会。最好回避对上级具体的希望，多谈对自己的要求。如"作为刚步入社会的新人，我应该尽快熟悉环境、适应环境，而不应该对环境提出什么要求，只要能发挥我的专长就可以了。”

这个问题比较好的回答是，希望我的上级能够在工作中对我多指导，对我工作中的错误能够立即指出。总之，从上级指导这个方面谈，不会有大的纰漏。

43. 在完成某项工作时，你认为领导要求的方式不是最好的，自己还有更好的方法，你应该怎么做？

回答提示：原则上我会尊重和服从领导的工作安排；同时私底下找机会以请教的口吻，婉转地表达自己的想法，看看领导是否能改变想法。如果领导没有采纳我的建议，我也同样会按领导的要求认真地去完成这项工作。还有一种情况，假如领导要求的方式违背原则，我会坚决提出反对意见，如领导仍固执己见，我会毫不犹豫地再向上级领导反映。

44. 与上级意见不一致，你将怎么办？

回答提示：一般可以这样回答：“我会给上级以必要的解释和提醒，在这种情况下，我会服从上级的意见。”如果面试你的是总经理，而你所应聘的职位另有一位经理，且这位经理当时不在场，可以这样回答：“对于非原则性问题，我会服从上级的意见，对于涉及公司利益的重大问题，我希望能向更高层领导反映。”这个问题的标准答案是第一个回答，用第二个回答必死无疑。你没有摸清楚该公司的内部情况，先想打小报告，这样的人没有人敢要。

45. 你工作经验欠缺，如何能胜任这项工作？

常规思路：如果招聘单位对应届毕业生的应聘者提出这个问题，说明招聘公司并不真正在乎“经验”，关键看应聘者怎样回答。对这个问题的回答最好要体现出应聘者的诚恳、机智、果敢及敬业。如“作为应届毕业生，在工作经验方面的确会有所欠缺，因此在读书期间我一直利用各种机会在这个行业里做兼职。我也发现，实际工作远比书本知识丰富、复杂。但我有较强的责任心、适应能力和学习能力，而且比较勤奋，所以在兼职中均能圆满完成各项工作，从中获取的经验也令我受益匪浅。请贵公司放心，学校所学及兼职的工作经验使我一定能胜任这个职位。”

点评：这个问题思路中的答案尚可，突出自己的吃苦能力和适应性以及学习能力(不是学习成绩)为好。

46. 你在前一家公司的离职原因是什么？

回答提示：最重要的是，应聘者要使招聘单位相信，应聘者在过往的单位的“离职原因”在此家招聘单位里不存在。避免把“离职原因”说得太详细、太具体。不能掺杂主观的负面感受，如“太辛苦”“人际关系复杂”“管理太混乱”“公司不重视人才”“公司排斥我们员工”等。但也不能躲闪、回避，如“想换换环境”“个人原因”等。不能涉及自己负面的人格特征，如不诚实、懒惰、缺乏责任感、不随和等。尽量使解释的理由为应聘者个人形象添彩。如“我离职是因为这家公司倒闭；我在公司工作了三年多，有较深的感情；从去年开始，由于市场形势突变，公司的局面急转直下；到眼下这一步我觉得很遗憾，但还要面对现实，重新寻找能发挥我能力的舞台。”同一个面试问题并非只有一个答案，而同一个答案并不是在任何面试场合都有效，关键在应聘者掌握了规律后，对面试的具体情况进行把握，有意识地揣摩面试官提出问题的心理背景，然后投其所好。除非是薪资太低，或者是最初的工作，否则不要用薪资作为理由。“求发展”也被考官听得太多，离职理由要根据每个人的真实离职理由来设计，但是在回答时一定要表现得真诚。实在想不出来的时候，家在外地可以说是因为家中有事，须请假几个月，公司又不可能准假，所以辞职，这个答案一般面试官还能接受。

47. 为了做好你工作分外之事，你该怎样获得他人的支持和帮助？

回答提示：每个公司都在不断变化发展的过程中，你当然希望你的员工也是这样。你希望得到那些希望并欢迎变化的人，因为这些人明白，为了公司的发展，变化是公司日常生活中重要的组成部分。这样的员工往往很容易适应公司的变化，并会对变化做出积极的响应。

48. 如果你在这次面试中没有被录用，你怎么打算？

回答提示：现在的社会是一个竞争的社会，从这次面试中也可看出这一点，有竞争就必然有优劣，有成功必定就会有失败。成功的背后往往有许多的困难和挫折，如果这次失败了也仅仅是一次而已，只有经过经验经历的积累才能塑造出一个完全的成功者。我会从以下几个方面来正确看待这次失败：一是要敢于面对，面对这次失败不气馁，接受已经失去了这次机会就不会回头这个现实，从心理意志和精神上体现出对这次失败的抵抗力。还要有自信，相信自己经历了这次之后经过努力一定能行，能够超越自我。二是善于反思，对于这次面试经验要认真总结，思考剖析，能够从自身的角度找差距。正确对待自己，实事求是地评价自己，辩证地看待自己的长短得失。三是走出阴影，要克服这一次失败带给自己的心理压力，时刻牢记自己的弱点，防患于未然，加强学习，提高自身素质。四是认真工作，回到原单位岗位上后，要实实在在、踏踏实实地工作，“三百六十行，行行出状元”，争取在本岗位上做出一定的成绩。五是再接再厉，成为国家公务员一直是我的梦想，以后如果有机会我仍然会再次参加竞争。

49. 假如你晚上要去送一个出国的同学去机场，可单位临时有事非你办不可，你怎么办？

回答提示：我觉得工作是第一位的，但朋友间的情谊也是不能偏废的，这个问题我觉得要按照当时具体的情况来决定。如果我的朋友晚上 9 点的飞机，而我的加班 8 点就能够完成的话，那就最理想了，干完工作去机场，皆大欢喜。如果说工作不是很紧急，加班仅仅是为了明天上班的时候能把报告交到办公室，那完全可以跟领导打声招呼，先去机场然后回来加班，晚点睡就是了。如果工作很紧急，两者不可能兼顾的情况下，我觉得可以有两种选择：如果不是全单位都加班的话，是不是可以要其他同事来代替一下工作，自己去机场，哪怕就是代替我离开的那一会儿；如果连这一点都做不到的话，那只好忠义不能两全了，打电话给朋友解释一下，相信他会理解的，毕竟工作做完了就完了，朋友还是可以再见面的。

50. 谈谈你过去做过的成功案例?

回答提示:举一个你最有把握的例子,把来龙去脉说清楚,而不要说了很多却没有重点。切忌夸大其词,把别人的功劳说成是自己的。很多主管为了确保要用的人是最适合的,会打电话向你的前一个主管征询对你的看法及意见,所以如果说谎,是很容易穿帮的。

51. 谈谈你过去的工作经验中最令你挫折的事情?

回答提示:曾经接触过一个客户,原本就有耳闻他们以挑剔出名,所以事前的准备工夫做得十分充分,也投入了相当多的时间与精力,最后客户虽然并没有照单全收,但是接受的程度已经出乎我们的意料了。原以为从此可以合作愉快,却得知客户最后因为预算关系选择了另一家代理商,我们之前的努力因而付诸流水。尽管如此,我还是从这次的经验学到很多……企业借此了解你对挫折的容忍度及调节方式。

52. 如何安排自己的时间? 会不会排斥加班?

回答提示:基本上,如果上班工作有效率,工作量合理的话,应该不太需要加班。可是我也知道有时候很难避免加班,加上现在工作都采用责任制,所以我会调配自己的时间,全力配合。虽然不会有人心甘情愿地加班,但依旧要表现出高配合度的诚意。

53. 为什么我们要在众多的面试者中选择你?

回答提示:根据我对贵公司的了解,以及我在这份工作上所累积的专业、经验及人脉,相信正是贵公司所要找寻的人才。而我在工作态度、情商上也有成熟的一面,和主管、同事都能合作愉快。别过度吹嘘自己的能力或信口开河地乱开支票,例如一定能为该公司带来多少钱的业务等,这样很容易给人一种爱说大话、不切实际的感觉。

54. 你对这个职务的期许?

回答提示:希望能借此发挥我的所学及专长,同时也吸收贵公司在这方面的经验,就公司以及我个人而言,缔造"双赢"的局面。回答前不妨先询问该公司对这项职务的责任认定及归属,因为每一家公司的状况不尽相同,以免说了一堆理想抱负却发现牛头不对马嘴。

55. 为什么选择这个职务?

回答提示:这一直是我的兴趣和专长,经过这几年的磨炼,也累积了一定的经验及人脉,相信我一定能胜任这个职务的。可适时举出过去的"丰功伟业",表现出你对这份职务的熟稔度,但避免过于夸张的形容或流于炫耀。

56. 为什么选择我们这家公司?

回答提示:曾经在报纸杂志看过关于贵公司的报道,与自己所追求的理念相同。而贵公司在业界的成绩也是有目共睹的,而且对员工的教育训练、升迁等也都很有制度。去面试前先做功课，了解一下该公司的背景，让对方觉得你真的很有心想得到这份工作，而不只是探探路。

57. 你认为你在学校属于好学生吗？

回答提示：企业的招聘者很精明，问这个问题可以试探出很多问题：如果求职者学习成绩好，就会说："是的，我的成绩很好，所有的成绩都很优异。当然，判断一个学生是不是好学生有很多标准，在学校期间我认为成绩是重要的，其他方面包括思想道德、实践经验、团队精神、沟通能力也都是很重要的，我在这些方面也做得很好，应该说我是一个全面发展的学生。"如果求职者成绩不尽理想，便会说："我认为是不是一个好学生的标准是多元化的，我的学习成绩还可以，在其他方面我的表现也很突出，比如我去很多地方实习过，我很喜欢在快节奏和压力下工作，我在学生会组织过××活动，锻炼了我的团队合作精神和组织能力。"有经验的招聘者一听就会明白，企业也喜欢诚实的求职者。

58. 谈谈如何适应办公室工作的新环境？

回答提示：办公室里每个人有各自的岗位与职责，不得擅离岗位。根据领导指示和工作安排，制订工作计划，提前预备，并按计划完成。多请示并及时汇报，遇到不明白的要虚心请教。抓间隙时间，多学习，努力提高自己的政治素质和业务水平。

59. 工作中学习到了些什么？

回答提示：这是针对转职者提出的问题，建议此时可以配合面试工作的特点作为主要依据来回答，如业务工作需要与人沟通，便可举出之前工作与人沟通的例子，经历了哪些困难，学习到哪些经验，把握这些要点做陈述，就可以轻易过关了。

60. 想过创业吗？

回答提示：这个问题可以显示你的冲劲，但如果你的回答是"有"的话，千万小心，下一个问题可能就是：那么为什么你不这样做呢？

61. 除了本公司外，还应聘了哪些公司？

回答提示：很奇怪，这是相当多公司会问的问题，其用意是要略知应聘者的求职志向，所以这并非绝对是负面答案，就算不便说出公司名称，也应回答"销售同种产品的公司"，如果应聘的其他公司是不同业界，容易让人产生无法信任的感觉。

62. 何时可以到职？

回答提示：大多数企业会关心就职时间，最好是回答"如果被录用的话，到职日可按公司规定上班"，但如果还未辞去上一个工作、上班时间又太近，似乎有些强人所难，因为交接至少要一个月的时间，应进一步说明原因，录取公司应该会通融的。

63. 你并非毕业于名牌院校?

回答提示:是否毕业于名牌院校不重要,重要的是有能力完成您交给我的工作,我接受了董三星培训公司的职业培训,掌握的技能完全可以胜任贵公司现在工作,而且我比一些名牌院校的应届毕业生的动手能力还要强,我想我更适合贵公司这个职位。

64. 怎样看待学历和能力?

回答提示:学历我想只要是大学专科的学历,就表明我具备了基本的学习能力。剩下的,你是学士也好,还是博士也好,对于这一点的讨论,不是看你学了多少知识,而是看你在这个领域上发挥了什么,也就是所说的能力问题。一个人工作能力的高低直接决定其职场命运,而学历的高低只是进入一个企业的敲门砖,如果贵公司把学历卡在博士上,我就无法进入贵公司,当然这不一定只是我个人的损失,如果一个专科生都能完成的工作,您又何必非要招聘一位博士生呢?

【课堂活动】

农资营销人员招聘

一、活动目的:通过招聘会使同学了解企业需要什么样的职员,同学需要在大学期间做一些什么样的知识储备,以及如何进行很好的应聘。

二、活动内容:

1. 应聘人员三分钟的自我介绍。

2. 招聘人员的现场提问。

三、具体做法:老师将学生分成两组,一组为招聘组,一组为应聘组,先将招聘组 3~4 个人分成一个小组代表一个招聘企业,应聘组每个人都到不同的招聘小组进行应聘,完成一轮之后,两个大组交换角色,进行招聘。

【技能训练】

一、训练项目:怎样能顺利通过求职面试,怎样使自己尽快融入就职企业。

二、训练目的:通过本次实训使学生在了解企业需要人才类型的基础上,掌握应聘的技巧,为找到自己理想的工作奠定基础。

三、训练条件:面试官、面试内容、场地等。

四、训练内容:就企业需求人才类型的有关问题。

五、训练要求:学生在老师指导下分角色、分小组进行,最好以语言叙述。

六、作业:整理企业招聘面试时的主要问题。

【复习思考题】

1. 有哪几方面的人才是企业必须拥有的？
2. 你怎么认识企业文化？
3. 企业文化在企业发展中有什么作用？
4. 你认为怎样能最快地融入企业当中？

【相关阅读】

拿破仑是这样记住名字的

法国皇帝拿破仑三世曾得意地说，即使他日理万机，仍然能够记得每一个他所认识的人。他的技巧非常地简单，如果他没有清楚地听到对方的名字，就说："抱歉，我没有听清楚。"如果他碰到一个不寻常的名字，他就说："怎么写？"在谈话的当中，他会把那个人名字重复说几次，试着在心中把它跟那个人的特征、表情和容貌联想在一起。如果对方是个重要的人物，他就把那个人的名字写在一张纸上，仔细看看，聚精会神地深深记在他心里，然后把那张纸撕掉。这样做，他对那个名字就不只是有眼睛的印象，还有耳朵的印象。

【本章小结】

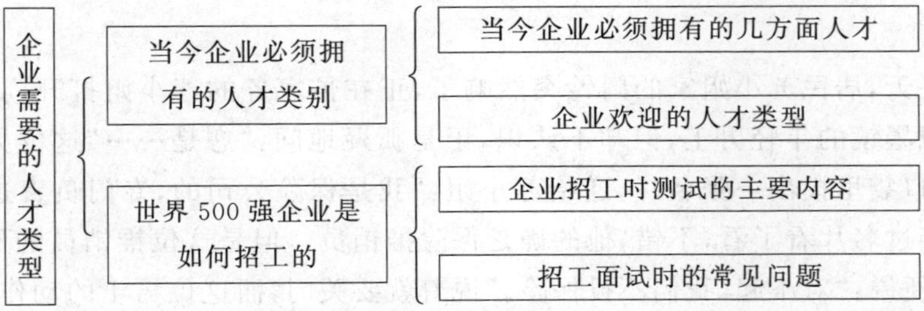

第十一章
大学生应该如何营销自己

【学习导航】

理论知识　理解营销自己的四种方法：礼仪营销、语言营销、简历营销、行为营销。

技能要求　能够结合自己的优势充分利用一种方法进行营销。

案例赏析

炎夏的一天，居民苏小姐家的门铃突然响了，正在忙家务的苏小姐打开门一看，迎面而立的是一位戴墨镜的年轻男士，但却不认识，于是狐疑地问："您是……"这位男士也不摘下墨镜，而是从口袋里摸出一张名片，递给苏小姐："我是保险公司的，专门负责这一地区的业务。"苏小姐接过名片看了看，不错，他的确是保险推销员。但是这位推销员的形象却打心眼里让她反感，便说："对不起，我们不投保险。"说着就要关门，而这位男士的动作却很敏捷，已将一只脚迈进门内，挤了进来，一副极不礼貌的样子，在屋内打量，"你们家房子装修得这么漂亮，真令人羡慕。可是天有不测风云，万一发生个火灾什么的，再重新装修，势必要花费很多钱，倒不如现在你就买份保险……"苏小姐越听越生气，光天化日之下竟有人闯进门来诅咒她的房子，于是她硬是把年轻男子赶了出去。

点评：上门推销财产保险本来是一件好事，但苏小姐为什么会越来越生气，最后把推销员赶了出去？原因就是推销员自身出了问题，一个连自己都不能被认可的人，怎么可能去营销产品呢？

知识链接

一、礼仪营销

对于商务礼仪，好多人认为没有必要，也不注意细节，还有的人认为大家都是老熟识了，没有必要再客气了，实际上都是错误的。礼仪是人们在交往的过程中，相互之间表达尊重、友善，以建立和谐关系为目的而遵从的行为方式、行为准则和活动程序。

提问思考

农资营销行业工作人员应讲究的礼仪有哪些？

（一）点头致意

在日常生活中，点头致意是一种常见的见面问候的方法，特别是在人比较多的公共场所，比如：会场里或者在比较拥挤的电梯里，以及双方的距离比较远时，可以通过点头向对方表示问好，这时的问候可以通过点头的动作、热情的目光、微笑的表情等身体语言进行问候，不必使用礼貌用语。

如果在每天早上上班见到同事或领导，或者在同一个场合与客户多次见面，以及与自己有一面之交且不十分熟悉的人时，当自己的目光与对方目光接触时，向对方点头，同时微笑，并用“早上好”或“您好”等礼貌用语问候对方。

如果在距离比较远且随意的场合，也可以向对方挥手致意，挥手的时候，要举起右手，左右摆动一两下，在摆动的同时，面带微笑，也可伴随点头致意。在摆手时，掌心向着对方，不可手背朝着对方。

（二）握手礼仪

握手礼如今已是最为普遍的交际礼仪，它已经成为世界各国各民族人们之间所通用的见面礼和告别礼。不过世界上何人何时最先采用这种礼节，几乎已无法考证。据说握手礼仪最早发源于原始时期，当时人们尚处于刀耕火种的状态，人们在狩猎或战争时，石块、棍棒等武器不能离手，以提防不测。遇到陌生的人时，如果双方均无恶意，大家都要放下手里的武器，并且伸开手掌，让对方抚摸一下自己的手掌心，以表示手中没有武器。这种“提防”的习惯几经演变，就成为了当今最为流行的国际礼仪。不管是与亲朋好友握手还是与陌生人握手，都要面带微笑，热情友好地伸出右手，亲切地说声“您好”“谢谢”“欢迎”等致意的话语。握手时需要注意以下几个问题。

1. 在会客之前，若时间许可，做一做手部的准备。先洗手，然后用护肤品滋润，这样与客人握手时，就会给对方留下较好的触感印象。有些人有手汗，若以汗湿的手与人相握，是很失礼的。建议常冒手汗的朋友在伸出右手之前，先做整理衣袖或衣襟的模样，把汗拭干，然后再握手，这样可免尴尬。

2. 按顺序握手。握手的顺序一般是长者、职位高者、女士先出手，晚辈、职位低者、男士再出手。但是作为营销人员而讲，也可以忽视这一原则。自己先出手，让客户后出手。这是一种心理战术，这样营销人员可以占领主动的地位。当然，具体怎么做还要根据现场的具体判断，只要不招惹对方反感就好。假如你伸出手后对方不跟你握手，你该怎么办？没有关系，也不要和对方计较，也不要尴尬，也不要不好意思，也不要脸红，面不改色地将手收回来就可以了。

3. 握手时一定要用右手同别人握，用左手握是一种失礼的行为。如果你去拜访客人时，手里提有东西，应提前将东西交换过来；如果两手都提有东西，先点头致意，然后将东西放下，再握手。握手时，手掌稍微倾斜，拇指向上，当双方手掌相接触后再将拇指放下，并用其余四指握住对方手掌。男士之间握手时要掌心相对方显真诚。如果男士握女士手时只需握住四个手指即可，无需掌心相对。

4. 握手时要注意调整自己的姿势。握手的姿势得当，可使对方感到你的热情，反之，则会让双方产生冷落感。握手时，要向对方点头，表示对对方的尊重；或用力摇晃几下，以示热情。用力也要适当，以紧而不捏疼对方为宜。握得太轻，或不握住对方的手掌而只是几个手指和对方的手碰一下，是一种失礼行为。纯礼节意义上的握手姿势是：伸出右手，稍用力握住对方的手掌，双目注视对方，面带笑容，上身略微前倾，头微低。

5. 握手的时间不宜过长也不宜过短。握手时间过长，尤其是握住异性的手，时间过长，是一种失礼行为；握手时间过短，给人的感觉是心不在焉，走过场，同样也是失礼的行为。一般来说，2～3 秒钟最好。如遇见老朋友，因双方特别亲热，握手时间可长一些。这时不仅右手相握，还可用左手握住对方的右手背，双手紧握对方，则是一种亲切友好的表示。

6. 如果你在拜访客人时，对方在与别人握手，你不可以在这两个人手臂上方或下方同对方握手，这样对这两个人来讲都是失礼的行为。

7. 在正规场合和社交场合，军人和女士可以戴着手套握手，其他人均不可戴着手套握手，这也是一种失礼行为。

8. 另外，在握手时还要注意以下几个小细节：

①不要戴着墨镜和他人握手。

②握手时不要心不在焉、东张西望。

③握手时不要另一只手插在裤袋里。

④如果客人两只手里都拿有东西，不要急于握手，应接住对方手中的东西，点头致意即可。

⑤握手后不要马上擦拭自己的手掌。

⑥不要拒绝与任何人握手。

⑦不管在哪里，包括有客人到公司做客，不可一只脚在门内，另一只脚在门外与他人握手。

⑧握手时一定要看着对方，面带微笑，用目光交流。

⑨如果你参加演讲会，演讲开始前或结束后，可以向大家行鞠躬礼以表示致意。对于营销人员不适合拥抱、鞠躬和拱手等礼节，对客户既不可过于亲热，也不可过于谦让，但一定要相互尊重和友善。握手时如果一方站着，一方坐着，坐着的一方要站起来，除非年事较高或身体不适（应说明情况）。在正常情况下，坐着与人握手是不礼貌的。握手一定要用右手（除非右手受伤）。另外，握手时为表示亲切，两手可上下摇摆，切勿左右摇摆。

（三）学会称呼对方

与人交谈对话时总要有个称呼，它不仅能体现彼此间的身份、关系，同时也能体现一定的心理感受。因此，看似随便的称呼里边却大有学问，对说话的效果也很有影响。目前在国际上主要有以下几种称呼方式。

1. 一般称呼

这是最简单、最普遍，面对陌生公众时最常用的称呼方式，如“小姐”“先生”“夫人”“同志”等。其中，目前世界上使用的称呼方式中，频率最高的是前面两个，即“小姐”和“先生”，未婚女子统称为“小姐”，已婚女子统称为“夫人”或“太太”，如果搞不清被称呼女子的婚姻状况，可统称“小姐”。对职业女性可统称为“女士”。特别值得注意的是，当你面对一位虽然年龄较大，却并未结婚的女士时，你绝对不能仅凭直觉或猜测将她称呼为“太太”，那是极端错误的，如果你这样做，即使不挨骂，也会大煞风景。

2. 姓名称呼

使用单纯的姓名称呼一般来说是双方在年龄、职务等相仿的时候，或者是好朋友之间，否则就要将姓名、职务或职业等并称才合适。如“王坤先生”“王雪华小姐”“王刚老师”“李强处长”等。

3. 职务称呼

如“张社长”“王总经理”“吴董事长”“卢局长”等。在我国，人们熟识后将职务称呼简称为“张社”“王总”“吴董”“卢局”等，也是很得体的。

4. 职业称呼

如“李老师”“张医生”等。

5. 亲属称呼

如“乔叔叔”“王阿姨”“何爷爷”等。

6. 称呼时需要注意的问题

汉族人的姓名比较简单，姓在前，名在后，除少数复姓外，绝大多数人的姓都是单姓。名有单名和双名。我们需要注意的是要掌握一些常见的复姓，以免到时候误把复姓拆开，当作单姓。常见的复姓有:“欧阳”“司马”“诸葛”“西门”等。特别是对于复姓后只有单名的情况更应注意,如果把“欧阳华”称作“欧先生”是不礼貌的。在我国港、澳、台地区,女性结婚后,通常在自己的姓之前还要加上丈夫的姓。如华国岚小姐嫁给钱钟海先生后,她的姓名即为钱华国岚,这时,人们应当称她为钱太太。

学以致用

能以正确适当的称谓称呼对方,懂得与客户接触时的商务礼仪。

(四)要记住对方的名字

当有人把你介绍给别人的时候,无疑,你会很希望别人记住你的名字。如果他们下次再见到你时,仍把你当陌生人,你一定会满脸不高兴。同样,我们也应在有人把别人介绍给我们以后尽量记住他们的名字,以便在以后的社交中或生意场上相见时,把他们的“大名”准确地叫出来。记住并准确呼叫对方的姓名,不仅是一种礼仪需要,而且能成为开启友谊之门的钥匙,寻找合作伙伴的桥梁。一位叫比特·杜波尔的美国老板说过:“如果你能记住一个人的姓名,他就可能给你带来一百个新朋友。”

记住名字的小窍门:

1. 重复一遍名字

你可以重复一遍他的名字来确认自己是否记住和发音正确。如果他的名字比较难记,你可以多重复几遍。

2. 多多使用名字

当你与对方交谈时,尽量多使用对方的名字,不一会儿你就会记下来了。

3. 将名字对上人

将你记忆的名字与对方的相貌相互对应,心里重复这个联系并且记忆多次。

4. 使用与其名字相联系的词语

如果对方名字和你所知道的某些词语或者与你的朋友的名字有着相似之处,那赶快将这个相似点记下来。

5. 把名字写下来

把他们的名字写在工作笔记上,多翻几次笔记本,久而久之这些名字就会印入你的脑海了。

6. 把面孔当作线索来回忆名字

记住面孔往往比记住名字容易,因为记忆面孔只需辨认以前是否见过即可,因此,记名字时还须花注意力去记对方面孔的特征，以及面孔特征和名字之间的关系。然后把名字和面孔进行比较，有助于把姓名和面孔联结在一起。

（五）注重办公室礼仪

办公室是公司所有人员处理日常工作的重要场所，还要经常在这里接待客户及其他与公司有业务往来的客人。因此，创造一个干净、卫生、整洁、有序并具有文化气息和学习氛围的办公环境是非常重要的，需要公司所有人员的关心和呵护，通常情况下应该注意以下几点。

1. 保持办公环境干净、整洁，物品摆放要井然有序

业务员经常到市场出差，回到公司以后，要遵守办公室的一切规定，除整理好自己的物品以外，还要协助公司内勤搞好公共卫生，不要误认为公司卫生就是由内勤负责，跟自己无关，这样认为是错误的。从办公桌的状态可以看出业务员的工作状态，任何时候桌面都井然有序的人，一般来说他的工作做得也干净利索，一丝不苟。业务员在写总结或公司交代的其他文件时，为了更有效地完成工作，办公桌上应当只摆放手头正在处理的有关资料。如果暂时离开座位，应将文件覆盖起来，对于保密的文件应当随时收存。下班时或出差时，桌面上除了计算机以外其他的物品或资料都应该收起来，放在抽屉里或文件夹里。

2. 保持良好的仪态

业务员大都是性格外向、喜欢言谈、走路快、喜欢张扬的人。因为个性难改，回到公司以后或者在客户办公室了都要注意办公室的相关礼仪。不要匆匆忙忙地走路，不要慌慌张张地办事，不要一边走路一边大声讲话，这样会干扰别人办公，打断别人的思路。另外，人的心理行为和动作行为有相互作用，心里慌乱则会手忙脚乱。在办公室里要安静、稳重，始终保持拿放轻、走路轻、说话轻的良好办公环境。

3. 保持饱满的精神状态

业务员在市场上是比较辛苦的，整天东奔西跑、忙忙碌碌、费尽了口舌、吃尽了苦头、风刮日晒的，认为回到公司应该放松一下了。做业务累是累，体力上累，因为体力有限，但精神上不能累。回到公司以后，照样应该是精神饱满，面对同事也要像面对客户一样，面带微笑，落落大方，站立时收腹挺胸，落座时背直稳重，不要翘腿掐腰，歪肩斜背，瘫坐于椅子或沙发上，不要坐或倚靠在桌子上，两手不要放在口袋里。一旦客户造访，会给客户留下业务员的素质一般，公司管理不到位的看法。

4. 合理使用办公设备

不要霸占公司的电话、传真机、复印机、打印机、图书及其他公用设备，要充分考虑其他人的需要。有些业务员打电话没完没了，甚至在上班时间拨打私人电话，长时间占用公用电话，有些业务电话都打不过来，造成客户的抱怨："你们公司的电话真难打。"对于其他共用设备,在不熟悉操作规程的前提下,要请公司内勤帮忙整理,不可随意乱用,用完后要调整到常规状态,图书读完之后要及时归还,不可放在自己的抽屉里。

5. 注意乘坐电梯有关礼仪

如果公司的办公地点是在商务中心,客户拜访需要乘坐电梯,也要注意电梯有关方面的礼仪。一般常礼下,业务员同客户一同乘坐电梯,应先让客户先进先出,进入电梯前,业务员先按楼层键,一手扶电梯门,一手引导客户进入电梯,等客户进入电梯后,业务员站到操作电梯处,按关门键。如有其他人一同乘电梯,还要注意尽量少讲话。在电梯这样狭小的地方,如果你讲话,那么所有的人不得不听你"演讲"。到达要去的楼层后,打开电梯门,一手按键,一手扶电梯,让客户先下,以免电梯门自动关闭夹住客户,同时也让客户有一种被尊重的感觉。使用电梯要注意遵循先下后上原则。在等电梯时,应站在电梯门两侧,不要堵住门口。不要随意地抛扬背包、甩长发,都会影响到他人,不要让这些目中无人的动作降低了你的素养分数。等候时不停地按按钮是违背公共道德的。

6. 保持办公室整洁

在办公室里用餐完毕后,要将所有的一次性餐具放到卫生间的垃圾箱里,不要长时间摆放在办公桌上。如果是自己带餐,不要带具有很浓烈气味的食物(如大葱、大蒜、臭豆腐等);用餐时不可将汤水溅得到处都是,也不可发出很大的声响,或进行说笑,口喷饭沫。如果有食物掉在桌子或地上,应立即捡起来用纸包好,最后一起扔掉。嘴里含有食物时不要贸然讲话。他人嘴含食物时,最好等他咽下去再对他讲话。在办公室里吃饭,拖延的时间不要太长。在一个注重效率的公司,员工应遵守工作时间按时吃饭。用餐之后,必须打扫桌面和地面,放好自己的餐具,还应该开窗通风,再用点空气清新剂,别让来访的客人一进门就闻到食物的气味,从而影响公司的整体形象。如果在就餐期间,突然有客户来访,应立即收拾餐具,询问客户用餐情况,根据公司规定,或给公司领导汇报,一起出去用餐,或与客户一起用工作餐。

7. 使用卫生间礼仪

在公司都是集体办公,在使用卫生间时,也要注意相关的礼仪。卫生间上要有标志,卫生间内更要干净、卫生。有些客户会通过卫生间的状况来判断公司的员工素质和管理水平。如果卫生间里没有冲水的马桶和脸盆,说明公司大多数人缺乏自律意识和团队意识;如果卫生间下水道堵塞或水龙头漏水,说明该公司在管理上有很大问题和漏洞。如:不冲水,用脚踩冲水把手,弄脏地面,乱扔东西堵塞下水道,不节约使用卫生纸和洗手液,不关门,不敲门,占用卫生间时间过长,不排队,不节约用水,把水溅出盆外或到处乱甩,在卫生间里乱涂乱画等,都会反映出一个公司的管理和员工培训与教育。

8. 敲门的礼仪

有些业务员不管到客户那里或者在自家公司,在进入另外一间办公室时,推门就进,这样也是不礼貌的。特别是到了一些大客户那里，有时会遇到尴尬的局面出现，敲门或按门铃也是对客户及对方的尊重，敲门的高度应在1.4～1.6米，用力适中，节奏稳定，不急不慢，不能拍门，或因手中有物，用脚踹门。如果手中有物，应先将东西放下再敲门，等对方开门后再提东西。敲门应为2～4下，听到对方"请进"后，略停2～3秒钟再进。如果门口装有门铃，应按门铃而不敲门，通常门铃只按一次即可。如果无人应答，在间隔20秒钟以后再按第二次。另外，开门和关门也不要用力过猛，以免引起他人不悦。

9. 递接东西礼仪

接物时应用双手，五指并拢，两臂适当内合，自然将手伸出；递物品时应双手将物品拿在胸前递出，不能一只手拿着物品，更不能直接往对方手里丢放物品等。递接东西时，物品尖端不可面向对方，如剪刀、刀、笔及其他带头、带刃的工具，应当自己握住尖端，把安全留给客户或对方。

二、语言营销

提问思考

你碰到过哪些因语言不当而影响工作的事例？

所谓语言营销就是说话，与人沟通交流。俗话说：好人出在嘴上，好马出在腿上，董三星企业管理咨询有限公司通过对50家大、中型企业调查发现，为什么80%的企业不愿意录用刚刚毕业的大学生，其中最主要的原因之一就是大学生在应聘的时候面对企业的主考官紧张，不自然，说话前后不照应，自相矛盾，语言表达能力不强，有时连自我介绍都不到位，特别是针对企业招收市场营销人员，语言表达能力尤为重要。语言表达应放在企业招工的第一位。企业主管认为，一个人连自己都不了解，将来怎么去推销产品。大学生为什么找工作难，语言营销不到位就是你进入企业的一个坎。

有两位给领导开车的司机竞争上岗，第一个司机讲了大约十来分钟，他说："如果我给领导开车，一定把车收拾得干干净净，遵守交规，保证领导的安全，一定做到省油……"第二个司机只讲了不到3分钟，他说："我给领导开车将始终遵守三个原则：听得，说不得；吃得，喝不得；开得，私不得……"领导当即决定录用第二个司机。为什么呢？"听得，说不得"是指领导在车上所讲的一些话往往都是私密性的，司机只能听不能说。"吃得，喝不得"意思是司机陪领导去参加应酬时只能吃饭不能喝酒，这叫保证领导安全。"开得，私不得"是说领导不在时绝不私用车，做到公私分明。这样会说话会办事的司机谁会不用呢？

说同样的话，为什么有的人能得到认可，有的人却只能面对否定？办同样的事，为什么有的人能一帆风顺，而有的人屡次碰壁？是因为他们长相出众、招人喜欢？或是因为他们有过硬的关系？其实，关键并不在这些，关键是因为他们把握好了说话的分寸和办事的尺度。

所以口才好的人往往令人尊敬，受人爱戴，得人拥护。它能使一个人的才学充分拓展，熠熠生辉，事半功倍，业绩卓著。可以说，发生在成功人物身上的奇迹，至少有一半是由口才创造的，如毛泽东、丘吉尔、列宁、希特勒……

相信很多大学生在面试时往往会因为紧张过度而出现卡壳，语言表达不清晰，从而失去了工作的机会。有些应试者尽管在面试前已经做好了充分的心理准备，但是在答辩中遇到“卡壳”时，心情立刻会变得紧张起来。为什么会出现这种心理？主要是有两个方面的原因：卑怯心理和求胜心切的心理。心里紧张，就会导致语言与行动的稳定性与协调性下降，就会给对方留下口齿木讷的印象，同时也会导致面试的失败。

那么如何成为一个会说话的人呢？可以从以下几个方面做起：

（一）练好口才

在日常交际中，我们经常听到这样的声音：如“你吃饭了吗？”“今天天气挺好的啊！”“你今天穿的衣服真漂亮。”“看你今天的精神不错啊。”“昨晚睡得好吗？”“听说你前几天身体不舒服，现在好了吗？”“听说你刚从老家回来父母身体可好？”“几天不见，越长越年轻啊你。”等等。这些看似略显客套或打招呼的话语却是熟悉的朋友之间联络感情的另一种方式。从陌生的交往到彼此熟识都离不开这些“废话”。略带关心和赞美的话语是拉近彼此之间关系的纽带，更是人际交往的法宝。人际沟通最难的就是开始的几句话，这几句话也是打破尴尬和相识的破冰期。开始的陌生、距离感被破除了，后面的沟通就容易得多。

介绍与自我介绍是人们一切交际的开始，良好的自我介绍是交际成功的一半，人与人的交往第一印象很关键，感觉好了，会爱屋及乌，感觉不好，就会全盘否定。特别是大学生毕业走向社会，走进企业，自我介绍更为重要。对自己就不了解，就介绍不到位，进入企业的坎就没跨过，就别说自己的才能如何发挥了。

要想锻炼好自己的口才，就要从主动说废话开始，从自我介绍开始，多交流，多沟通，从少说到多说，慢慢培养和锻炼，日积月累语言的表达能力就会与日俱增。

1. 自我介绍

自我介绍一般在给别人交流时，如果你没有介绍或者没有人为你介绍时，你要主动做自我介绍。人与人之间的相识交往，大多数情况是从自我介绍开始的。自我介绍是打开社会交往大门的一把钥匙，不仅能让人了解你，与你交友，还能让你有用武之地。良好的开端是成功的一半，如果自我介绍成功的话，可使你在社交活动中一路顺风，相反，就可能给你带来种种交际上的困难。因此，学会自我介绍，是走向社会、成就事业的一门必修课。

如何才能在自然的氛围中进行自我介绍呢？首先，自己必须面带微笑，笑容会令对方感到温暖和有诚意，否则将无法制造融洽、和谐的气氛。接下去就是“我叫×××”的自我介绍，这种介绍的重点就是要把名字说清楚。如果对方因没有听清你的名字而叫错，一定会陷入尴尬，很容易出现不愉快的场面。因此，自我介绍时，除了要讲清楚外，最好能附带一句“弓长张”或是“木子李”之类的说明，这样就可以使对方加深印象，也能传递更准确、清晰的信息。

在自我介绍前，一定要先介绍自己所在的单位，你要预先准备一下自我介绍的内容。尽量做到简练、清晰、真实、流畅，让对方易记，印象深刻。

比如:王老板您好,我是董三星企业管理咨询有限公司的,前天给您打过电话(或者刚才给您打过电话,或者慕名来拜访您,或者×××给我介绍的,等等)我叫董三星,董就是香港第一行政长官董建华的董,我们是一家子,三星就是三星高照,马到成功的三星,很高兴见到您……

在公众场合介绍自己,可以先报出姓名,然后再介绍单位。

如:我叫董三星,董就是董存瑞的董,三星就是三星高照才能马到成功的三星,希望今天我的到来既能够使大家欢乐,又能给大家带来财运,谢谢!

我来自董三星企业管理咨询有限公司,我们公司是一家专业针对农资企业进行培训和咨询的公司,包括员工培训、客户培训、企业管理、广告策划、包装设计、专业知识培训等。总之离开了农资行业,我八窍通七窍一窍不通,希望和在座的朋友在农资方面多交流,多沟通,互相学习,相互帮助,共同成长,谢谢!

再如:各位农资界的朋友大家好,我叫潘望,来自于董三星企业管理咨询有限公司,潘望不是盼望的盼,是潘仁美的潘,大家如果知道杨家将就知道潘仁美。我们今天来的都是做农资的,都是跟农民打交道的,农民盼丰收,生意盼兴隆,酒盼别人醉,赌钱盼己赢,出门盼顺利,做事盼成功,今天我潘望也盼大家家庭和睦、身体健康、万事如意,多赚人民币;万事顺心,多赚美金;万事兴旺,多赚英镑。总之一句话,多赚钱,少生气,心想事成,万事顺利,谢谢!

在介绍上要风趣、幽默,让大家在极短的时间内记住你这个人和公司,从而接受你公司的产品。公众场合的介绍实际上是展示公司形象的一个窗口,也体现出一个公司员工的素质、管理、培训和专业。

2. 介绍他人

对于农资行业,为他人做介绍一般有以下几种情况。

(1)市场调研时,见到客户介绍同事。

(2)客户到公司拜访时,介绍公司领导和客户。

(3)销售经理或公司领导下市场了解情况,介绍客户和领导。

(4)介绍同事到公司工作。

在为他人介绍时一般要遵从以下原则。

(1)先把客户介绍给经理,再把经理介绍给客户。

(2)先把公司同事介绍给客户,再把客户介绍给同事。

(3)先把同学、朋友介绍给领导,再把领导介绍给同学、朋友。

(4)先把新员工介绍给领导,再把领导介绍给新员工。

例一　把客户介绍给经理,然后把经理介绍给客户:

“来,王总,我给你介绍一下,这是咱们的优秀客户刘海军经理!”然后再对王总:“刘经理,这是咱们董三星企业管理公司的市场营销总监王坤经理。”

例二　在市场调研时,同事之间一起去拜访客户,可以这样相互介绍:

“王经理您好,刚才我们公司给您打过电话,我叫王雪华,这次市场调研由我带队负责,我们这次市场调研一共来了五个人，这是我的同事齐新国，这是魏发义，这是刘凤娟……”逐一介绍。每介绍一位要相互握手，面带微笑，并点头致意：“王经理，很高兴能拜访您。”

例三　有同学、朋友到公司，可以这样介绍：

“张总，这是我高中时的同学齐新国。”或“张总，这是我的战友尹自领。”

然后对着同学、战友再介绍：“这是公司张总。”介绍完之后，如果没有其他的事情，可以说：“张总您先忙，我们在这边聊聊”就可以了。

例四　如果公司新进一批员工，可以这样介绍：

“张总，这是咱们公司新来的员工小王，叫王海军，是河南农大植保系毕业的，到公司搞销售工作，被分在山东市场。”

然后对着小王“小王，这是咱们公司张总，张总也是学植保的，很平易近人，以后有什么不懂的可以请教张总，反正大家都是一家人了，以后慢慢了解吧。”

相互介绍完之后说：“张总，您先忙着，我再把小王介绍给其他同事……”

以上几点，不管怎么相互介绍，都要用几句话简单介绍，为双方提供更多的交谈内容。除了同学、战友或双方非常熟悉的情况下，在做介绍时，不可用“老张”“老王”“老李”等相互介绍，不可用一根手指指人，应将右手(不要用左手)五指并拢，掌心向上略倾斜来做介绍。

3. 被介绍者的礼节

(1)作为一个业务人员，通过其他渠道认识了客户，在别人为你作介绍时，都要以起立的方式看着对方，即便由于座位过于拥挤而无法起立，也要应量做起立状，特别是在餐座上，如果你不便握手，要面带微笑，点头致意，如果你不起立，一是无礼的表现，二是意味着你的身份高于对方。

(2)在被介绍时，东张西望，心不在焉，或者继续给第三者说话，都是不友善和不礼貌的表现。

(3)被介绍以后，要以恰当的方式进行问候，如：“您好张总……很高兴见到你。”

(4)交谈结束以后要相互道别。如：“再见！以后常联系。”“多谢您的关照，我先告辞了。”“对不起，耽搁您的时间了。”“有时间，我再来拜访您”……

道别时的动作、语言和表情与刚见面时的动作、语言和表情同样重要，特别是“第一印象”，在商务交往中要善始善终，不要业务没有谈成，或交谈不愉快，或货款没有收回，表现出一脸的无奈，都是不可取的，喜、怒、哀、乐不能在脸上完全表现出来，要学会理解、宽容和忍耐。

4. 学会讲故事

讲故事或笑话是锻炼口才最好的方法，记住：三个人在一起谈话你就把它当作是一次演讲，要有表情、手势、充满激情，声音要抑扬顿挫，这种有意识的演讲会给你将来登台演讲奠定良好的基础。你要想改变自己，就要从行为上改变自己，特别是自己的心态，有句话说得好：“愚人除境不除心，智者除心不除境。”这句话是说，一个人想要改变自己就要从心态出发，不管环境的好坏，除去私利杂念，定能成为胜利者。演讲也是如此，抛去羞涩，重塑自我，任何一个人私下的努力一定会在公众场合表现出来。

5. 谈自己感兴趣并与谈话对象有关联的话题

沟通中，免不了跟对方闲谈，但是闲谈也是有技巧的。谈论的话题一定要是在自己所了解并擅长的范围，如果别人说什么你就盲目跟风，一定会让你出“疯”头。所以，闲谈中尽量说自己比较熟悉的或者是精通的话题，避免成为最不会说话的人。如果你跟刘翔谈跨栏，跟马云谈创业，跟温韬谈策划，你肯定是个很不会说话的人，但是如果你熟悉计算机，跟我谈这个东西，我就是“很不会说话”的那位了。沟通中，特别是闲谈中，适当引导到自己擅长的领域，是一个重要的技巧。

6. 提前熟悉沟通环境

任何一个人在陌生的环境中都不能将自己的优势发挥得淋漓尽致。因为在陌生环境人从心理上就会产生紧张的情绪，从而影响到自己的沟通效果不管是参加客户的谈判还是宴席都离不开沟通。所以，让自己提前熟悉环境是沟通的首要前提。陌生环境会让人紧张，你可以先从“跟班”不说话开始，多参加沟通场景如客户谈判、酒场等，熟悉沟通环境。这就是为什么运动员参赛前要熟悉赛场的原因。

7. 充分准备，多演练

面对一个重要的会议，想沟通的完美就要准备充分，可以给自己准备好讲稿，多练习几遍，熟能生巧。就如一个讲师，要想上好每一堂课，就要专心地备好教材，讲师在三尺讲台上的潇洒自如，那都是充分准备的结果，没有充分的准备哪来的辉煌成绩？更重要的是自己要不断地学习，才能让自己更信心十足的面对挑战。

准备越充分，表现就越轻松。尤其是面对重要的沟通，一定要充分准备。很多人在打重要电话前都先列提纲，想想从哪里破冰。董三星曾经说过：每次演讲前都不知道要在脑子里演练多少遍。看似“谈笑风生”的背后，是充分的沟通准备，说得不好，就是准备不足。

8. 培养想说话的动机，从被动沟通到主动沟通

当你想去做一件事情时才能做好，人际沟通也是。所以，要培养人际沟通的动机，从被动沟通到主动沟通是关键。

为什么恋爱中的人都能说会道？因为你具有强烈的沟通和说服的动机。所以，当有人对你“甜言蜜语”时不要不高兴，他对你“甜言蜜语”说明他喜欢你。一个平时不大会说话、木讷的人在恋爱的时候也会说“甜言蜜语”，这就是“强烈沟通动机”的作用。反之，如果一个人和你在一起不会说话，可能说明他不够爱你，也就是“动机不强烈”。

9. 虚心学习

成功最快的方法就是向成功者学习。随时随地观察那些善于沟通的人，向他们学习，长此以往，潜移默化中你就越来越会沟通。

10. 多看书，看点杂书以及经典

腹有诗书气自华。脑子里有料才能言之有物、滔滔不绝。沟通时很多时候在说无关紧要的“废话”“闲话”，这些话是沟通的磨合剂，人们常常会谈点野史，所以杂书要多看点。经典语和俗语蕴含着最深刻的道理，一句经典语可以让你少说很多废话，而且让你“看起来很有文化”。如饶人不是痴汉，痴汉不会饶人；不信但看筵中酒，杯杯先劝有钱人；人贫志短，马瘦毛长；来说是非者，便是是非人；路不行不到，事不为不成……

11. 学会倾听

沟通是双方的，往往我们有时候是沟而不通，主要原因是我们没有掌握倾听的艺术，有时不知道对方在讲什么，不知道对方讲话的意图，没有站在对方的立场上考虑问题，甚至对方还没有讲完我们就表达自己的观点，你没有认真倾听对方的表达，对方也就会不倾听你的观点。因为人关注的都是自己。

倾听时要注意几点：一是听见。就是要听见对方在说什么，如果没听清楚，要进行发问，不要光“啊！啊！”只知道应付对方；询问对方，也表示你在认真地听，是在尊重对方。二是听懂。要知道对方在讲什么，要理解，要明白对方的意图，并从中悟出一些道理，便于做出抉择。三是听完。有些人讲话不直接，比较含蓄，最后才说出自己的想法，所以在对方讲话的时候，尽量不要打断对方的讲话。等对方讲完，再谈自己的看法和想法。

（二）学会礼貌用语

礼貌用语能和谐、融洽人际关系，为之增加美的色彩。它不仅反映着一个人的思想道德素质，而且表现了一个人的语言修养。要真正做到语言礼貌、文雅，不是一朝一夕的事，可先从下一些方面入手。

1. 杜绝脏话、粗话

如果你有说脏话、粗话的毛病，一方面要随时注意约束自己；另一方面，可请周围的人特别是自己的亲人和好朋友提醒自己、监督自己。只要坚持不懈，坏习惯是可以改掉的。要克服个人情绪对自己的干扰。比如，高兴时用礼貌用语，不高兴时也要坚持；称呼他人，关系好时和有了矛盾时一个样，不要让不良情绪影响礼貌用语的使用。要家里外面一个样，私下和公开场合一个样。不能在职场时对人彬彬有礼，回到家就满口粗话；也不能在公开场合谈话时有礼貌，私下交谈时则粗话满嘴。

2. 使用礼貌用语

早晨见面互问“早晨好”，平时见面互问“您好”。初次见面认识，主方可用“您好”“很高兴和你认识”，被介绍的一方可用“请多帮助”“请多指教”。分别时说“再见”“请再来”“欢迎您下次再来”。特定情况的告别可用“祝您晚安”“祝您健康”“祝您一路顺风”。得到别人帮助后说声“谢谢”“费心了”“多亏您的帮助”“实在过意不去”。有求于人时说声“请”“麻烦您”

"劳驾""请问""请帮助"。打扰别人或有愧于人时说声"对不起""请原谅""很抱歉"。对方向您道谢时要说"别客气""不用谢""没什么""请不要放在心上"。

3. 使用敬语和谦语

一般称呼对方用"您""先生",对长者用"伯伯""伯母",不要用"喂""老家伙""老太婆""老头"等。对少年儿童用"小朋友""同学",不要用"小家伙""小东西"等。称呼别人的量词用"位""各位""诸位",不要用"个",但对自己或自己一方的人可以用"个",例如,对方问:"几位?"自己答:"×个人。"

4. 多用商量语气和祈求语气

说话时多用商量和祈求语气,少用命令语气。如"您请坐""希望您常来""请打开窗户好吗""请×××同学回答""小姐,请让开一些,谢谢",这样的语句和气、文雅、谦逊,让人乐于接受。

三、简历营销

提问思考

你知道撰写求职简历的注意事项吗?

大学生毕业之后进入社会必经的第一课就是写简历。好多大学生都把主要的精力集中在写简历,网上搜索,同学借鉴,你抄我的,我抄你的,想方设法去美化它,同一个班级,甚至同一个级段都大同小异。结果到了人才市场投放之后,好多简历都石沉大海。有时大学生自己就搞不懂是什么原因。同样的简历,为什么有的学生就能录用,而我为什么就淘汰了呢?大学生如何运用简历为自己的求职路做好铺垫呢?那么首先对简历的基本信息做一个大致了解。

(一)简历的关键点

根据所应聘的岗位和公司进行一定的筛选和修改。如果是应聘技术型的工作,简历上应该体现你的专业成绩、实践能力、团队精神等。另外,也可以把你参加的社会活动添加到社会实践一栏中,表现你的团队合作精神。如果是应聘销售类的工作,那么简历上就应体现你的社会活动业绩,你曾经做过的兼职,以及你因为坚持和毅力取得的成绩等。重点要突出你的沟通能力、人际交往能力。

(二)简历的要素

用人单位在筛选简历时一般会重点注意以下几项内容。

1. 应聘的岗位或求职意愿。

2. 基本信息:姓名、性别、联系方式(邮寄地址和邮编、联系电话、电子邮件)。最好留下手机并保持手机畅通,便于通知面试。

3. 教育背景：最高学历，毕业院校，专业。

4. 与应聘岗位需求素质有关的表现、经历和业绩、社会工作经历等，最好突出主题，有条理地写下来。

5. 最后，可以附上有关证明材料的复印件，如获得奖学金、优秀干部、实习鉴定、专业资格证书和发表过的论文的复印件。

(三)简历的形式

形式上要整洁、美观，关键要突出重点。内容限制在两页A4纸，并用五号或小四号字体打印出来。对于设计类，公关类，策划类等特殊的岗位，简历形式可根据情况做得与众不同。

现今大学生求职大多是漫无目的，董三星企业咨询管理有限公司董事长董三星认为，众多求职者在写简历的时候更会陷入众多误区。这样不仅浪费了自己宝贵的时间，更是错失了得到好工作的最佳时机！所以，大学生们除了了解以上简历的关键点、内容和形式以外，要写好简历，还要注意以下编写的误区。

误区一　简历的格式及词汇表达缺乏独创性。有些大学生爱追求新、奇的东西，但在简历中应尽量避免大量使用各种字体格式，如斜体、大写、下划线等方式，最好以简洁、醒目的格式来填写简历。求职简历自我评价一栏，我们经常可以看到“性格开朗、兢兢业业、吃苦耐劳”等词汇。一成不变的风格很容易让你的简历成为一张废纸被扔掉。在文字中无法体现自己的个性，这是最失败的简历。那么，如何在简历中突出自己的特点呢？简历不是写文章，招聘单位面对堆积如山的简历哪有时间去细读你的丰富词汇，这更需要有清晰的思路和重点。对于初进社会的大学生而言，可以在简历中列举出自己曾经的业绩，比如学习能力、专业理论等，一定要让你的价值所在体现在简历中。如果你应聘的是一个销售人员，你最好不要说你能做一个合格的行政人员。如果你寻求的是一个具有决策影响力的职位，就不要用可能、也许这样的词汇出现在简历上，因为这样给人的第一印象就是处理事情不果断。尽量让用人单位或者企业关注自己的特长与优势，才会显得与众不同！

误区二　对于自己的描述水分过多，言过其实。现实中很多大学生为了表现自己，就在简历中侃侃而谈，完全不顾自己是否在某方面有工作特长或者经验，从而使自己失去了诚信度。因此不是写得很多，就代表你很优秀。作为一个初次写简历的你，可以大胆地加一句：虽然我缺少工作经验，但相信时间可以证明我会成为你的优秀员工。简历的真实性代表一个人的诚信品质，而这是用人单位对求职者的基本要求。在自我评价一栏发挥得好可以为自己增加不少亮点，但是与职位不相关或者不切实际的部分不必要在简历中表现出来。

误区三　用相同简历应聘不同岗位，无针对性。每一份简历都有自己的独特的亮点，简历需要有针对性。这个针对性有两层含义：一是简历要针对你所应聘的公司和职位；二是你的简历要针对你自己，写出自己在大学的亮点。针对不同的公司或企业要用不同的简历来应对，在求职目标一栏中只有你明白这个职位是做什么的，这个职位才能突出你的特点。如果没有分析好所应聘职位和公司的特性，更没有在简历中突出自己的经历，即使简历写得再精美也只会让自己越来越迷茫，不知道自己到底适合怎样的工作。所以写简历前将自己在大学的学习、社会工作和生活仔细回想一遍，写下有亮点的事情。如成绩优秀，获得过奖学金或者获得过什么竞赛奖励等；如参加过学生会工作、学生社团工作，到哪些单位实习过，组织过什么活动，取得过什么业绩等；如自己在大学里做过什么有意义的事等。找出自己与众不同的地方，找出能反映自己良好素质的成绩或实践活动。

当然，单是避免了简历编写的误区还不够，除此之外我们还需要知道工作经验在简历中的重要性。现在各企业都奉行“招来即能用”的原则，企业也以此来评估求职者的能力和薪水要求。所以对求职者来说，能否得到面试的机会，最重要的就要看工作经验怎么写了。

但是这些对于应届毕业生来说是有些难度的。年轻的毕业生普遍都属于服务、劳力类型的，没有经验可谈，那么在简历中就应该着重描写在学校生活的中的“团队经验”。在企业看来，在团队中担任过领导职位，如参加过宣传部，组织过联谊、合作等活动，往往就代表着有一定的谈判协调能力，利用团队经验的填写方式，可以作为有效帮助企业评估你能力和发展前景的指南针。

大家一定要记住：并不是每项工作经验对求职者都有帮助，工作经验一定要经过认真的整理和选择，才能放到简历中。建议大学生在写简历之前先确定好自己的职业方向和工作经验，这才是简历成功的根本所在！下面是一份市场主管简历样本。

<table>
<tr><td rowspan="7">基本
资料</td><td>姓名</td><td>刘静</td><td>性别</td><td>女</td><td rowspan="5">照片</td></tr>
<tr><td>民族</td><td>汉</td><td>籍贯</td><td>河南郑州</td></tr>
<tr><td>出生日期</td><td>1992.11.26</td><td>政治面貌</td><td>团员</td></tr>
<tr><td>婚姻状况</td><td>未婚</td><td>身高、体重</td><td>168 厘米、55 千克</td></tr>
<tr><td>学历</td><td>本科</td><td>专业</td><td>行政管理</td></tr>
<tr><td>通信地址</td><td colspan="4">××××××</td></tr>
<tr><td>联系电话</td><td colspan="4">137039××558</td></tr>
<tr><td colspan="6">求职意向及工作经历</td></tr>
<tr><td>人才类型</td><td colspan="5">普通求职</td></tr>
<tr><td>求职意向</td><td colspan="5">市场/营销推广策划专员：助理及其他；产品/品牌经理/主管：助理及其他；市场/营销推广经理/主管：助理及其他</td></tr>
<tr><td>工作年限</td><td colspan="2">1 年</td><td colspan="2">职称</td><td>无</td></tr>
<tr><td>薪资要求</td><td colspan="2">3 500～5 000 元/月</td><td colspan="2">希望工作区域</td><td>不限</td></tr>
<tr><td>教育背景</td><td colspan="5">××××年毕业于郑州大学，本科，××××年至××××年计算机应用培训</td></tr>
<tr><td>个人技能</td><td colspan="5">本人业务经验丰富，曾任广告采编、区域经理等职，能独当一面，胜任谈判、营销管理、团队管理等一切业务工作</td></tr>
<tr><td>工作经历</td><td colspan="5">2011 年 5 月，实习任××市场营销推广策划人员，广告赞助成绩令人刮目相看，2011—2012 年在某用品公司先后任业务代表、区域经理，将一个行将放弃的市场开发成优秀市场</td></tr>
<tr><td>获奖情况</td><td colspan="5"></td></tr>
<tr><td>曾任职务</td><td colspan="5">学生会主席</td></tr>
<tr><td>社会实践</td><td colspan="5"></td></tr>
<tr><td>兴趣爱好</td><td colspan="5">看书，听音乐，运动；个性：淳朴、热情、细致；特点：不轻易言退、有亲和力、勤奋、敬业</td></tr>
</table>

四、行为营销

(一)大学生如何平稳渡过试用期

1. 注意观察办公室的一些不成文的规定

第一天上班,一般单位的内勤会带你详细了解公司的总体情况,然后给你讲解一下规章制度。通过观察来了解公司文化。记住,第一天你是“新人”,多少要去“照葫芦画瓢”(至少一小段时间内是如此),使自己尽快融入集体当中。

2. 顺应群体习惯,不要搞特殊

大家吃饭,你也吃饭;大家订餐,你也订餐;大家中午喝茶聊天,你就不要一个人坐在角落里继续工作,这是你与大家熟悉的好机会。

3. 违反“纪律”的小事不能做

例如上班迟到、打私人电话、聊工作无关的事情等。每个老板最厌烦的就是上班时间干与工作无关的事情。你也许感觉无所谓,恰恰正是这些小事会影响你的去留。

4. 小事也要做

要做成大事必须从小事做起,复印机没有纸了,悄悄加上;上班早来几分钟、晚走几分钟;最后一个离开公司关好门窗……这些不起眼的小事能给人留下好的印象。

5. 努力表现但别过头

试用期谁都想给公司留下好印象,但做得过分会给自己日后留下隐患。

6. 要有敬业精神

老板最看重两个要素:一是能力,二是敬业。有能力不敬业,照样没前途。

7. 建立良好的团队关系

新的员工连脚跟都没有站稳就四面树敌,很容易被人排挤,不仅不利于工作,还有可能被人联手扫地出门。

8. 工作心态积极向上

要保持一种积极向上的工作态度,这样自己也会渐渐成熟起来。

9. 下班要与大家一起走

一天过去了,同大家一起回去有说有笑地走向电梯,你就会觉得轻松许多。都是上班族，每个人的处境都差不多，虽然你是新来的，只要处处与大家保持一致，大家一定不会把你当成外人。还是《三大纪律八项注意》这首老歌唱得好：一切行动听指挥，步调一致才能得胜利。

10. 不要伪装自己

如果你性格比较沉着、稳健，就表现原来的状态就行了，如果你为赢得众人好感，表现得过于友善、活跃、笑容可掬，那么你的做作不可能持续太久。几天后你“原形毕露”时，人们也许会认为你这个人很虚伪。所以，不必造作，自然表现自己就行了。

11. 少说多听，管住自己的嘴巴

新员工要处处谨慎，因为公司内部许多情况你还不了解，不要随便说话，当好听众就行了。也不要随意发言，你是新来的，同事们还不太了解你，如果第一天你就表现得过分积极，大家会对你产生反感。知道什么该说什么不该说，别人的议论、牢骚你且听之就是了，心知肚明，自然就渐渐了解了公司的内部情况。切忌向同事打探领导和其他同事的情况，这样会引来同事们的猜疑。

12. 准备一个工作记事本

每天要有一个具体的工作计划，一项项有条不紊地完成。特别是上级交代的任务和自己承诺过的工作要一一记录，能完成尽量完成，不能完成也要给对方一个交代。因为第一天很关键，如果你能表现得成熟稳健，就能给领导与同事留下更好的印象。记事本能起到提醒的作用，如果许多琐碎的事情一时忙不过来，就先记在本子上，这样不至于出现遗漏。认真观察你就会发现，上班族大都有个记事本，或者在电脑上有个专门的文件夹，用来记录工作事项。办事周全，也是一个员工素质的表现，准备一个记事本，一定会提高你的做事效率。

13. 别太拿自己当回事

新员工最怕的是把自己当大学生看，做几件小事就认为降低自己的档次。

14. 不要给自己找借口

无论什么事情，请永远记住：不要给自己找借口，哪怕你以后自己创业。试用期间犯了错误不要紧（当然还是不犯为好），重要的是你对自己的错误是个什么态度。

15. 不要轻易辞职

不要这山望着那山高，随便换工作，不要以工资的高低来随便更换自己的工作岗位，这样你也许什么也学不到，不如老老实实地俯下身子，放下架子，学点东西。

（二）别把成功想得那么难

在我年轻的哲学里，我的字典从来没有做不到的事。在面对挫折的时候，我依然坚信自己不要轻易放弃，也决不轻易地放弃。阳光之下创造自己的传奇，暴雨之中也有无限勇气，不畏惧，向前冲，勇往直前，接受每个考验。我有最珍贵的年轻，只要肯定自己没有做不到的事——小虎队的一首经典歌曲《没有做不到的事》。

为什么有些业务员做了几年业务，销售业绩还是平平，没有很大的提高？为什么市场上一直出现窜货问题而不能有效去解决？为什么有些业务员不是抱怨公司政策不好就是业务难做？出现这些问题是我们真的没有办法去解决吗？答案是否定的。是我们没有找对方法，没有抓住问题的关键所在。世界上"没有做不到的，只有想不到的"。

不会思考的人是白痴，不愿思考的人是懒汉，不敢思考的人是奴才。财富的源头，是以思考的形式出现的，财富的形成始于思想中对成功的渴望！思考力才是万力之源。

1. 用脑子去创路子

科学家们将人的大脑比作"一架能够同时弹奏无限多音乐曲目的多维音乐器材"，他们强调说，我们每一个人天生就具有几乎可以说是无穷的思维潜力，并宣称，无论过去还是现在，从来没有任何一位男性或者女性，彻底地发挥了其大脑的潜能。

假如你的后半生中的每天都可以学习七件事，那么你仍然会有大量的剩余学习时间。如果你能合理地使用你的大脑，那么你会随着年龄的增长而愈加聪明。智力并不仅仅存在于你的大脑中，它也存在于遍布全身的细胞当中。传统上将精神活动同身体分开的做法已经不再有效了。"

2. 做最好的自己

过去人们常常说："三百六十行，行行出状元。"现在的职业千千万，成功之路有许多条，成功的定义也有多种，只要在理想的指引下，真正做了自己想做的事情，真正实现了自己的人生价值，就是一种成功，一种超越，就应该为此感到自豪和快乐。有位哲人说得好："如果你不能成为一丛小灌木，那就当一片小草地；如果你不能成为太阳，那就当一颗星星。决定成败的不是你作为的大小，而在于做一个最好的你。人们常说，有梦想才能有作为，有行动才能有成功。但要想使"这些梦想变为现实"，行动才是唯一的保证。因此，人活在世界上，不能没有梦想；为了自己的梦想，要付出艰辛和努力。我要努力，争取做最好的自己。

真正的成功人士并不是仅仅靠知识、创意等外在素质赢得成功的，他们成功的关键在于，他们具备了某些最为根本的、最有价值的素质和品格，他们获得成功的内因几乎都围绕着一个"成功同心圆"来实施。有了一个正确价值观的指引，就可以更好地完善自己的人格，还要将正确的价值观和人生态度应用到追寻理想、发现兴趣、有效执行、努力学习、人际交流、合作沟通六种最基本的行为方式中，只有按照这样的逻辑顺序寻找通往成功的道路，每个人才能有可能真正做最好的自己，真正取得多元化的成功。

3. 大处着眼，小处着手

有一家乳品公司，在一个城市内推广他们的乳制品时非常舍得投资，而且注重实效，仅送奶车就有 100 辆。这些送奶车有醒目的品牌标志、统一的车型和颜色，起到了很好的宣传作用，即使是在没有送奶业务的时候，也开着车在街上转。乳品公司的奶制品逐渐打开了销路。可是好景不长，一段时间后，奶制品的销量急速下降。经理急得团团转，却怎么也查不出原因，最后，还是消费者道出了个中缘由。原来，恰恰是营销手段的得意之作——送奶车惹的祸。在推广之初，送奶车的效果是不言而喻的。但是，这些送奶车用过一段时间后，由于忽略了维护清洗，车身沾满了污泥垃圾，让人看了就恶心，但每天照样在大街上招摇过市。许多家庭就是因为这个，后来坚决不喝这个牌子的牛奶了。

每一个轨迹都由若干个“点”组成，这好比企业是由许多个“点”组成，消费者也是由许多个“点”组成，产品也是由许多个“点”组成，而这些“点”都可能成为影响消费的细节。

有一位叫古川的年轻人在一家公司当职员时做一些文书工作，很辛苦，薪水也很低。但他是一个非常注重细节的人。一天，他细心地整理着报纸，忽然发现有这样一条新闻：目前国内各地都大量采用自动售货机来销售商品，一天 24 小时可随时供应商品，在任何地方都可以营业。古川就开始在这上面动起脑筋，他趁别人都没注意到这个细节的时候，开始销售自动售货机，这一举措为他带来了巨大财富，使他在半年之内就赚了 8 万元。一些人看到这一行很赚钱，也都跃跃欲试。这一细节又被古川看在眼里，他敏锐地意识到必须马上制造自动售货机。于是，他与人合资成立工厂，研究制造“迷你型自动售货机”。他的产品上市后，市场反应极佳，以惊人之势开始畅销，古川因此又赚了一大笔钱。

提问思考

你从上述两个案例中学到什么经验？

无数的事实告诉我们，经商者要有“关注细节”的眼光，敏锐的头脑，注重市场中的各个细节，并加以利用。这样的企业才能先发制人，抢占商机，获得利润。一言以蔽之，经商者只有能洞察别人所未注意到的细节，才能做出别人所未能做的事情，进而获得成功。

4. 打造强者的心态

美国著名文学家海明威的代表作品《老人与海》中有这么一句话：“英雄可以被毁灭，但是不能被击败。”强者意志的确立是十分重要的，是我们的生命走向成功或失败的方向盘、指南针。

古代有一个财主，人们问他是怎么致富时，他说：“吃在碗里，看到锅里。”简单地讲，就是吃饭的时候，碗里放一块肉，筷子去夹盘子里的另一块肉，心里还应该想到锅里的肉。

什么是强者呢，真正的强者，其实是拥有强者心态的人。

真正的强者，并不以强者自居，强者其实表现为：面对困难时的坚强、面对困境时的坚韧、面对危机时的忍耐和伺机而动。强者心态的基本出发点是坚韧不拔的雄心，在此基础上还要有创业、挑战和冒险精神，遇到事情自己解决，而不是埋怨，要只怪自己不怨他人、不找借口，卧薪尝胆，寻找机会，只向更强者挑战，只向将来发展的更高的目标努力，不轻言失败，要将“不可能”变为“可能”。如果你运用创造性和批判性的思考方式，就能创造出色彩斑斓和充满活力的生活。做任何事没有规则不行，但过于因循守旧、墨守成规也不行，对成大事者而言，要改变循规蹈矩的性格。

人生的价值是在不断创新的过程中提升的，我们身边并不缺少财富，缺少的是发现财富的眼光。学会去想，学会敢想，学会创造性地想，学会理性与创造性地想，不受常识或常规的束缚，见人所不见之处，异想天开，从而产生新的创意，这样才能绝处逢生，得到意想不到的收获。

5. 目标越高、发展越快

仅仅拥有理想，你不一定能成功；但如果没有理想，成功对你而言就无从谈起。远大的理想是你伟大的目标，没有理想，就没有坚定的方向；没有方向，就没有生活。曾经有人巧妙地把人比喻为一条船。在人生的海洋中，大约有95%的船是无舵船，他们总是漫无目的地漂泊，面对浪潮的起伏变化，他们束手无策，只有听其摆布、任其漂流，结果要么触岩、要么撞礁，以沉没而告终。

要想成功，要想聚集财富，还需要梦想，以及想要达到梦想的强烈渴望。没有追逐梦想的野心，人生将会缺乏激情；由于"理性"限制了人类的想象力，所以现在人类的想象力发展得很不充分，把"理性"的限制排除开，人类可以创造出任何想象出的东西。放开你想象的翅膀吧，你会发现财富在不远处等你。

实践调查

列举一两个你认识的朋友或同学的成功案例。

(三)向上级汇报工作时应注意的问题

1. 守时

在现代社会，人们的生活节奏普遍加快了，更需要我们有极强的恪守时间的观念。下级向上级汇报工作，务必按约定时间到达。过早到达，会让上级因准备不充分而显得难堪；姗姗来迟，则又会让上级等候过久。万一因故不能赴约，要尽可能有礼貌地及早告之上级，并以适当方式表示歉意。就是因故迟到，也要向领导致歉，并说明原因，以争取领导的谅解。

2. 做好准备

请示汇报有临时请示汇报和预约请示汇报两种。无论临时请示汇报还是预约请示汇报，都必须先做好准备。临时请示汇报前要想好请示的要点和措辞，预约请示汇报前要拟好汇报提纲，选好典型事例。不做准备的请示汇报不但浪费领导的时间，而且是对领导极大的不尊敬，是严重的失礼行为。

3. 先敲门再进办公室

到领导的办公室去汇报工作，千万不能急急忙忙破门而入，而应该先轻轻地敲门，经允许后再进去。即使在夏天，办公室的门是敞开着的，也不要贸然闯入，而应以适当方式让领导知道有人来了。汇报时，应该注意自己的仪表、姿态，做到文雅大方，彬彬有礼。

4. 语言准确、简练

口头汇报的语言不像书面文章那样讲究，但也要做到准确、简练。用词不当、用词不妥、语言结构残缺甚至混乱，就不可能清楚明白地表达自己的观点。语言应力求自然朴实，做到言简意赅。切忌不顾实际，信口开河，堆砌辞藻，烦冗啰嗦，华而不实。还要避免口头禅，如"嗯""啊""这么""那个"等，因为这样会使领导心烦，并认为你的汇报内容贫乏。

5. 语速与音量适当

汇报工作，一定要让领导听清楚，并能随时领悟你汇报的内容。因此，说话不能太快。对一些次要问题可以说得稍微快些，但在重要问题上一定要慢，必要时还应重复，以便让领导记录和领会你的意思。但应注意，汇报时语速也不宜太慢，因为这容易让对方精力分散。汇报时还要把握好音量。若音量太大，像是作报告，缺乏交流感情的气氛，会让领导感到不舒服；音量太低，则容易被认为恐惧、胆怯，从而影响汇报的说服力。

【课堂活动】

制作简历

一、活动目的：让同学通过这次活动能了解常见简历，如简历应包括的内容及制作简历时应注意的问题。

二、活动内容：让同学在课堂上制作一个简历。

三、具体做法：老师通过找一些知名农资企业的资料给同学看，让每个同学根据自己的兴趣制作一份简历，做完后让同学展示并讲解自己的简历，然后同学进行讨论，对所有简历进行投票，选出最佳设计简历，老师对学生的简历进行点评。

【技能训练】

一、训练项目：个人营销。

二、训练目的：能成功地营销自己。

三、训练条件：聘请一位农资生产企业人力资源部门负责人和教师配合指导和考核学生。

四、训练内容：

1. 与某部门协调某项工作。

2. 向上级汇报工作。

五、训练方法：分角色模拟新员工报到，最后教师进行考核。

【复习思考题】

1. 大学生可以从哪几个方面进行自我营销？
2. 办公室礼仪主要有哪些？
3. 向上级汇报工作时应注意什么问题？
4. 大学生怎样平稳渡过试用期？

【相关阅读】

案例一　变色毛巾

上海萃众毛巾厂生产的“变色毛巾”成了市场上的抢手货。这种毛巾的图案表面上是猪八戒背丑媳妇，毛巾一浸到水里丑媳妇变成了孙悟空，可毛巾一离开水又成了丑媳妇。“变色毛巾”由于迎合了人们求新好奇的消费心理，从而在竞争激烈的毛巾市场上一枝独秀，其销量比普通毛巾高出 5 倍。

案例二　石壳手表

瑞士有家制表商别出心裁地用石头做表壳，根据石料的特性，不可能生产出两块完全一样的手表来，由此满足了西方人追求稀奇独特的心理，很快博得青睐，尽管每块“石壳手表”的售价高达 195 美元，产品仍供不应求。

案例三　彩色旅游鞋

国外有位老板在准备到中国投资办厂前夕，对我国市场进行考察，发现市场上的旅游鞋几乎是白色一统天下，毫无特色，于是这位老板果断决定投资办一家鞋厂，专门生产一种“彩色旅游鞋”。这种鞋投产后几乎销到哪里就热到哪里，这位老板也很快赚了大钱。

这样的案例还有很多，认真研究这些案例我们不难发现，只要你用脑去思考，商机无处不在。而我们往往是墨守成规，连大胆地去想都不敢，更别说去做了。

【本章小结】

- 大学生应该如何营销自己
  - 礼仪营销
    - 点头致意
    - 握手礼仪
    - 学会称呼对方
    - 要记住对方的名字
    - 注重办公室礼仪
  - 语言营销
    - 练好口才
    - 学会礼貌用语
  - 简历营销
    - 简历的关键点
    - 简历的要素
    - 简历的形式
  - 行为营销
    - 大学生如何平稳度过试用期
    - 别把成功想得那么难
    - 向上级汇报工作时应注意的问题

附 录

附录一 农药管理条例

（1997年5月8日中华人民共和国国务院令第216号发布
根据2001年11月29日《国务院关于修改〈农药管理条例〉的决定》修订
2017年2月8日国务院第164次常务会议修订通过）

第一章 总 则

第一条 为了加强农药管理，保证农药质量，保障农产品质量安全和人畜安全，保护农业、林业生产和生态环境，制定本条例。

第二条 本条例所称农药，是指用于预防、控制危害农业、林业的病、虫、草、鼠和其他有害生物以及有目的地调节植物、昆虫生长的化学合成或者来源于生物、其他天然物质的一种物质或者几种物质的混合物及其制剂。

前款规定的农药包括用于不同目的、场所的下列各类：

（一）预防、控制危害农业、林业的病、虫（包括昆虫、蜱、螨）、草、鼠、软体动物和其他有害生物；

（二）预防、控制仓储以及加工场所的病、虫、鼠和其他有害生物；

（三）调节植物、昆虫生长；

（四）农业、林业产品防腐或者保鲜；

（五）预防、控制蚊、蝇、蜚蠊、鼠和其他有害生物；

（六）预防、控制危害河流堤坝、铁路、码头、机场、建筑物和其他场所的有害生物。

第三条 国务院农业主管部门负责全国的农药监督管理工作。

县级以上地方人民政府农业主管部门负责本行政区域的农药监督管理工作。

县级以上人民政府其他有关部门在各自职责范围内负责有关的农药监督管理工作。

第四条 县级以上地方人民政府应当加强对农药监督管理工作的组织领导，将农药监督管理经费列入本级政府预算，保障农药监督管理工作的开展。

第五条 农药生产企业、农药经营者应当对其生产、经营的农药的安全性、有效性负责，自觉接受政府监管和社会监督。

农药生产企业、农药经营者应当加强行业自律，规范生产、经营行为。

第六条 国家鼓励和支持研制、生产、使用安全、高效、经济的农药，推进农药专业化使用，促进农药产业升级。

对在农药研制、推广和监督管理等工作中作出突出贡献的单位和个人，按照国家有关规定予以表彰或者奖励。

第二章 农药登记

第七条 国家实行农药登记制度。农药生产企业、向中国出口农药的企业应当依照本条例的规定申请农药登记，新农药研制者可以依照本条例的规定申请农药登记。

国务院农业主管部门所属的负责农药检定工作的机构负责农药登记具体工作。省、自治区、直辖市人民政府农业主管部门所属的负责农药检定工作的机构协助做好本行政区域的农药登记具体工作。

第八条 国务院农业主管部门组织成立农药登记评审委员会，负责农药登记评审。

农药登记评审委员会由下列人员组成：

(一)国务院农业、林业、卫生、环境保护、粮食、工业行业管理、安全生产监督管理等有关部门和供销合作总社等单位推荐的农药产品化学、药效、毒理、残留、环境、质量标准和检测等方面的专家；

(二)国家食品安全风险评估专家委员会的有关专家；

(三)国务院农业、林业、卫生、环境保护、粮食、工业行业管理、安全生产监督管理等有关部门和供销合作总社等单位的代表。

农药登记评审规则由国务院农业主管部门制定。

第九条 申请农药登记的，应当进行登记试验。

农药的登记试验应当报所在地省、自治区、直辖市人民政府农业主管部门备案。

新农药的登记试验应当向国务院农业主管部门提出申请。国务院农业主管部门应当自受理申请之日起 40 个工作日内对试验的安全风险及其防范措施进行审查，符合条件的，准予登记试验；不符合条件的，书面通知申请人并说明理由。

第十条 登记试验应当由国务院农业主管部门认定的登记试验单位按照国务院农业主管部门的规定进行。

与已取得中国农药登记的农药组成成分、使用范围和使用方法相同的农药，免予残留、环境试验，但已取得中国农药登记的农药依照本条例第十五条的规定在登记资料保护期内的，应当经农药登记证持有人授权同意。

登记试验单位应当对登记试验报告的真实性负责。

第十一条 登记试验结束后，申请人应当向所在地省、自治区、直辖市人民政府农业主管部门提出农药登记申请，并提交登记试验报告、标签样张和农药产品质量标准及其检验方法等申请资料；申请新农药登记的，还应当提供农药标准品。

省、自治区、直辖市人民政府农业主管部门应当自受理申请之日起 20 个工作日内提出初审意见，并报送国务院农业主管部门。

向中国出口农药的企业申请农药登记的，应当持本条第一款规定的资料、农药标准品以及在有关国家（地区）登记、使用的证明材料，向国务院农业主管部门提出申请。

第十二条　国务院农业主管部门受理申请或者收到省、自治区、直辖市人民政府农业主管部门报送的申请资料后，应当组织审查和登记评审，并自收到评审意见之日起 20 个工作日内作出审批决定，符合条件的，核发农药登记证；不符合条件的，书面通知申请人并说明理由。

第十三条　农药登记证应当载明农药名称、剂型、有效成分及其含量、毒性、使用范围、使用方法和剂量、登记证持有人、登记证号以及有效期等事项。

农药登记证有效期为 5 年。有效期届满，需要继续生产农药或者向中国出口农药的，农药登记证持有人应当在有效期届满 90 日前向国务院农业主管部门申请延续。

农药登记证载明事项发生变化的，农药登记证持有人应当按照国务院农业主管部门的规定申请变更农药登记证。

国务院农业主管部门应当及时公告农药登记证核发、延续、变更情况以及有关的农药产品质量标准号、残留限量规定、检验方法、经核准的标签等信息。

第十四条　新农药研制者可以转让其已取得登记的新农药的登记资料；农药生产企业可以向具有相应生产能力的农药生产企业转让其已取得登记的农药的登记资料。

第十五条　国家对取得首次登记的、含有新化合物的农药的申请人提交的其自己所取得且未披露的试验数据和其他数据实施保护。

自登记之日起 6 年内，对其他申请人未经已取得登记的申请人同意，使用前款规定的数据申请农药登记的，登记机关不予登记；但是，其他申请人提交其自己所取得的数据的除外。

除下列情况外，登记机关不得披露本条第一款规定的数据：

（一）公共利益需要；

（二）已采取措施确保该类信息不会被不正当地进行商业使用。

第三章　农药生产

第十六条　农药生产应当符合国家产业政策。国家鼓励和支持农药生产企业采用先进技术和先进管理规范，提高农药的安全性、有效性。

第十七条　国家实行农药生产许可制度。农药生产企业应当具备下列条件，并按照国务院农业主管部门的规定向省、自治区、直辖市人民政府农业主管部门申请农药生产许可证：

（一）有与所申请生产农药相适应的技术人员；

（二）有与所申请生产农药相适应的厂房、设施；

（三）有对所申请生产农药进行质量管理和质量检验的人员、仪器和设备；

（四）有保证所申请生产农药质量的规章制度。

省、自治区、直辖市人民政府农业主管部门应当自受理申请之日起 20 个工作日内作出审批决定，必要时应当进行实地核查。符合条件的，核发农药生产许可证；不符合条件的，书面通知申请人并说明理由。

安全生产、环境保护等法律、行政法规对企业生产条件有其他规定的，农药生产企业还应当遵守其规定。

第十八条　农药生产许可证应当载明农药生产企业名称、住所、法定代表人（负责人）、生产范围、生产地址以及有效期等事项。

农药生产许可证有效期为5年。有效期届满，需要继续生产农药的，农药生产企业应当在有效期届满90日前向省、自治区、直辖市人民政府农业主管部门申请延续。

农药生产许可证载明事项发生变化的，农药生产企业应当按照国务院农业主管部门的规定申请变更农药生产许可证。

第十九条　委托加工、分装农药的，委托人应当取得相应的农药登记证，受托人应当取得农药生产许可证。

委托人应当对委托加工、分装的农药质量负责。

第二十条　农药生产企业采购原材料，应当查验产品质量检验合格证和有关许可证明文件，不得采购、使用未依法附具产品质量检验合格证、未依法取得有关许可证明文件的原材料。

农药生产企业应当建立原材料进货记录制度，如实记录原材料的名称、有关许可证明文件编号、规格、数量、供货人名称及其联系方式、进货日期等内容。原材料进货记录应当保存2年以上。

第二十一条　农药生产企业应当严格按照产品质量标准进行生产，确保农药产品与登记农药一致。农药出厂销售，应当经质量检验合格并附具产品质量检验合格证。

农药生产企业应当建立农药出厂销售记录制度，如实记录农药的名称、规格、数量、生产日期和批号、产品质量检验信息、购货人名称及其联系方式、销售日期等内容。农药出厂销售记录应当保存2年以上。

第二十二条　农药包装应当符合国家有关规定，并印制或者贴有标签。国家鼓励农药生产企业使用可回收的农药包装材料。

农药标签应当按照国务院农业主管部门的规定，以中文标注农药的名称、剂型、有效成分及其含量、毒性及其标识、使用范围、使用方法和剂量、使用技术要求和注意事项、生产日期、可追溯电子信息码等内容。

剧毒、高毒农药以及使用技术要求严格的其他农药等限制使用农药的标签还应当标注“限制使用”字样，并注明使用的特别限制和特殊要求。用于食用农产品的农药的标签还应当标注安全间隔期。

第二十三条　农药生产企业不得擅自改变经核准的农药的标签内容，不得在农药的标签中标注虚假、误导使用者的内容。

农药包装过小，标签不能标注全部内容的，应当同时附具说明书，说明书的内容应当与经核准的标签内容一致。

第四章 农药经营

第二十四条 国家实行农药经营许可制度，但经营卫生用农药的除外。农药经营者应当具备下列条件，并按照国务院农业主管部门的规定向县级以上地方人民政府农业主管部门申请农药经营许可证：

（一）有具备农药和病虫害防治专业知识，熟悉农药管理规定，能够指导安全合理使用农药的经营人员；

（二）有与其他商品以及饮用水水源、生活区域等有效隔离的营业场所和仓储场所，并配备与所申请经营农药相适应的防护设施；

（三）有与所申请经营农药相适应的质量管理、台账记录、安全防护、应急处置、仓储管理等制度。

经营限制使用农药的，还应当配备相应的用药指导和病虫害防治专业技术人员，并按照所在地省、自治区、直辖市人民政府农业主管部门的规定实行定点经营。

县级以上地方人民政府农业主管部门应当自受理申请之日起20个工作日内作出审批决定。符合条件的，核发农药经营许可证；不符合条件的，书面通知申请人并说明理由。

第二十五条 农药经营许可证应当载明农药经营者名称、住所、负责人、经营范围以及有效期等事项。

农药经营许可证有效期为5年。有效期届满，需要继续经营农药的，农药经营者应当在有效期届满90日前向发证机关申请延续。

农药经营许可证载明事项发生变化的，农药经营者应当按照国务院农业主管部门的规定申请变更农药经营许可证。

取得农药经营许可证的农药经营者设立分支机构的，应当依法申请变更农药经营许可证，并向分支机构所在地县级以上地方人民政府农业主管部门备案，其分支机构免予办理农药经营许可证。农药经营者应当对其分支机构的经营活动负责。

第二十六条 农药经营者采购农药应当查验产品包装、标签、产品质量检验合格证以及有关许可证明文件，不得向未取得农药生产许可证的农药生产企业或者未取得农药经营许可证的其他农药经营者采购农药。

农药经营者应当建立采购台账，如实记录农药的名称、有关许可证明文件编号、规格、数量、生产企业和供货人名称及其联系方式、进货日期等内容。采购台账应当保存2年以上。

第二十七条 农药经营者应当建立销售台账，如实记录销售农药的名称、规格、数量、生产企业、购买人、销售日期等内容。销售台账应当保存2年以上。

农药经营者应当向购买人询问病虫害发生情况并科学推荐农药，必要时应当实地查看病虫害发生情况，并正确说明农药的使用范围、使用方法和剂量、使用技术要求和注意事项，不得误导购买人。

经营卫生用农药的，不适用本条第一款、第二款的规定。

第二十八条 农药经营者不得加工、分装农药，不得在农药中添加任何物质，不得采购、销售包装和标签不符合规定，未附具产品质量检验合格证，未取得有关许可证明文件的农药。

经营卫生用农药的，应当将卫生用农药与其他商品分柜销售；经营其他农药的，不得在农药经营场所内经营食品、食用农产品、饲料等。

第二十九条　境外企业不得直接在中国销售农药。境外企业在中国销售农药的，应当依法在中国设立销售机构或者委托符合条件的中国代理机构销售。

向中国出口的农药应当附具中文标签、说明书，符合产品质量标准，并经出入境检验检疫部门依法检验合格。禁止进口未取得农药登记证的农药。

办理农药进出口海关申报手续，应当按照海关总署的规定出示相关证明文件。

第五章　农药使用

第三十条　县级以上人民政府农业主管部门应当加强农药使用指导、服务工作，建立健全农药安全、合理使用制度，并按照预防为主、综合防治的要求，组织推广农药科学使用技术，规范农药使用行为。林业、粮食、卫生等部门应当加强对林业、储粮、卫生用农药安全、合理使用的技术指导，环境保护主管部门应当加强对农药使用过程中环境保护和污染防治的技术指导。

第三十一条　县级人民政府农业主管部门应当组织植物保护、农业技术推广等机构向农药使用者提供免费技术培训，提高农药安全、合理使用水平。

国家鼓励农业科研单位、有关学校、农民专业合作社、供销合作社、农业社会化服务组织和专业人员为农药使用者提供技术服务。

第三十二条　国家通过推广生物防治、物理防治、先进施药器械等措施，逐步减少农药使用量。

县级人民政府应当制定并组织实施本行政区域的农药减量计划；对实施农药减量计划、自愿减少农药使用量的农药使用者，给予鼓励和扶持。

县级人民政府农业主管部门应当鼓励和扶持设立专业化病虫害防治服务组织，并对专业化病虫害防治和限制使用农药的配药、用药进行指导、规范和管理，提高病虫害防治水平。

县级人民政府农业主管部门应当指导农药使用者有计划地轮换使用农药，减缓危害农业、林业的病、虫、草、鼠和其他有害生物的抗药性。

乡、镇人民政府应当协助开展农药使用指导、服务工作。

第三十三条　农药使用者应当遵守国家有关农药安全、合理使用制度，妥善保管农药，并在配药、用药过程中采取必要的防护措施，避免发生农药使用事故。

限制使用农药的经营者应当为农药使用者提供用药指导，并逐步提供统一用药服务。

第三十四条　农药使用者应当严格按照农药的标签标注的使用范围、使用方法和剂量、使用技术要求和注意事项使用农药，不得扩大使用范围、加大用药剂量或者改变使用方法。

农药使用者不得使用禁用的农药。

标签标注安全间隔期的农药，在农产品收获前应当按照安全间隔期的要求停止使用。

剧毒、高毒农药不得用于防治卫生害虫，不得用于蔬菜、瓜果、茶叶、菌类、中草药材的生产，不得用于水生植物的病虫害防治。

第三十五条　农药使用者应当保护环境，保护有益生物和珍稀物种，不得在饮用水水源保护区、河道内丢弃农药、农药包装物或者清洗施药器械。

严禁在饮用水水源保护区内使用农药，严禁使用农药毒鱼、虾、鸟、兽等。

第三十六条　农产品生产企业、食品和食用农产品仓储企业、专业化病虫害防治服务组织和从事农产品生产的农民专业合作社等应当建立农药使用记录，如实记录使用农药的时间、地点、对象以及农药名称、用量、生产企业等。农药使用记录应当保存2年以上。

国家鼓励其他农药使用者建立农药使用记录。

第三十七条　国家鼓励农药使用者妥善收集农药包装物等废弃物；农药生产企业、农药经营者应当回收农药废弃物，防止农药污染环境和农药中毒事故的发生。具体办法由国务院环境保护主管部门会同国务院农业主管部门、国务院财政部门等部门制定。

第三十八条　发生农药使用事故，农药使用者、农药生产企业、农药经营者和其他有关人员应当及时报告当地农业主管部门。

接到报告的农业主管部门应当立即采取措施，防止事故扩大，同时通知有关部门采取相应措施。造成农药中毒事故的，由农业主管部门和公安机关依照职责权限组织调查处理，卫生主管部门应当按照国家有关规定立即对受到伤害的人员组织医疗救治；造成环境污染事故的，由环境保护等有关部门依法组织调查处理；造成储粮药剂使用事故和农作物药害事故的，分别由粮食、农业等部门组织技术鉴定和调查处理。

第三十九条　因防治突发重大病虫害等紧急需要，国务院农业主管部门可以决定临时生产、使用规定数量的未取得登记或者禁用、限制使用的农药，必要时应当会同国务院对外贸易主管部门决定临时限制出口或者临时进口规定数量、品种的农药。

前款规定的农药，应当在使用地县级人民政府农业主管部门的监督和指导下使用。

第六章　监督管理

第四十条　县级以上人民政府农业主管部门应当定期调查统计农药生产、销售、使用情况，并及时通报本级人民政府有关部门。

县级以上地方人民政府农业主管部门应当建立农药生产、经营诚信档案并予以公布；发现违法生产、经营农药的行为涉嫌犯罪的，应当依法移送公安机关查处。

第四十一条　县级以上人民政府农业主管部门履行农药监督管理职责，可以依法采取下列措施：

(一)进入农药生产、经营、使用场所实施现场检查；

(二)对生产、经营、使用的农药实施抽查检测；

(三)向有关人员调查了解有关情况；

(四)查阅、复制合同、票据、账簿以及其他有关资料；

(五)查封、扣押违法生产、经营、使用的农药，以及用于违法生产、经营、使用农药的工具、设备、原材料等；

(六)查封违法生产、经营、使用农药的场所。

第四十二条　国家建立农药召回制度。农药生产企业发现其生产的农药对农业、林业、人畜安全、农产品质量安全、生态环境等有严重危害或者较大风险的，应当立即停止生产，通知有关经营者和使用者，向所在地农业主管部门报告，主动召回产品，并记录通知和召回情况。

农药经营者发现其经营的农药有前款规定的情形的，应当立即停止销售，通知有关生产企业、供货人和购买人，向所在地农业主管部门报告，并记录停止销售和通知情况。

农药使用者发现其使用的农药有本条第一款规定的情形的，应当立即停止使用，通知经营者，并向所在地农业主管部门报告。

第四十三条　国务院农业主管部门和省、自治区、直辖市人民政府农业主管部门应当组织负责农药检定工作的机构、植物保护机构对已登记农药的安全性和有效性进行监测。

发现已登记农药对农业、林业、人畜安全、农产品质量安全、生态环境等有严重危害或者较大风险的，国务院农业主管部门应当组织农药登记评审委员会进行评审，根据评审结果撤销、变更相应的农药登记证，必要时应当决定禁用或者限制使用并予以公告。

第四十四条　有下列情形之一的，认定为假农药：

（一）以非农药冒充农药；

（二）以此种农药冒充他种农药；

（三）农药所含有效成分种类与农药的标签、说明书标注的有效成分不符。

禁用的农药，未依法取得农药登记证而生产、进口的农药，以及未附具标签的农药，按照假农药处理。

第四十五条　有下列情形之一的，认定为劣质农药：

（一）不符合农药产品质量标准；

（二）混有导致药害等有害成分。

超过农药质量保证期的农药，按照劣质农药处理。

第四十六条　假农药、劣质农药和回收的农药废弃物等应当交由具有危险废物经营资质的单位集中处置，处置费用由相应的农药生产企业、农药经营者承担；农药生产企业、农药经营者不明确的，处置费用由所在地县级人民政府财政列支。

第四十七条　禁止伪造、变造、转让、出租、出借农药登记证、农药生产许可证、农药经营许可证等许可证明文件。

第四十八条　县级以上人民政府农业主管部门及其工作人员和负责农药检定工作的机构及其工作人员，不得参与农药生产、经营活动。

第七章　法律责任

第四十九条　县级以上人民政府农业主管部门及其工作人员有下列行为之一的，由本级人民政府责令改正；对负有责任的领导人员和直接责任人员，依法给予处分；负有责任的领导人员和直接责任人员构成犯罪的，依法追究刑事责任：

（一）不履行监督管理职责，所辖行政区域的违法农药生产、经营活动造成重大损失或者恶劣社会影响；

（二）对不符合条件的申请人准予许可或者对符合条件的申请人拒不准予许可；

(三)参与农药生产、经营活动;

(四)有其他徇私舞弊、滥用职权、玩忽职守行为。

第五十条　农药登记评审委员会组成人员在农药登记评审中谋取不正当利益的,由国务院农业主管部门从农药登记评审委员会除名;属于国家工作人员的,依法给予处分;构成犯罪的,依法追究刑事责任。

第五十一条　登记试验单位出具虚假登记试验报告的,由省、自治区、直辖市人民政府农业主管部门没收违法所得,并处5万元以上10万元以下罚款;由国务院农业主管部门从登记试验单位中除名,5年内不再受理其登记试验单位认定申请;构成犯罪的,依法追究刑事责任。

第五十二条　未取得农药生产许可证生产农药或者生产假农药的,由县级以上地方人民政府农业主管部门责令停止生产,没收违法所得、违法生产的产品和用于违法生产的工具、设备、原材料等,违法生产的产品货值金额不足1万元的,并处5万元以上10万元以下罚款,货值金额1万元以上的,并处货值金额10倍以上20倍以下罚款,由发证机关吊销农药生产许可证和相应的农药登记证;构成犯罪的,依法追究刑事责任。

取得农药生产许可证的农药生产企业不再符合规定条件继续生产农药的,由县级以上地方人民政府农业主管部门责令限期整改;逾期拒不整改或者整改后仍不符合规定条件的,由发证机关吊销农药生产许可证。

农药生产企业生产劣质农药的,由县级以上地方人民政府农业主管部门责令停止生产,没收违法所得、违法生产的产品和用于违法生产的工具、设备、原材料等,违法生产的产品货值金额不足1万元的,并处1万元以上5万元以下罚款,货值金额1万元以上的,并处货值金额5倍以上10倍以下罚款;情节严重的,由发证机关吊销农药生产许可证和相应的农药登记证;构成犯罪的,依法追究刑事责任。

委托未取得农药生产许可证的受托人加工、分装农药,或者委托加工、分装假农药、劣质农药的,对委托人和受托人均依照本条第一款、第三款的规定处罚。

第五十三条　农药生产企业有下列行为之一的,由县级以上地方人民政府农业主管部门责令改正,没收违法所得、违法生产的产品和用于违法生产的原材料等,违法生产的产品货值金额不足1万元的,并处1万元以上2万元以下罚款,货值金额1万元以上的,并处货值金额2倍以上5倍以下罚款;拒不改正或者情节严重的,由发证机关吊销农药生产许可证和相应的农药登记证:

(一)采购、使用未依法附具产品质量检验合格证、未依法取得有关许可证明文件的原材料;

(二)出厂销售未经质量检验合格并附具产品质量检验合格证的农药;

(三)生产的农药包装、标签、说明书不符合规定;

(四)不召回依法应当召回的农药。

第五十四条　农药生产企业不执行原材料进货、农药出厂销售记录制度,或者不履行农药废弃物回收义务的,由县级以上地方人民政府农业主管部门责令改正,处1万元以上5万元以下罚款;拒不改正或者情节严重的,由发证机关吊销农药生产许可证和相应的农药登记证。

第五十五条　农药经营者有下列行为之一的，由县级以上地方人民政府农业主管部门责令停止经营，没收违法所得、违法经营的农药和用于违法经营的工具、设备等，违法经营的农药货值金额不足1万元的，并处5 000元以上5万元以下罚款，货值金额1万元以上的，并处货值金额5倍以上10倍以下罚款；构成犯罪的，依法追究刑事责任：

(一)违反本条例规定，未取得农药经营许可证经营农药；

(二)经营假农药；

(三)在农药中添加物质。

有前款第二项、第三项规定的行为，情节严重的，还应当由发证机关吊销农药经营许可证。

取得农药经营许可证的农药经营者不再符合规定条件继续经营农药的，由县级以上地方人民政府农业主管部门责令限期整改；逾期拒不整改或者整改后仍不符合规定条件的，由发证机关吊销农药经营许可证。

第五十六条　农药经营者经营劣质农药的，由县级以上地方人民政府农业主管部门责令停止经营，没收违法所得、违法经营的农药和用于违法经营的工具、设备等，违法经营的农药货值金额不足1万元的，并处2 000元以上2万元以下罚款，货值金额1万元以上的，并处货值金额2倍以上5倍以下罚款；情节严重的，由发证机关吊销农药经营许可证；构成犯罪的，依法追究刑事责任。

第五十七条　农药经营者有下列行为之一的，由县级以上地方人民政府农业主管部门责令改正，没收违法所得和违法经营的农药，并处5 000元以上5万元以下罚款；拒不改正或者情节严重的，由发证机关吊销农药经营许可证：

(一)设立分支机构未依法变更农药经营许可证，或者未向分支机构所在地县级以上地方人民政府农业主管部门备案；

(二)向未取得农药生产许可证的农药生产企业或者未取得农药经营许可证的其他农药经营者采购农药；

(三)采购、销售未附具产品质量检验合格证或者包装、标签不符合规定的农药；

(四)不停止销售依法应当召回的农药。

第五十八条　农药经营者有下列行为之一的，由县级以上地方人民政府农业主管部门责令改正；拒不改正或者情节严重的，处2 000元以上2万元以下罚款，并由发证机关吊销农药经营许可证：

(一)不执行农药采购台账、销售台账制度；

(二)在卫生用农药以外的农药经营场所内经营食品、食用农产品、饲料等；

(三)未将卫生用农药与其他商品分柜销售；

(四)不履行农药废弃物回收义务。

第五十九条　境外企业直接在中国销售农药的，由县级以上地方人民政府农业主管部门责令停止销售，没收违法所得、违法经营的农药和用于违法经营的工具、设备等，违法经营的农药货值金额不足5万元的，并处5万元以上50万元以下罚款，货值金额5万元以上的，并处货值金额10倍以上20倍以下罚款，由发证机关吊销农药登记证。

取得农药登记证的境外企业向中国出口劣质农药情节严重或者出口假农药的，由国务院农业主管部门吊销相应的农药登记证。

第六十条　农药使用者有下列行为之一的，由县级人民政府农业主管部门责令改正，农药使用者为农产品生产企业、食品和食用农产品仓储企业、专业化病虫害防治服务组织和从事农产品生产的农民专业合作社等单位的，处5万元以上10万元以下罚款，农药使用者为个人的，处1万元以下罚款；构成犯罪的，依法追究刑事责任：

（一）不按照农药的标签标注的使用范围、使用方法和剂量、使用技术要求和注意事项、安全间隔期使用农药；

（二）使用禁用的农药；

（三）将剧毒、高毒农药用于防治卫生害虫，用于蔬菜、瓜果、茶叶、菌类、中草药材生产或者用于水生植物的病虫害防治；

（四）在饮用水水源保护区内使用农药；

（五）使用农药毒鱼、虾、鸟、兽等；

（六）在饮用水水源保护区、河道内丢弃农药、农药包装物或者清洗施药器械。

有前款第二项规定的行为的，县级人民政府农业主管部门还应当没收禁用的农药。

第六十一条　农产品生产企业、食品和食用农产品仓储企业、专业化病虫害防治服务组织和从事农产品生产的农民专业合作社等不执行农药使用记录制度的，由县级人民政府农业主管部门责令改正；拒不改正或者情节严重的，处2 000元以上2万元以下罚款。

第六十二条　伪造、变造、转让、出租、出借农药登记证、农药生产许可证、农药经营许可证等许可证明文件的，由发证机关收缴或者予以吊销，没收违法所得，并处1万元以上5万元以下罚款；构成犯罪的，依法追究刑事责任。

第六十三条　未取得农药生产许可证生产农药，未取得农药经营许可证经营农药，或者被吊销农药登记证、农药生产许可证、农药经营许可证的，其直接负责的主管人员10年内不得从事农药生产、经营活动。

农药生产企业、农药经营者招用前款规定的人员从事农药生产、经营活动的，由发证机关吊销农药生产许可证、农药经营许可证。

被吊销农药登记证的，国务院农业主管部门5年内不再受理其农药登记申请。

第六十四条　生产、经营的农药造成农药使用者人身、财产损害的，农药使用者可以向农药生产企业要求赔偿，也可以向农药经营者要求赔偿。属于农药生产企业责任的，农药经营者赔偿后有权向农药生产企业追偿；属于农药经营者责任的，农药生产企业赔偿后有权向农药经营者追偿。

第八章　附　　则

第六十五条　申请农药登记的，申请人应当按照自愿有偿的原则，与登记试验单位协商确定登记试验费用。

第六十六条　本条例自2017年6月1日起施行。

附录二　中华人民共和国种子法

《中华人民共和国种子法》已由中华人民共和国第十二届全国人民代表大会常务委员会第十七次会议于2015年11月4日修订通过，现将修订后的《中华人民共和国种子法》公布，自2016年1月1日起施行。

中华人民共和国主席　习近平

（2000年7月8日第九届全国人民代表大会常务委员会第十六次会议通过。根据2004年8月28日第十届全国人民代表大会常务委员会第十一次会议《关于修改〈中华人民共和国种子法〉的决定》第一次修正。根据2013年6月29日第十二届全国人民代表大会常务委员会第三次会议《关于修改〈中华人民共和国文物保护法〉等十二部法律的决定》第二次修正。2015年11月4日第十二届全国人民代表大会常务委员会第十七次会议修订）

第一章　总则

第二章　种质资源保护

第三章　品种选育、审定与登记

第四章　新品种保护

第五章　种子生产经营

第六章　种子监督管理

第七章　种子进出口和对外合作

第八章　扶持措施

第九章　法律责任

第十章　附则

第一章　总　　则

第一条　为了保护和合理利用种质资源，规范品种选育、种子生产经营和管理行为，保护植物新品种权，维护种子生产经营者、使用者的合法权益，提高种子质量，推动种子产业化，发展现代种业，保障国家粮食安全，促进农业和林业的发展，制定本法。

第二条　在中华人民共和国境内从事品种选育、种子生产经营和管理等活动，适用本法。

本法所称种子，是指农作物和林木的种植材料或者繁殖材料，包括籽粒、果实、根、茎、苗、芽、叶、花等。

第三条　国务院农业、林业主管部门分别主管全国农作物种子和林木种子工作；县级以上地方人民政府农业、林业主管部门分别主管本行政区域内农作物种子和林木种子工作。

各级人民政府及其有关部门应当采取措施，加强种子执法和监督，依法惩处侵害农民权益的种子违法行为。

第四条　国家扶持种质资源保护工作和选育、生产、更新、推广使用良种，鼓励品种选育和种子生产经营相结合，奖励在种质资源保护工作和良种选育、推广等工作中成绩显著的单位和个人。

第五条　省级以上人民政府应当根据科教兴农方针和农业、林业发展的需要制定种业发展规划并组织实施。

第六条　省级以上人民政府建立种子储备制度，主要用于发生灾害时的生产需要及余缺调剂，保障农业和林业生产安全。对储备的种子应当定期检验和更新。种子储备的具体办法由国务院规定。

第七条　转基因植物品种的选育、试验、审定和推广应当进行安全性评价，并采取严格的安全控制措施。国务院农业、林业主管部门应当加强跟踪监管并及时公告有关转基因植物品种审定和推广的信息。具体办法由国务院规定。

第二章　种质资源保护

第八条　国家依法保护种质资源，任何单位和个人不得侵占和破坏种质资源。

禁止采集或者采伐国家重点保护的天然种质资源。因科研等特殊情况需要采集或者采伐的，应当经国务院或者省、自治区、直辖市人民政府的农业、林业主管部门批准。

第九条　国家有计划地普查、收集、整理、鉴定、登记、保存、交流和利用种质资源，定期公布可供利用的种质资源目录。具体办法由国务院农业、林业主管部门规定。

第十条　国务院农业、林业主管部门应当建立种质资源库、种质资源保护区或者种质资源保护地。省、自治区、直辖市人民政府农业、林业主管部门可以根据需要建立种质资源库、种质资源保护区、种质资源保护地。种质资源库、种质资源保护区、种质资源保护地的种质资源属公共资源，依法开放利用。

占用种质资源库、种质资源保护区或者种质资源保护地的，需经原设立机关同意。

第十一条　国家对种质资源享有主权，任何单位和个人向境外提供种质资源，或者与境外机构、个人开展合作研究利用种质资源的，应当向省、自治区、直辖市人民政府农业、林业主管部门提出申请，并提交国家共享惠益的方案；受理申请的农业、林业主管部门经审核，报国务院农业、林业主管部门批准。

从境外引进种质资源的，依照国务院农业、林业主管部门的有关规定办理。

第三章　品种选育、审定与登记

第十二条　国家支持科研院所及高等院校重点开展育种的基础性、前沿性和应用技术研究，以及常规作物、主要造林树种育种和无性繁殖材料选育等公益性研究。

国家鼓励种子企业充分利用公益性研究成果，培育具有自主知识产权的优良品种；鼓励种子企业与科研院所及高等院校构建技术研发平台，建立以市场为导向、资本为纽带、利益共享、风险共担的产学研相结合的种业技术创新体系。

国家加强种业科技创新能力建设，促进种业科技成果转化，维护种业科技人员的合法权益。

第十三条　由财政资金支持形成的育种发明专利权和植物新品种权，除涉及国家安全、国家利益和重大社会公共利益的外，授权项目承担者依法取得。

由财政资金支持为主形成的育种成果的转让、许可等应当依法公开进行，禁止私自交易。

第十四条　单位和个人因林业主管部门为选育林木良种建立测定林、试验林、优树收集区、基因库等而减少经济收入的，批准建立的林业主管部门应当按照国家有关规定给予经济补偿。

第十五条　国家对主要农作物和主要林木实行品种审定制度。主要农作物品种和主要林木品种在推广前应当通过国家级或者省级审定。由省、自治区、直辖市人民政府林业主管部门确定的主要林木品种实行省级审定。

申请审定的品种应当符合特异性、一致性、稳定性要求。

主要农作物品种和主要林木品种的审定办法由国务院农业、林业主管部门规定。审定办法应当体现公正、公开、科学、效率的原则，有利于产量、品质、抗性等的提高与协调，有利于适应市场和生活消费需要的品种的推广。在制定、修改审定办法时，应当充分听取育种者、种子使用者、生产经营者和相关行业代表意见。

第十六条　国务院和省、自治区、直辖市人民政府的农业、林业主管部门分别设立由专业人员组成的农作物品种和林木品种审定委员会。品种审定委员会承担主要农作物品种和主要林木品种的审定工作，建立包括申请文件、品种审定试验数据、种子样品、审定意见和审定结论等内容的审定档案，保证可追溯。在审定通过的品种依法公布的相关信息中应当包括审定意见情况，接受监督。

品种审定实行回避制度。品种审定委员会委员、工作人员及相关测试、试验人员应当忠于职守，公正廉洁。对单位和个人举报或者监督检查发现的上述人员的违法行为，省级以上人民政府农业、林业主管部门和有关机关应当及时依法处理。

第十七条　实行选育生产经营相结合，符合国务院农业、林业主管部门规定条件的种子企业，对其自主研发的主要农作物品种、主要林木品种可以按照审定办法自行完成试验，达到审定标准的，品种审定委员会应当颁发审定证书。种子企业对试验数据的真实性负责，保证可追溯，接受省级以上人民政府农业、林业主管部门和社会的监督。

第十八条　审定未通过的农作物品种和林木品种，申请人有异议的，可以向原审定委员会或者国家级审定委员会申请复审。

第十九条　通过国家级审定的农作物品种和林木良种由国务院农业、林业主管部门公告，可以在全国适宜的生态区域推广。通过省级审定的农作物品种和林木良种由省、自治区、直辖市人民政府农业、林业主管部门公告，可以在本行政区域内适宜的生态区域推广；其他省、自治区、直辖市属于同一适宜生态区的地域引种农作物品种、林木良种的，引种者应当将引种的品种和区域报所在省、自治区、直辖市人民政府农业、林业主管部门备案。

引种本地区没有自然分布的林木品种，应当按照国家引种标准通过试验。

第二十条　省、自治区、直辖市人民政府农业、林业主管部门应当完善品种选育、审定工作的区域协作机制，促进优良品种的选育和推广。

第二十一条　审定通过的农作物品种和林木良种出现不可克服的严重缺陷等情形不宜继续推广、销售的，经原审定委员会审核确认后，撤销审定，由原公告部门发布公告，停止推广、销售。

第二十二条　国家对部分非主要农作物实行品种登记制度。列入非主要农作物登记目录的品种在推广前应当登记。

实行品种登记的农作物范围应当严格控制，并根据保护生物多样性、保证消费安全和用种安全的原则确定。登记目录由国务院农业主管部门制定和调整。

申请者申请品种登记应当向省、自治区、直辖市人民政府农业主管部门提交申请文件和种子样品，并对其真实性负责，保证可追溯，接受监督检查。申请文件包括品种的种类、名称、来源、特性、育种过程以及特异性、一致性、稳定性测试报告等。

省、自治区、直辖市人民政府农业主管部门自受理品种登记申请之日起二十个工作日内，对申请者提交的申请文件进行书面审查，符合要求的，报国务院农业主管部门予以登记公告。

对已登记品种存在申请文件、种子样品不实的，由国务院农业主管部门撤销该品种登记，并将该申请者的违法信息记入社会诚信档案，向社会公布；给种子使用者和其他种子生产经营者造成损失的，依法承担赔偿责任。

对已登记品种出现不可克服的严重缺陷等情形的，由国务院农业主管部门撤销登记，并发布公告，停止推广。

非主要农作物品种登记办法由国务院农业主管部门规定。

第二十三条　应当审定的农作物品种未经审定的，不得发布广告、推广、销售。

应当审定的林木品种未经审定通过的，不得作为良种推广、销售，但生产确需使用的，应当经林木品种审定委员会认定。

应当登记的农作物品种未经登记的，不得发布广告、推广，不得以登记品种的名义销售。

第二十四条　在中国境内没有经常居所或者营业场所的境外机构、个人在境内申请品种审定或者登记的，应当委托具有法人资格的境内种子企业代理。

第四章　新品种保护

第二十五条　国家实行植物新品种保护制度。对国家植物品种保护名录内经过人工选育或者发现的野生植物加以改良，具备新颖性、特异性、一致性、稳定性和适当命名的植物品种，由国务院农业、林业主管部门授予植物新品种权，保护植物新品种权所有人的合法权益。植物新品种权的内容和归属、授予条件、申请和受理、审查与批准，以及期限、终止和无效等依照本法、有关法律和行政法规规定执行。

国家鼓励和支持种业科技创新、植物新品种培育及成果转化。取得植物新品种权的品种得到推广应用的，育种者依法获得相应的经济利益。

第二十六条　一个植物新品种只能授予一项植物新品种权。两个以上的申请人分别就同一个品种申请植物新品种权的，植物新品种权授予最先申请的人；同时申请的，植物新品种权授予最先完成该品种育种的人。

对违反法律，危害社会公共利益、生态环境的植物新品种，不授予植物新品种权。

第二十七条　授予植物新品种权的植物新品种名称，应当与相同或者相近的植物属或者种中已知品种的名称相区别。该名称经授权后即为该植物新品种的通用名称。

下列名称不得用于授权品种的命名：

(一)仅以数字表示的；

(二)违反社会公德的；

(三)对植物新品种的特征、特性或者育种者身份等容易引起误解的。

同一植物品种在申请新品种保护、品种审定、品种登记、推广、销售时只能使用同一个名称。生产推广、销售的种子应当与申请植物新品种保护、品种审定、品种登记时提供的样品相符。

第二十八条　完成育种的单位或者个人对其授权品种，享有排他的独占权。任何单位或者个人未经植物新品种权所有人许可，不得生产、繁殖或者销售该授权品种的繁殖材料，不得为商业目的将该授权品种的繁殖材料重复使用于生产另一品种的繁殖材料；但是本法、有关法律、行政法规另有规定的除外。

第二十九条　在下列情况下使用授权品种的，可以不经植物新品种权所有人许可，不向其支付使用费，但不得侵犯植物新品种权所有人依照本法、有关法律、行政法规享有的其他权利：

(一)利用授权品种进行育种及其他科研活动；

(二)农民自繁自用授权品种的繁殖材料。

第三十条　为了国家利益或者社会公共利益，国务院农业、林业主管部门可以作出实施植物新品种权强制许可的决定，并予以登记和公告。

取得实施强制许可的单位或者个人不享有独占的实施权，并且无权允许他人实施。

第五章　种子生产经营

第三十一条　从事种子进出口业务的种子生产经营许可证，由省、自治区、直辖市人民政府农业、林业主管部门审核，国务院农业、林业主管部门核发。

从事主要农作物杂交种子及其亲本种子、林木良种种子的生产经营以及实行选育生产经营相结合，符合国务院农业、林业主管部门规定条件的种子企业的种子生产经营许可证，由生产经营者所在地县级人民政府农业、林业主管部门审核，省、自治区、直辖市人民政府农业、林业主管部门核发。

前两款规定以外的其他种子的生产经营许可证，由生产经营者所在地县级以上地方人民政府农业、林业主管部门核发。

只从事非主要农作物种子和非主要林木种子生产的，不需要办理种子生产经营许可证。

第三十二条　申请取得种子生产经营许可证的，应当具有与种子生产经营相适应的生产经营设施、设备及专业技术人员，以及法规和国务院农业、林业主管部门规定的其他条件。

从事种子生产的，还应当同时具有繁殖种子的隔离和培育条件，具有无检疫性有害生物的种子生产地点或者县级以上人民政府林业主管部门确定的采种林。

申请领取具有植物新品种权的种子生产经营许可证的，应当征得植物新品种权所有人的书面同意。

第三十三条　种子生产经营许可证应当载明生产经营者名称、地址、法定代表人、生产种子的品种、地点和种子经营的范围、有效期限、有效区域等事项。

前款事项发生变更的，应当自变更之日起三十日内，向原核发许可证机关申请变更登记。

除本法另有规定外，禁止任何单位和个人无种子生产经营许可证或者违反种子生产经营许可证的规定生产、经营种子。禁止伪造、变造、买卖、租借种子生产经营许可证。

第三十四条　种子生产应当执行种子生产技术规程和种子检验、检疫规程。

第三十五条　在林木种子生产基地内采集种子的，由种子生产基地的经营者组织进行，采集种子应当按照国家有关标准进行。

禁止抢采掠青、损坏母树，禁止在劣质林内、劣质母树上采集种子。

第三十六条　种子生产经营者应当建立和保存包括种子来源、产地、数量、质量、销售去向、销售日期和有关责任人员等内容的生产经营档案，保证可追溯。种子生产经营档案的具体载明事项，种子生产经营档案及种子样品的保存期限由国务院农业、林业主管部门规定。

第三十七条　农民个人自繁自用的常规种子有剩余的，可以在当地集贸市场上出售、串换，不需要办理种子生产经营许可证。

第三十八条　种子生产经营许可证的有效区域由发证机关在其管辖范围内确定。种子生产经营者在种子生产经营许可证载明的有效区域设立分支机构的，专门经营不再分装的包装种子的，或者受具有种子生产经营许可证的种子生产经营者以书面委托生产、代销其种子的，不需要办理种子生产经营许可证，但应当向当地农业、林业主管部门备案。

实行选育生产经营相结合，符合国务院农业、林业主管部门规定条件的种子企业的生产经营许可证的有效区域为全国。

第三十九条　未经省、自治区、直辖市人民政府林业主管部门批准，不得收购珍贵树木种子和本级人民政府规定限制收购的林木种子。

第四十条　销售的种子应当加工、分级、包装。但是不能加工、包装的除外。

大包装或者进口种子可以分装；实行分装的，应当标注分装单位，并对种子质量负责。

第四十一条　销售的种子应当符合国家或者行业标准，附有标签和使用说明。标签和使用说明标注的内容应当与销售的种子相符。种子生产经营者对标注内容的真实性和种子质量负责。

标签应当标注种子类别、品种名称、品种审定或者登记编号、品种适宜种植区域及季节、生产经营者及注册地、质量指标、检疫证明编号、种子生产经营许可证编号和信息代码，以及国务院农业、林业主管部门规定的其他事项。

销售授权品种种子的，应当标注品种权号。

销售进口种子的，应当附有进口审批文号和中文标签。

销售转基因植物品种种子的，必须用明显的文字标注，并应当提示使用时的安全控制措施。

种子生产经营者应当遵守有关法律、法规的规定，诚实守信，向种子使用者提供种子生产者信息、种子的主要性状、主要栽培措施、适应性等使用条件的说明、风险提示与有关咨询服务，不得作虚假或者引人误解的宣传。

任何单位和个人不得非法干预种子生产经营者的生产经营自主权。

第四十二条　种子广告的内容应当符合本法和有关广告的法律、法规的规定，主要性状描述等应当与审定、登记公告一致。

第四十三条　运输或者邮寄种子应当依照有关法律、行政法规的规定进行检疫。

第四十四条　种子使用者有权按照自己的意愿购买种子，任何单位和个人不得非法干预。

第四十五条　国家对推广使用林木良种造林给予扶持。国家投资或者国家投资为主的造林项目和国有林业单位造林，应当根据林业主管部门制定的计划使用林木良种。

第四十六条　种子使用者因种子质量问题或者因种子的标签和使用说明标注的内容不真实，遭受损失的，种子使用者可以向出售种子的经营者要求赔偿，也可以向种子生产者或者其他经营者要求赔偿。赔偿额包括购种价款、可得利益损失和其他损失。属于种子生产者或者其他经营者责任的，出售种子的经营者赔偿后，有权向种子生产者或者其他经营者追偿；属于出售种子的经营者责任的，种子生产者或者其他经营者赔偿后，有权向出售种子的经营者追偿。

第六章　种子监督管理

第四十七条　农业、林业主管部门应当加强对种子质量的监督检查。种子质量管理办法、行业标准和检验方法，由国务院农业、林业主管部门制定。

农业、林业主管部门可以采用国家规定的快速检测方法对生产经营的种子品种进行检测，检测结果可以作为行政处罚依据。被检查人对检测结果有异议的，可以申请复检，复检不得采用同一检测方法。因检测结果错误给当事人造成损失的，依法承担赔偿责任。

第四十八条　农业、林业主管部门可以委托种子质量检验机构对种子质量进行检验。

承担种子质量检验的机构应当具备相应的检测条件、能力，并经省级以上人民政府有关主管部门考核合格。

种子质量检验机构应当配备种子检验员。种子检验员应当具有中专以上有关专业学历，具备相应的种子检验技术能力和水平。

第四十九条　禁止生产经营假、劣种子。农业、林业主管部门和有关部门依法打击生产经营假、劣种子的违法行为，保护农民合法权益，维护公平竞争的市场秩序。

下列种子为假种子：

(一)种子种类、品种与标签标注的内容不符或者没有标签的。

(二)以非种子冒充种子或者以此种品种种子冒充其他品种种子的；

下列种子为劣种子：

(一)质量低于国家规定标准的；

(二)质量低于标签标注指标的；

(三)带有国家规定的检疫性有害生物的。

第五十条　农业、林业主管部门是种子行政执法机关。种子执法人员依法执行公务时应当出示行政执法证件。农业、林业主管部门依法履行种子监督检查职责时，有权采取下列措施：

(一)进入生产经营场所进行现场检查；

(二)对种子进行取样测试、试验或者检验；

(三)查阅、复制有关合同、票据、账簿、生产经营档案及其他有关资料；

(四)查封、扣押有证据证明违法生产经营的种子，以及用于违法生产经营的工具、设备及运输工具等；

(五)查封违法从事种子生产经营活动的场所。

农业、林业主管部门依照本法规定行使职权，当事人应当协助、配合，不得拒绝、阻挠。

农业、林业主管部门所属的综合执法机构或者受其委托的种子管理机构，可以开展种子执法相关工作。

第五十一条　种子生产经营者依法自愿成立种子行业协会，加强行业自律管理，维护成员合法权益，为成员和行业发展提供信息交流、技术培训、信用建设、市场营销和咨询等服务。

第五十二条　种子生产经营者可自愿向具有资质的认证机构申请种子质量认证。经认证合格的，可以在包装上使用认证标识。

第五十三条　由于不可抗力原因，为生产需要必须使用低于国家或者地方规定标准的农作物种子的，应当经用种地县级以上地方人民政府批准；林木种子应当经用种地省、自治区、直辖市人民政府批准。

第五十四条　从事品种选育和种子生产经营以及管理的单位和个人应当遵守有关植物检疫法律、行政法规的规定，防止植物危险性病、虫、杂草及其他有害生物的传播和蔓延。

禁止任何单位和个人在种子生产基地从事检疫性有害生物接种试验。

第五十五条　省级以上人民政府农业、林业主管部门应当在统一的政府信息发布平台上发布品种审定、品种登记、新品种保护、种子生产经营许可、监督管理等信息。

国务院农业、林业主管部门建立植物品种标准样品库，为种子监督管理提供依据。

第五十六条　农业、林业主管部门及其工作人员，不得参与和从事种子生产经营活动。

第七章　种子进出口和对外合作

第五十七条　进口种子和出口种子必须实施检疫，防止植物危险性病、虫、杂草及其他有害生物传入境内和传出境外，具体检疫工作按照有关植物进出境检疫法律、行政法规的规定执行。

第五十八条　从事种子进出口业务的，除具备种子生产经营许可证外，还应当依照国家有关规定取得种子进出口许可。

从境外引进农作物、林木种子的审定权限，农作物、林木种子的进口审批办法，引进转基因植物品种的管理办法，由国务院规定。

第五十九条　进口种子的质量，应当达到国家标准或者行业标准。没有国家标准或者行业标准的，可以按照合同约定的标准执行。

第六十条　为境外制种进口种子的，可以不受本法第五十八条第一款的限制，但应当具有对外制种合同，进口的种子只能用于制种，其产品不得在境内销售。

从境外引进农作物或者林木试验用种，应当隔离栽培，收获物也不得作为种子销售。

第六十一条　禁止进出口假、劣种子以及属于国家规定不得进出口的种子。

第六十二条　国家建立种业国家安全审查机制。境外机构、个人投资、并购境内种子企业，或者与境内科研院所、种子企业开展技术合作，从事品种研发、种子生产经营的审批管理依照有关法律、行政法规的规定执行。

第八章　扶持措施

第六十三条　国家加大对种业发展的支持。对品种选育、生产、示范推广、种质资源保护、种子储备以及制种大县给予扶持。

国家鼓励推广使用高效、安全制种采种技术和先进适用的制种采种机械，将先进适用的制种采种机械纳入农机具购置补贴范围。

国家积极引导社会资金投资种业。

第六十四条　国家加强种业公益性基础设施建设。

对优势种子繁育基地内的耕地，划入基本农田保护区，实行永久保护。优势种子繁育基地由国务院农业主管部门商所在省、自治区、直辖市人民政府确定。

第六十五条　对从事农作物和林木品种选育、生产的种子企业，按照国家有关规定给予扶持。

第六十六条　国家鼓励和引导金融机构为种子生产经营和收储提供信贷支持。

第六十七条　国家支持保险机构开展种子生产保险。省级以上人民政府可以采取保险费补贴等措施，支持发展种业生产保险。

第六十八条　国家鼓励科研院所及高等院校与种子企业开展育种科技人员交流，支持本单位的科技人员到种子企业从事育种成果转化活动；鼓励育种科研人才创新创业。

第六十九条　国务院农业、林业主管部门和异地繁育种子所在地的省、自治区、直辖市人民政府应当加强对异地繁育种子工作的管理和协调，交通运输部门应当优先保证种子的运输。

第九章　法律责任

第七十条　农业、林业主管部门不依法作出行政许可决定，发现违法行为或者接到对违法行为的举报不予查处，或者有其他未依照本法规定履行职责的行为的，由本级人民政府或者上级人民政府有关部门责令改正，对负有责任的主管人员和其他直接责任人员依法给予处分。

违反本法第五十六条规定，农业、林业主管部门工作人员从事种子生产经营活动的，依法给予处分。

第七十一条　违反本法第十六条规定，品种审定委员会委员和工作人员不依法履行职责，弄虚作假、徇私舞弊的，依法给予处分；自处分决定作出之日起五年内不得从事品种审定工作。

第七十二条　品种测试、试验和种子质量检验机构伪造测试、试验、检验数据或者出具虚假证明的，由县级以上人民政府农业、林业主管部门责令改正，对单位处五万元以上十万元以下罚款，对直接负责的主管人员和其他直接责任人员处一万元以上五万元以下罚款；有违法所得的，并处没收违法所得；给种子使用者和其他种子生产经营者造成损失的，与种子生产经营者承担连带责任；情节严重的，由省级以上人民政府有关主管部门取消种子质量检验资格。

第七十三条　违反本法第二十八条规定，有侵犯植物新品种权行为的，由当事人协商解决，不愿协商或者协商不成的，植物新品种权所有人或者利害关系人可以请求县级以上人民政府农业、林业主管部门进行处理，也可以直接向人民法院提起诉讼。

县级以上人民政府农业、林业主管部门，根据当事人自愿的原则，对侵犯植物新品种权所造成的损害赔偿可以进行调解。调解达成协议的，当事人应当履行；当事人不履行协议或者调解未达成协议的，植物新品种权所有人或者利害关系人可以依法向人民法院提起诉讼。

侵犯植物新品种权的赔偿数额按照权利人因被侵权所受到的实际损失确定；实际损失难以确定的，可以按照侵权人因侵权所获得的利益确定。权利人的损失或者侵权人获得的利益难以确定的，可以参照该植物新品种权许可使用费的倍数合理确定。赔偿数额应当包括权利人为制止侵权行为所支付的合理开支。侵犯植物新品种权，情节严重的，可以在按照上述方法确定数额的一倍以上三倍以下确定赔偿数额。

权利人的损失、侵权人获得的利益和植物新品种权许可使用费均难以确定的，人民法院可以根据植物新品种权的类型、侵权行为的性质和情节等因素，确定给予三百万元以下的赔偿。

县级以上人民政府农业、林业主管部门处理侵犯植物新品种权案件时，为了维护社会公共利益，责令侵权人停止侵权行为，没收违法所得和种子；货值金额不足五万元的，并处一万元以上二十五万元以下罚款；货值金额五万元以上的，并处货值金额五倍以上十倍以下罚款。

假冒授权品种的，由县级以上人民政府农业、林业主管部门责令停止假冒行为，没收违法所得和种子；货值金额不足五万元的，并处一万元以上二十五万元以下罚款；货值金额五万元以上的，并处货值金额五倍以上十倍以下罚款。

第七十四条　当事人就植物新品种的申请权和植物新品种权的权属发生争议的，可以向人民法院提起诉讼。

第七十五条　违反本法第四十九条规定，生产经营假种子的，由县级以上人民政府农业、林业主管部门责令停止生产经营，没收违法所得和种子，吊销种子生产经营许可证；违法生产经营的货值金额不足一万元的，并处一万元以上十万元以下罚款；货值金额一万元以上的，并处货值金额十倍以上二十倍以下罚款。

因生产经营假种子犯罪被判处有期徒刑以上刑罚的，种子企业或者其他单位的法定代表人、直接负责的主管人员自刑罚执行完毕之日起五年内不得担任种子企业的法定代表人、高级管理人员。

第七十六条　违反本法第四十九条规定，生产经营劣种子的，由县级以上人民政府农业、林业主管部门责令停止生产经营，没收违法所得和种子；违法生产经营的货值金额不足一万元的，并处五千元以上五万元以下罚款；货值金额一万元以上的，并处货值金额五倍以上十倍以下罚款；情节严重的，吊销种子生产经营许可证。

因生产经营劣种子犯罪被判处有期徒刑以上刑罚的，种子企业或者其他单位的法定代表人、直接负责的主管人员自刑罚执行完毕之日起五年内不得担任种子企业的法定代表人、高级管理人员。

第七十七条　违反本法第三十二条、第三十三条规定，有下列行为之一的，由县级以上人民政府农业、林业主管部门责令改正，没收违法所得和种子；违法生产经营的货值金额不足一万元的，并处三千元以上三万元以下罚款；货值金额一万元以上的，并处货值金额三倍以上五倍以下罚款；可以吊销种子生产经营许可证：

（一）未取得种子生产经营许可证生产经营种子的；

（二）以欺骗、贿赂等不正当手段取得种子生产经营许可证的；

（三）未按照种子生产经营许可证的规定生产经营种子的；

（四）伪造、变造、买卖、租借种子生产经营许可证的。

被吊销种子生产经营许可证的单位，其法定代表人、直接负责的主管人员自处罚决定作出之日起五年内不得担任种子企业的法定代表人、高级管理人员。

第七十八条　违反本法第二十一条、第二十二条、第二十三条规定，有下列行为之一的，由县级以上人民政府农业、林业主管部门责令停止违法行为，没收违法所得和种子，并处二万元以上二十万元以下罚款：

（一）对应当审定未经审定的农作物品种进行推广、销售的；

（二）作为良种推广、销售应当审定未经审定的林木品种的；

（三）推广、销售应当停止推广、销售的农作物品种或者林木良种的；

（四）对应当登记未经登记的农作物品种进行推广，或者以登记品种的名义进行销售的；

（五）对已撤销登记的农作物品种进行推广，或者以登记品种的名义进行销售的。

违反本法第二十三条、第四十二条规定，对应当审定未经审定或者应当登记未经登记的农作物品种发布广告，或者广告中有关品种的主要性状描述的内容与审定、登记公告不一致的，依照《中华人民共和国广告法》的有关规定追究法律责任。

第七十九条　违反本法第五十八条、第六十条、第六十一条规定，有下列行为之一的，由县级以上人民政府农业、林业主管部门责令改正，没收违法所得和种子；违法生产经营的货值金额不足一万元的，并处三千元以上三万元以下罚款；货值金额一万元以上的，并处货值金额三倍以上五倍以下罚款；情节严重的，吊销种子生产经营许可证：

（一）未经许可进出口种子的；

（二）为境外制种的种子在境内销售的；

（三）从境外引进农作物或者林木种子进行引种试验的收获物作为种子在境内销售的；

（四）进出口假、劣种子或者属于国家规定不得进出口的种子的。

第八十条　违反本法第三十六条、第三十八条、第四十条、第四十一条规定，有下列行为之一的，由县级以上人民政府农业、林业主管部门责令改正，处二千元以上二万元以下罚款：

（一）销售的种子应当包装而没有包装的；

（二）销售的种子没有使用说明或者标签内容不符合规定的；

（三）涂改标签的；

（四）未按规定建立、保存种子生产经营档案的；

（五）种子生产经营者在异地设立分支机构、专门经营不再分装的包装种子或者受委托生产、代销种子，未按规定备案的。

第八十一条　违反本法第八条规定，侵占、破坏种质资源，私自采集或者采伐国家重点保护的天然种质资源的，由县级以上人民政府农业、林业主管部门责令停止违法行为，没收种质资源和违法所得，并处五千元以上五万元以下罚款；造成损失的，依法承担赔偿责任。

第八十二条　违反本法第十一条规定，向境外提供或者从境外引进种质资源，或者与境外机构、个人开展合作研究利用种质资源的，由国务院或者省、自治区、直辖市人民政府的农业、林业主管部门没收种质资源和违法所得，并处二万元以上二十万元以下罚款。

未取得农业、林业主管部门的批准文件携带、运输种质资源出境的，海关应当将该种质资源扣留，并移送省、自治区、直辖市人民政府农业、林业主管部门处理。

第八十三条　违反本法第三十五条规定，抢采掠青、损坏母树或者在劣质林内、劣质母树上采种的，由县级以上人民政府林业主管部门责令停止采种行为，没收所采种子，并处所采种子货值金额二倍以上五倍以下罚款。

第八十四条　违反本法第三十九条规定，收购珍贵树木种子或者限制收购的林木种子的，由县级以上人民政府林业主管部门没收所收购的种子，并处收购种子货值金额二倍以上五倍以下罚款。

第八十五条　违反本法第十七条规定，种子企业有造假行为的，由省级以上人民政府农业、林业主管部门处一百万元以上五百万元以下罚款；不得再依照本法第十七条的规定申请品种审定；给种子使用者和其他种子生产经营者造成损失的，依法承担赔偿责任。

第八十六条　违反本法第四十五条规定，未根据林业主管部门制定的计划使用林木良种的，由同级人民政府林业主管部门责令限期改正；逾期未改正的，处三千元以上三万元以下罚款。

第八十七条　违反本法第五十四条规定，在种子生产基地进行检疫性有害生物接种试验的，由县级以上人民政府农业、林业主管部门责令停止试验，处五千元以上五万元以下罚款。

第八十八条　违反本法第五十条规定，拒绝、阻挠农业、林业主管部门依法实施监督检查的，处二千元以上五万元以下罚款，可以责令停产停业整顿；构成违反治安管理行为的，由公安机关依法给予治安管理处罚。

第八十九条　违反本法第十三条规定，私自交易育种成果，给本单位造成经济损失的，依法承担赔偿责任。

第九十条　违反本法第四十四条规定，强迫种子使用者违背自己的意愿购买、使用种子，给使用者造成损失的，应当承担赔偿责任。

第九十一条　违反本法规定，构成犯罪的，依法追究刑事责任。

第十章　附　则

第九十二条　本法下列用语的含义是：

（一）种质资源是指选育植物新品种的基础材料，包括各种植物的栽培种、野生种的繁殖材料以及利用上述繁殖材料人工创造的各种植物的遗传材料。

（二）品种是指经过人工选育或者发现并经过改良，形态特征和生物学特性一致，遗传性状相对稳定的植物群体。

（三）主要农作物是指稻、小麦、玉米、棉花、大豆。

（四）主要林木由国务院林业主管部门确定并公布；省、自治区、直辖市人民政府林业主管部门可以在国务院林业主管部门确定的主要林木之外确定其他八种以下的主要林木。

林木良种是指通过审定的主要林木品种，在一定的区域内，其产量、适应性、抗性等方面明显优于当前主栽材料的繁殖材料和种植材料。

（六）新颖性是指申请植物新品种权的品种在申请日前，经申请权人自行或者同意销售、推广其种子，在中国境内未超过一年；在境外，木本或者藤本植物未超过六年，其他植物未超过四年。

本法施行后新列入国家植物品种保护名录的植物的属或者种，从名录公布之日起一年内提出植物新品种权申请的，在境内销售、推广该品种种子未超过四年的，具备新颖性。

除销售、推广行为丧失新颖性外，下列情形视为已丧失新颖性：

品种经省、自治区、直辖市人民政府农业、林业主管部门依据播种面积确认已经形成事实扩散的；

2.农作物品种已审定或者登记两年以上未申请植物新品种权的。

（七）特异性是指一个植物品种有一个以上性状明显区别于已知品种。

（八）一致性是指一个植物品种的特性除可预期的自然变异外，群体内个体间相关的特征或者特性表现一致。

（九）稳定性是指一个植物品种经过反复繁殖后或者在特定繁殖周期结束时，其主要性状保持不变。

（十）已知品种是指已受理申请或者已通过品种审定、品种登记、新品种保护，或者已经销售、推广的植物品种。

（十一）标签是指印制、粘贴、固定或者附着在种子、种子包装物表面的特定图案及文字说明。

第九十三条　草种、烟草种、中药材种、食用菌菌种的种质资源管理和选育、生产经营、管理等活动，参照本法执行。

第九十四条　本法自2016年1月1日起施行。

附录三 肥料登记管理办法

（2000 年 6 月 23 日农业部令第 32 号发布，2004 年 7 月 1 日农业部令第 38 号发布施行的《农业部关于修订农业行政许可规章和规范性文件的决定》修订），2017 年 12 月 1 日农业部第 8 号令修订。

第一章 总则

第一条 为了加强肥料管理，保护生态环境，保障人畜安全，促进农业生产，根据《中华人民共和国农业法》等法律、法规，制定本办法。

第二条 在中华人民共和国境内生产、经营、使用和宣传肥料产品，应当遵守本办法。

第三条 本办法所称肥料，是指用于提供、保持或改善植物营养和土壤物理、化学性能以及生物活性，能提高农产品产量，或改善农产品品质，或增强植物抗逆性的有机、无机、微生物及其混合物料。

第四条 国家鼓励研制、生产和使用安全、高效、经济的肥料产品。

第五条 实行肥料产品登记管理制度，未经登记的肥料产品不得进口、生产、销售和使用，不得进行广告宣传。

第六条 农业部负责全国肥料登记和监督管理工作。

省、自治区、直辖市人民政府农业行政主管部门协助农业部做好本行政区域内的肥料登记工作。

县级以上地方人民政府农业行政主管部门负责本行政区域内的肥料监督管理工作。

第二章 登记申请

第七条 凡经工商注册，具有独立法人资格的肥料生产者均可提出肥料登记申请。

第八条 农业部制定并发布《肥料登记资料要求》。

肥料生产者申请肥料登记，应按照《肥料登记资料要求》提供产品化学、肥效、安全性、标签等方面资料和有代表性的肥料样品。

第九条 农业部负责办理肥料登记受理手续，并审查登记申请资料是否齐全。

境内生产者申请肥料登记，其申请登记资料应经其所在地省级农业行政主管部门初审后，向农业部提出申请。

第十条 生产者申请肥料登记前，须在中国境内进行规范的田间试验。

对有国家标准或行业标准，或肥料登记评审委员会建议经农业部认定的产品类型，可相应减免田间试验。

第十一条 生产者可按要求自行开展肥料田间试验，也可委托有关单位开展，生产者和试验单位对所出具的试验报告的真实性承担法律责任。

第十二条 有下列情形的肥料产品，登记申请不予受理：

（一）没有生产国使用证明（登记注册）的国外产品；

（二）不符合国家产业政策的产品；

（三）知识产权有争议的产品；

（四）不符合国家有关安全、卫生、环保等国家或行业标准要求的产品。

第十三条　对经农田长期使用，有国家或行业标准的下列产品免予登记：

硫酸铵，尿素，硝酸铵，氰氨化钙，磷酸铵（磷酸一铵、二铵），硝酸磷肥，过磷酸钙，氯化钾，硫酸钾，硝酸钾，氯化铵，碳酸氢铵，钙镁磷肥，磷酸二氢钾，单一微量元素肥，高浓度复合肥。

第三章　登记审批

第十四条　农业部负责全国肥料的登记审批、登记证发放和公告工作。

第十五条　农业部聘请技术专家和管理专家组织成立肥料登记评审委员会，负责对申请登记肥料产品的产品化学、肥效和安全性等资料进行综合评审。

第十六条　农业部根据肥料登记评审委员会的综合评审意见，在评审结束后20日内作出是否颁发肥料登记证的决定。

肥料登记证使用《中华人民共和国农业部肥料审批专用章》。

第十七条　农业部对符合下列条件的产品直接审批、发放肥料登记证：

（一）有国家或行业标准，经检验质量合格的产品；

（二）经肥料登记评审委员会建议并由农业部认定的产品类型，申请登记资料齐全，经检验质量合格的产品。

第十八条　农业部根据具体情况决定召开肥料登记评审委员会全体会议。

第十九条　肥料商品名称的命名应规范，不得有误导作用。

第二十条　肥料正式登记证有效期为五年。肥料正式登记证有效期满，需要继续生产、销售该产品的，应当在有效期满六个月前提出续展登记申请，符合条件的经农业部批准续展登记。续展有效期为五年。

登记证有效期满没有提出续展登记申请的，视为自动撤销登记。登记证有效期满后提出续展登记申请的，应重新办理登记。

第二十一条　经登记的肥料产品，在登记有效期内改变使用范围、商品名称、企业名称的，应申请变更登记；改变成分、剂型的，应重新申请登记。

第四章　登记管理

第二十二条　肥料产品包装应有标签、说明书和产品质量检验合格证。标签和使用说明书应当使用中文，并符合下列要求：

（一）标明产品名称、生产企业名称和地址；

（二）标明肥料登记证号、产品标准号、有效成分名称和含量、净重、生产日期及质量保证期；

（三）标明产品适用作物、适用区域、使用方法和注意事项；

（四）产品名称和推荐适用作物、区域应与登记批准的一致。

禁止擅自修改经过登记批准的标签内容。

第二十三条　取得登记证的肥料产品，在登记有效期内证实对人、畜、作物有害，经肥料登记评审委员会审议，由农业部宣布限制使用或禁止使用。

第二十四条　农业行政主管部门应当按照规定对辖区内的肥料生产、经营和使用单位的肥料进行定期或不定期监督、检查，必要时按照规定抽取样品和索取有关资料，有关单位不得拒绝和隐瞒。对质量不合格的产品，要限期改进。对质量连续不合格的产品，肥料登记证有效期满后不予续展。

第二十五条　肥料登记受理和审批单位及有关人员应为生产者提供的资料和样品保守技术秘密。

第五章　罚　　则

第二十六条　有下列情形之一的，由县级以上农业行政主管部门给予警告，并处违法所得3倍以下罚款，但最高不得超过30 000元；没有违法所得的，处10 000元以下罚款：

（一）生产、销售未取得登记证的肥料产品；

（二）假冒、伪造肥料登记证、登记证号的；

（三）生产、销售的肥料产品有效成分或含量与登记批准的内容不符的。

第二十七条　有下列情形之一的，由县级以上农业行政主管部门给予警告，并处违法所得3倍以下罚款，但最高不得超过20 000元；没有违法所得的，处10 000元以下罚款：

（一）转让肥料登记证或登记证号的；

（二）登记证有效期满未经批准续展登记而继续生产该肥料产品的；

（三）生产、销售包装上未附标签、标签残缺不清或者擅自修改标签内容的。

第二十八条　肥料登记管理工作人员滥用职权、玩忽职守、徇私舞弊、索贿受贿，构成犯罪的，依法追究刑事责任；尚不构成犯罪的，依法给予行政处分。

第六章　附　　则

第二十九条　生产者进行田间试验，应按规定提供有代表性的试验样品。试验样品须经法定质量检测机构检测确认样品有效成分及其含量与标明值相符，方可进行试验。

第三十条　省、自治区、直辖市人民政府农业行政主管部门负责本行政区域内的复混肥、配方肥（不含叶面肥）、精制有机肥、床土调酸剂的登记审批、登记证发放和公告工作。省、自治区、直辖市人民政府农业行政主管部门不得越权审批登记。

省、自治区、直辖市人民政府农业行政主管部门参照本办法制定有关复混肥、配方肥（不含叶面肥）、精制有机肥、床土调酸剂的具体登记管理办法，并报农业部备案。

省、自治区、直辖市人民政府农业行政主管部门可委托所属的土肥机构承担本行政区域内的具体肥料登记工作。

第三十一条　下列产品适用本办法：

（一）在生产、积造有机肥料过程中，添加的用于分解、熟化有机物的生物和化学制剂；

（二）来源于天然物质，经物理或生物发酵过程加工提炼的，具有特定效应的有机或有机无机混合制品，这种效应不仅包括土壤、环境及植物营养元素的供应，还包括对植物生长的促进作用。

第三十二条　下列产品不适用本办法：

(一)肥料和农药的混合物；

(二)农民自制自用的有机肥料。

(三)植物生长调节剂。

第三十三条　本办法下列用语定义为：

(一)配方肥是指利用测土配方技术，根据不同作物的营养需要、土壤养分含量及供肥特点，以各种单质化肥为原料，有针对性地添加适量中、微量元素或特定有机肥料，采用掺混或造粒工艺加工而成的，具有很强的针对性和地域性的专用肥料；

(二)叶面肥是指施于植物叶片并能被其吸收利用的肥料；

(三)床土调酸剂是指在农作物育苗期，用于调节育苗床土酸度(或 pH 值)的制剂；

(四)微生物肥料是指应用于农业生产中，能够获得特定肥料效应的含有特定微生物活体的制品，这种效应不仅包括了土壤、环境及植物营养元素的供应，还包括了其所产生的代谢产物对植物的有益作用；

(五)有机肥料是指来源于植物和/或动物，经发酵、腐熟后，施于土壤以提供植物养分为其主要功效的含碳物料；

(六)精制有机肥是指经工厂化生产的，不含特定肥料效应微生物的，商品化的有机肥料；

(七)复混肥是指氮、磷、钾三种养分中，至少有两种养分标明量的肥料，由化学方法和/或物理加工制成。

(八)复合肥是指仅由化学方法制成的复混肥。

第三十四条　本办法所称“违法所得”是指违法生产、经营肥料的销售收入。

第三十五条　本办法由农业部负责解释。

第三十六条　本办法自发布之日起施行。农业部 1989 年发布、1997 年修订的《中华人民共和国农业部关于肥料、土壤调理剂及植物生长调节剂检验登记的暂行规定》同时废止。

参考文献

[1]相桂发．农业法规教程．哈尔滨:黑龙江人民出版社,1998.

[2]丁伟．农药营销学．北京:中国农业科学技术出版社,2005.

[3]王槐林．采购管理与库存控制．2版．北京:中国物资出版社,2004.

[4]逯忠斌,王春林．农资经营必读．北京:化学工业出版社,2004.

[5]吴洪刚,邹伟强．销售经理培训．广州:广东经济出版社,2005.

[6]尹彦品．开发客户的70个渠道．北京:中国经济出版社,2006.

[7]吴勇．市场营销学．北京:高等教育出版社,2004.

[8]李高伟．市场营销策划．北京:高等教育出版社,2006.

[9]兰苓．市场营销学．北京:中国广播电视大学出版社,2002.

[10]秦耀明．兽药与饲料营销操典．北京:中国农业科学技术出版社,2006.

[11]崔坤．园艺产品营销．北京:中国农业出版社,2005.

[12]黄元享．推销实务．北京:高等教育出版社,2005.

[13]徐红．农产品营销技法．南昌:江西科学技术出版社,2006.

[14]胡娟．销售渠道管理．北京:北京工业大学出版社,2004.

[15]徐廷生,程相朝．兽药与饲料营销秘诀．北京:中国农业出版社,2004.

[16]何利良．市场营销．北京:中国农业出版社,2003.

[17]熊银解,傅玉贵,等．农业技术管理、创新、扩散．北京:中国农业出版社,2004.

[18]张广玲．分销渠道管理．武汉:武汉大学出版社,2005.

[19]郑丽敏,刘忠,吴平．农业信息系统原理及应用．北京:化学工业出版社,2006.

[20]童一秋．批发商．北京:中国时代经济出版社,2004.

[21]吕一林．营销渠道决策与管理．北京:中国人民大学出版社,2005.